职业教育公共素养系列教材

中华 传统 文化

主　编◎韦　芳　彭　秀　汤凯麟

副主编◎李运光　瞿道航　唐彬彬

参　编◎滕传姮　晏雪妮　吕佳辰　梁　剑
　　　　文志英　禤庆媚　胡小平　黄　薇
　　　　胡介洲　凌子茜　覃柯菁

电子工业出版社

Publishing House of Electronics Industry

北京·BEIJING

内 容 简 介

本书以"传承文化基因，培育时代工匠"为核心理念，探寻中华优秀传统文化的精神宝藏。本书分为七个模块，独创"单元 故事 实践"二维结构，实现"学 思 践" 体化。通过沉浸式文化体验与职业技能培养的深度融合，既为职业院校学生搭建感知中华优秀传统文化的桥梁，又为其职业发展注入文化创新动能，让中华优秀传统文化在新时代工匠队伍中生根发芽，绽放时代光芒。

图书在版编目（CIP）数据

中华传统文化 ／ 韦芳，彭秀，汤凯麟主编. -- 北京 ：电子工业出版社，2025．7. -- （职业教育公共素养系列教材）. -- ISBN 978-7-121-50872-1

Ⅰ．K203

中国国家版本馆 CIP 数据核字第 2025PB0344 号

责任编辑：魏　琛
印　　刷：涿州市京南印刷厂
装　　订：涿州市京南印刷厂
出版发行：电子工业出版社
　　　　　北京市海淀区万寿路 173 信箱　邮编　100036
开　　本：787×1 092　1/16　印张：11.25　字数：288 千字
版　　次：2025 年 7 月第 1 版
印　　次：2025 年 7 月第 1 次印刷
定　　价：38.00 元

丛书编审委员会

（排序按笔画顺序）

陈世富　邱少清　佟建波　莫荣军

赵彦鸿　黄兹莉　雷武遥　陈宇前

莫慧诚　蒋漓生　瞿道航　马翠芳

黄春燕　张　伟　班祥东　吴建成

梁　志　伍国樑　李运光　廖松书

中华优秀传统文化历史悠久、内涵丰富，是中华民族五千年文明积淀的瑰宝，是维系民族精神、凝聚文化认同的核心力量。在当代社会发展中，对传统文化的传承与创新，既能强化民族的文化归属感，也为社会进步提供持久的精神滋养和文化支撑。作为培养高素质技术技能人才的重要基地，职业院校承担着弘扬中华文化、提升学生人文素养的重要职责。

本书立足于职业教育的实际需求，结合职业院校学生的认知特点和学习兴趣，聚焦中华优秀传统文化中的匠心典范与实用智慧，力求做到知识性、思想性与实践性的统一。全书共设七个模块，涵盖多个领域，既注重历史脉络的清晰呈现，也强调文化的现实价值与当代意义。

本书结构合理，层次分明，内容丰富。从"概述"入手，引导学生理解中华传统文化的传承与发展；随后以模块为单位，分门别类地介绍传统文化的基本内涵与发展历程。每一单元均设置专题讲解，便于理解和掌握。同时，本书注重理论与实践相结合，鼓励学生在了解传统文化的基础上，进行思考、体验与再创造，增强文化认同感和自豪感。

本书适用于职业院校各专业学生。通过通俗易懂的语言、鲜活生动的案例，助力职业院校学生在传统文化中汲取智慧，成长为兼具文化底蕴与职业技能的新时代人才。

由于经验不足，书中难免存在疏漏和不足之处，恳请读者提出修改意见。

编　者

概　述

嬗变与创新
——中华传统文化的传承与发展

单元一

当代传承

一、导语

爱国，是人世间最深层、最持久的情感

在中华民族几千年绵延发展的历史长河中，爱国主义始终是激昂的主旋律，始终是激励我国各族人民自强不息的强大力量。不论树的枝干有多长，根永远扎在土里。爱国主义是中华民族的民族心、民族魂，激励一代又一代中华儿女坚定维护民族独立和民族尊严、为祖国繁荣发展不懈奋斗。

二、概述

徜徉在历史的长河，耳畔传来"百善孝为先"这样的至美箴言，"人生自古谁无死，留取丹心照汗青"的正义之语和"有心杀贼，无力回天"的慨叹，还有"君子一言，驷马难追""言而有信，一诺千金"的铿锵之音……行走着的是摇旗呐喊的勇者们，他们身上闪耀着自强不息、英勇顽强的刚健精神，是中华民族历久弥新、越挫越勇、越挫越奋的不竭动力。博学、审问、慎思、明辨、笃行，他们传承下来的是祖先留给我们的巨大精神财富。

文化是民族得以生存和发展的根基，实现中华民族伟大复兴的中国梦，必须高度重视对中华优秀传统文化的传承与发展创新。文化的自信，正是由于中华优秀传统文化是中华民族五千年文化的积淀，有着丰富的内涵和创新价值。

三、走进传统文化的当代传承

1. 秉持扬弃态度，坚持"古为今用、推陈出新""取其精华、去其糟粕"

对于传统文化中有积极意义的内容和成分，应加以借鉴，诸如："民惟邦本，本固邦宁"的民本思想；"天下为公"的和谐社会理念；"厚德载物"重视道德修养的价值追求；"仁者爱人"的关爱他人、担当社会精神；"海纳百川，有容乃大"的包容精神；"天行健，君子以自强不息"的自强精神；"老吾老，以及人之老；幼吾幼，以及人之幼"的尊老爱幼伦理规范等，都属于优秀传统文化的范畴，对当今社会的我们都有很强的借鉴意义。对于传统文化中的消极内容，则应当摒弃，诸如："三纲五常"的等级观念；"愚忠愚孝"的奴性文化；"刑不上大夫"的统治阶级意识；"万般皆下品，唯有读书高"的轻视工商、轻视劳动的思想；不讲科学的宿命思想和迷信思想等。以扬弃态度将优秀传统文化精华植入社会主义核心价值观，将会在提升国家的整体思想道德水平的同时，保持中华文化在世界文化之林中的独特魅力，保证中华民族文化的永续传承。

2. 在继承中赋予新的内涵

如自强不息的奋斗精神，"天下兴亡、匹夫有责"的爱国精神，"民为贵、君为轻"的民本思想，"先天下之忧而忧"的忧患意识，崇德重义的道德取向，和谐统一的博大胸襟，勤劳勇敢的民族秉性，"仁者爱人""为政以德"的仁政文化等，这些基本的价值理念体现了中华传统文化的主流价值，反映出中华民族文化的特质。但是，时代变了，对传统文化的内涵需要加以再造。比如，"忠"字，过去是忠君，而今天则是忠于国家和忠于人民；将传统的重义轻利价值观转化为义利兼顾、互利共赢的正确义利观；将儒家所极力倡导的"贵和尚中"精神改造成为构建社会主义和谐社会的理念；还要将中华传统文化的精华与环保理念、绿色发展、资源节约、和平共处和科学发展等现代理念结合起来，推动传统文化与现代文明的深度融合。

3. 寓教于乐，在体验中学

文化的学习应当是寓教于乐，在体验中学，因为文化并不是一个独立的学科，各门知识中都有文化，比如精神文化、行为文化、器物文化、技艺文化、艺术文化、地域文化等，文化是渗透在人们的活动、行为和知识当中的。要通过切身的体验，让学生从中体会积极向上的精神追求，从而提升学生的素养。因此，中华传统文化的学习，不但要从书本和课堂中学习，而且要到社会和现实生活中学习。

4. 立志传承，创新中华优秀传统文化

学习中华传统文化的目的是传承中华优秀传统文化，而传承中华优秀传统文化的目的是创新中华优秀传统文化。中华传统文化既有自身的优势和特色，也有自身的缺陷和不足。文化是我们的根，我们不能抛弃中华优秀的传统文化。当然，也不能抱着老祖宗的遗产当现代的阿 Q，这就要求我们既要在传承中创新，也要在创新中传承。

总之，中华传统文化必将在与时代精神的结合中散发夺目的光芒，推动中华民族奋勇向前，实现中华民族伟大复兴。

四、经典故事

故事 1

坚守忠义的苏武

苏武是出生于公元前 140 年的汉朝人。公元前 100 年，匈奴政权新单于即位，汉朝皇帝为了表示友好，派遣苏武率领一百多人，带了许多财物，出使匈奴。不料，就在苏武完成了出使任务，准备返回自己的国家时，匈奴上层发生了内乱，苏武一行受到牵连，被扣留下来，并被要求背叛汉朝，臣服单于。

最初，单于派人向苏武游说，许以高官厚禄，苏武严词拒绝。单于敬重苏武的气节，不忍心杀苏武，又不想让他返回自己的国家，于是把苏武流放到西伯利亚的北海（今贝加

尔湖）一带牧羊。在人迹罕至的北海，唯一与苏武做伴的，是那根代表汉朝的使节棒和一百只羊。日复一日，年复一年，使节棒上面的装饰都掉光了，苏武的头发和胡须也都变白了。苏武牧羊达19年，新单于执行与汉朝和好的政策，汉朝皇帝立即派使臣把苏武接回自己的国家。苏武在汉朝京城受到热烈欢迎，从政府官员到平民百姓，都向这位富有民族气节的英雄表达敬意。苏武不辱使命坚持气节，最终名垂青史。

故事 2

土山三约

在《三国演义》中，关羽"土山三约"，对劝降的张辽提出了三个条件。

关羽（公元160—220年），字云长，河东郡解县（今山西省运城市盐湖区）人。东汉末年名将，由将而侯而王而帝而圣，一生忠义仁勇，诚信名冠天下。以武圣之尊与文圣孔子齐名，是中华民族的道德楷模，数千年来备受海内外华人推崇敬仰。关羽身上所体现出来的忠义、诚信的品质，是中华民族向往和追求的典范，历来为官方、民间，儒、释、道所敬仰、推崇。

徐州兵败，关羽被困土山。曹操派张辽以"三便"劝关羽降曹：一者可保甘、糜二夫人的安全；二者可不背桃园之约；三者可留有用之身。关羽回答："你有'三便'，我有'三约'：一是今降汉不降曹；二是请给二位嫂子俸禄，单独居住，不论何人不许入门；三是一旦知道皇叔的下落，辞曹归刘而去。三者缺一不可。"三约体现了关公对汉室，对刘皇兄的忠诚，在文字上约法三章，表明他对兄弟桃园结义承诺的践约之志。

故事 3

陈毅侍疾母亲

陈毅元帅不仅仅是一个好干部，而且也是一个"孝子"的楷模。他在"忠孝两难全"的情况下心中始终感到内疚。1962年陈毅出访途经成都，去探望重病的母亲。他亲手给母亲洗尿布。见母亲面有难色，他说："娘，我小时候您不知为我洗过多少次尿布，今天洗上十条，也报答不了您的养育之恩啊！"

自古以来，"孝"是中华优秀传统文化之一。一个好干部、好的领导应该是孝敬父母的楷模，一个没有"孝心"的人不可能是一个有担当、有责任感的人。

五、名篇佳句

1.

满江红·写怀
[宋] 岳飞

怒发冲冠，凭栏处、潇潇雨歇。抬望眼，仰天长啸，壮怀激烈。三十功名尘与土，八千里路云和月。莫等闲、白了少年头，空悲切。

靖康耻，犹未雪。臣子恨，何时灭！驾长车，踏破贺兰山缺。壮志饥餐胡虏肉，笑谈渴饮匈奴血。待从头、收拾旧山河，朝天阙。

【赏析】本词抒发了作者受奸臣掣肘抗金不顺利的悲愤之情，表达他收复中原，报国雪耻的英雄气概。岳飞最终被莫须有的罪名杀害，但这首充满爱国主义情怀的《满江红》却光照日月，传颂千古。

2.

游子吟

[唐] 孟郊

慈母手中线，游子身上衣。

临行密密缝，意恐迟迟归。

谁言寸草心，报得三春晖。

【赏析】这是一首感人至深的颂母之诗。

3.

石灰吟

[明] 于谦

千锤万凿出深山，烈火焚烧若等闲。

粉骨碎身浑不怕，要留清白在人间。

【赏析】这是一首托物言志诗。作者以石灰作比喻，表达自己为国尽忠、不怕牺牲的意愿和坚守高洁情操的决心。

4. 老吾老，以及人之老；幼吾幼，以及人之幼。——《孟子·梁惠王上》

【赏析】这表现了孟子的仁爱思想，用对待自己父母、子女的爱心，去爱世人。

六、实践与体验

1. 摘抄自己喜欢的传统文化经典篇章片段，并写出读后感受。

2. 做一件孝敬父母长辈的事。为父母家人做一件力所能及的事，如主动打电话问候长辈，为父母做一顿饭菜，为家人制作一张节日贺卡等，争做懂事、有责任心的家庭成员，践行"百善孝为先"的传统美德。

3. 开展志愿者活动，在老师或家长的带领下，到街道、社区、志愿服务单位（如红色景区、敬老院、博物馆、展览馆等）开展志愿服务活动，培养志愿服务意识，提高实践能力，培育和践行社会主义核心价值观。

单元二

未来发展

一、导语

同仁堂的故事

俗话说："药材好，药才好。"制一丸好药，揉入的不只是药材，更是制药者的手艺和良心。同仁堂人用"修合无人见，存心有天知"的良心，可以"质鬼神""应病症"的质量，锤打出一丸丸实打实的"诚信药"。

同仁堂的创立者认为"古方无不效之理"。"药不应症"，是因为"修合未工，品位不正"。为了保证制药质量，他们将"炮制虽繁必不敢省人工，品味虽贵必不敢减物力"写入"堂训"，刻上楹联，时时警醒。

自古以来，同仁堂选药就讲究"地道、上等、纯洁"，即产地地道，质色兼优，拣选纯净。在其秘不示人的制药"配本"里，每味药都标注着产地、炮制方法、工艺要点。只有药材好了，加工到位，才能制出好药。

有了这样的一丝不苟，同仁堂才当得起"选料上乘"这句褒奖。"同仁堂为什么站得住脚？就是把住了质量关。"在同仁堂集团董事长梅群眼中，做中药人命关天，做的是良心。"同仁堂的成功就在于讲究'诚信为本、药德为魂，以义取利，义利共生'，让消费者进了同仁堂的店放心，吃了同仁堂的药放心。"

就是这种对诚信传统的坚守和自律，使这家三百多年的老店经久不衰。今天我们倡导诚信价值观，是对中华民族源远流长的优良道德传统的继承和发扬。当代中国在改革开放、国内外市场激烈竞争的环境条件下，诚信更是立国、立业之本，诚信之歌唱响在经济建设的各条战线、社会生活的各个方面。

二、概述

随着中国经济的高速发展、国际政治地位的快速提升，中国在世界的影响力日益增强。中国需要提升国家文化软实力，为世界的振兴和强盛作出贡献，创建和平、稳定、繁荣与发展的环境。文化是先驱，是社会发展的先行者，是指引世人、服务社会的精神文明系统。中华优秀传统文化是中华民族的突出优势，是中国最深厚的文化软实力。中华优秀传统文化，在现在及未来将承担起历史的责任与使命，指引着世界发展的潮流和方向；它将文化智慧转化为生产力，指导现实社会中的各行各业，并转化为经济效益，造福人类社会。

三、传统文化的传承与发展

2017 年，中共中央办公厅、国务院办公厅印发《关于实施中华优秀传统文化传承发展工程的意见》，传统文化传承发展掀起热潮。近几年来，全社会对中华优秀传统文化的内涵和外延有了更为清晰的认知，传承发展传统文化逐渐成为一种自觉。

1. 传承发展中华优秀传统文化是增强文化自信、提高国家文化软实力的需要

中华优秀传统文化是我们最深厚的文化软实力，也是中国特色社会主义植根的文化沃土。

传承发展中华优秀传统文化的各种制度、举措和活动，在全国各地展开。中宣部建立中华优秀传统文化传承发展工程联席会议制度，相关部委推出中华文化资源普查、国家古籍保护、中华经典诵读、中国传统村落保护、非物质文化遗产传承发展、传统戏曲振兴、中华文化电视传播、中华老字号保护发展等项目；新设立的中华民族音乐传承出版、中国民间文学大系出版、革命文物保护利用等项目启动实施。

2. 推动中华传统文化创造性转化和创新性发展，让传统文化活在当下

创造性转化和创新性发展，不是复古拟古、不是故步自封、不是躲在书斋发思古之幽情，而是立足社会实践，让传统"活"在当下，赋予传统文化新的表现形式，吸收借鉴国外优秀文明成果，不忘本来、吸收外来、面向未来。让更多美好的经典在时隔千百年之后流行起来，传承下去；唤起传统文化生长力，让古代先贤的情怀、智慧能在时代语境里观照当下，并能扎根、发芽、开花、结果，赋予今人以积极的思考和正能量。

如上海之春国际音乐节聚焦民族音乐瑰宝，积极弘扬戏曲音乐，注重传统音乐的创新发展。贵州省举办能工巧匠选拔大赛、民族民间工艺品设计大赛等活动，利用文化产业助推脱贫攻坚。云南省完成中国传统村落数字博物馆建馆工作，组织各地制作完成了保山市腾冲市银杏村、大理州剑川县寺登村、红河州泸西县城子村等 20 个中国传统村落数字博物馆建馆工作。

3. 把优秀传统文化贯穿国民教育始终、滋养文艺创作，在生活中传承优秀传统文化

"以古人之规矩，开自己之生面"，这就需要让优秀传统文化贴近现实生活，走进人们心中，最大限度地发挥以文化人的作用。如全国各地结合本地节日节庆、文化特色和民族风俗，组织开展了丰富多彩的文化活动，推动优秀传统文化进社区、进校园。广西推出"壮族三月三""国际民歌节"等民族传统节日活动，丰富节日文化内涵，形成新的节日习俗。再如文艺创作呈现了新风貌，《国家宝藏》《朗读者》《中国诗词大会》《中国戏曲大会》《中国民歌大会》等电视节目，以当代人喜闻乐见的方式，将优秀传统文化与电视媒介有机结合，影响了大量观众。电视节目致力于挖掘深厚的人文意蕴和文化品格，从人民群众中寻找源头活水，和社会热点相契合，与观众的情感相融合，讲中国故事，扬中国精神，传中国文化。

四、经典故事

故事 1

信义兄弟——孙水林、孙东林

孙水林，男，1960年生，湖北省武汉市黄陂区人，建筑商人。孙东林，男，湖北省武汉市黄陂区人，孙水林的弟弟。2010年2月9日，腊月廿六，在北京做建筑工程的孙水林回到天津，原定与暂住在天津的家人和弟弟孙东林聚一天再回武汉，但他查看天气预报了解到，此后几天，天津至武汉沿线的高速公路，部分地区可能因雨雪封路。于是他决定赶在封路前，赶回武汉，给先期回汉的民工发放工钱。春节前发放工钱，是他对民工的承诺。当晚，孙水林提取26万元现金，带着妻子和三个儿女出发了。次日凌晨，他驾车驶至南兰高速开封市陇海铁路桥段时，由于路面结冰，发生重大车祸，20多辆车连环追尾，孙水林一家五口全部遇难。弟弟孙东林为了完成哥哥的遗愿，在大年三十前一天，来不及安慰年迈的父母，将工钱送到了农民工的手中。因为哥哥离世后，账单多已不在，孙东林让民工们凭着良心领工钱，大家说多少钱，就给多少钱。钱不够，孙东林就贴上了自己的6.6万元和母亲的1万元。就这样，在新年来临之前，60多名民工都如愿领到了工钱，孙东林如释重负。"新年不欠旧年账，今生不欠来生债。"孙水林、孙东林兄弟坚守承诺，被人们赞为"信义兄弟"。2010年9月，孙水林、孙东林兄弟入选"中国好人榜"。

故事 2

《舌尖上的中国》解说词

一门手艺的生命力，正是对传统的继承和升华。随着时代而流变的美味，与舌尖相遇，触动心灵。从手到口，从口到心，中国人延续着对世界和人生特有的感知方式。只要点燃炉火，端起碗筷，每个平凡的人，都在某个瞬间，参与创造了舌尖上的非凡史诗。

厨师，作为传统行当，一直以师徒的形式在中国延续。今天，年轻人通过学校教育，掌握烹饪基本技能。但要成为真正的厨师，仍需一位师傅点化。师徒，是中国传统伦理中最重要的非血缘关系之一。

揉面是最基本的，吕杰民门下有学徒20个，并非人人都能得到真传。阿苗，刚满20岁，老家苏北，3年前高中毕业，跟随父母来到苏州。阿苗是家中长姐，她需要尽快自食其力。

面对严厉的师傅，阿苗每天心惊胆战，反复练习的三角团，终于得到师傅认可。这是第一次，她的手艺可以上桌。小小的成就感激励着这个女孩，每天收工后只要有剩余的食材，阿苗就会留下来继续练习。苏式糕点，中国汉族糕点的重要流派，与古典园林一样，是苏州的标志。这座城市的另一面，现代化的世界工厂，吸引着700万外来人口，造就了当今中国第二大移民城市。

飞速变化的生活中，古老的传奇依然在上演。在白案江湖行走多年，吕杰民身怀一门绝技——将带馅的糕团，制作成惟妙惟肖的动植物造型。从塑造汉字到塑造糕团，"象形"一直是中国人的独门心传。这种别具一格的糕点，已经不是单纯的食物，而是更高层次的对生活情趣的审美。制作糕点，既需要灵巧的手法，更需要先天的悟性。能见识到这门手艺，已经是莫大的奖励。师傅则有另一番用意，为了延续苏式糕点的传奇，他一直在寻找合适的接班人。上有庙堂之高，下有江湖之远，成为一名白案厨师的路，阿苗才刚刚启程。而更多关于食物的传承，恰恰是在最平凡的生活里。

故事 3

插上诗意之翅 讲好中国故事

2016 年，中央广播电视总台的《中国诗词大会》第一季脱颖而出，成为诗词类综艺节目的标杆，进一步推动了国内文化类综艺节目的开发热潮。随后几年，诗词类综艺节目不仅实现数量上的井喷，更迎来口碑上的腾飞。

如今，文化类综艺节目已从最初泛娱乐化浪潮中的一股"清流"，逐渐成为引领行业趋势的"主流"。这一显著转变的背后，蕴含着深刻的社会动因与文化逻辑。在中国式现代化发展不断推进的过程中，人民的物质生活水平显著提升，精神文化需求也不断增长，尤其是对传统文化的自发性向往与寻求日益强烈。诗词类节目的"出圈"是文化类节目发展的缩影，这既源于中国式现代化进程中民众对传统文化回归的深切呼唤，也源于物质充裕后人们对精神家园建设的自发追求，更源于诗词引发的大众心中的集体共鸣，人们普遍希望借此唤醒文化记忆、深化文化认同、增强文化自信。

五、名篇佳句

1.

劝 学

[唐] 颜真卿

三更灯火五更鸡，正是男儿读书时。

黑发不知勤学早，白首方悔读书迟。

【赏析】这是唐朝诗人颜真卿所写的一首古诗。劝勉青少年要珍惜少壮年华，勤奋学习，有所作为，否则，到老一事无成，后悔已晚。这首诗使孩子初步理解人生短暂，从而提高学习的积极性。

2.

冬夜读书示子聿

[宋] 陆游

古人学问无遗力，少壮工夫老始成。

纸上得来终觉浅，绝知此事要躬行。

【赏析】这首诗的意思是说，古人学习知识是不遗余力的。终身为之奋斗，往往是年轻时开始努力，到了老年才取得成功。从书本上得到的知识终归是浅薄的，未能理解知识的真谛，要真正理解书中的深刻道理，必须亲身去实践，方能学有所成。

3. 子曰："君子成人之美，不成人之恶，小人反是。"——《论语·颜渊》

【赏析】孔子说："君子成全别人的好事，不促成别人的坏事。小人却恰好相反。"

4．子曰："君子敬而无失，与人恭而有礼，四海之内皆兄弟也。"——《论语·颜渊》

【赏析】孔子说："君子做事情谨慎认真，不出差错；和人交往态度恭谨而合乎礼节，那么普天之下到处都是兄弟。"

六、实践与体验

1．谈谈中国传统文化的未来发展。

2．思考你家乡的美食或者节日，如何传承发展才能焕发新的活力？

中国古代文学

单元一

中国古代文学概述

一、导语

北宋大文豪苏轼有一句诗很有名，"腹有诗书气自华"。就是说一个人饱读诗书，那么他的才华、他的气质就会自然而然地显现出来，这个人就会与众不同。

腹有诗书气自华，读书有益于开阔眼界、提升格局；最是书香能致远，书海中深蕴着灼热的理想信仰、炽烈的家国情怀。翻阅《论语》《孟子》《礼记》等国学经典，感悟"修身齐家治国平天下"的博大精深；细览《史记》《资治通鉴》等古代典籍，获得"可以知兴替"的历史镜鉴；走进《满江红》《过零丁洋》等作品的文学情境，点燃爱国主义的壮志豪情……书是桥梁，让人思接千里；书是翅膀，让人心游万仞。含英咀华，浸润书香，精神面貌也会透着文化的气息，闪耀不一样的气质。

让我们一起走进中国古代文学这座宝库，体味圣哲隽语，涵养精神世界，感受国学魅力，传承经典。

二、概述

中国古代文学是世界上历史最悠久的文学之一，在几千年的发展历程中，产生了许多具有世界影响的文学家，留下了极其丰富多彩的文学作品，成为世界文学的重要组成部分。中国古代文学用诗、词、曲、赋、散文、小说等多种体裁，记载了中国传统社会不同时代的生活和精神面貌，深刻地体现了中国文化的基本精神，成为中国传统文化中生命力极强的重要的组成部分。

中国古代文学依发展顺序，可分为先秦文学、两汉魏晋南北朝文学、隋唐五代文学、辽宋金元文学、明清文学几个阶段。各个阶段都有自己富有特色的突出的文学样式，诸如上古神话、先秦诗歌散文、汉赋、唐诗、宋词、元曲、明清小说，一代有一代之胜。它们既前后相继，又一脉相承，构成壮丽的文学画卷。

诗和文是中国文学中最基本的体裁。有了文字之后，中华民族的人文思想和生活追求形成了丰富多彩的中国文学，与中华文化交织发展，向世界展示了中华文化的博大精深。

三、走进中国古代文学

（一）中国古代文学的发展

中国古代文学发展高峰迭起，异彩纷呈。从先秦散文到两汉辞赋，从唐诗、宋词到元曲、明清小说，异彩纷呈，名作辈出。

中国古代诗歌的源头是《诗经》，收集了西周初年至春秋中叶的诗歌，其中的诗歌主要是四言诗。战国时期，在中国南方兴起了另一类文人创作的新诗体——楚辞，它属于杂言体，诗句以用"兮"字为其显著特征。到了汉代，五言、七言诗逐渐兴起，经过魏晋南北朝诗人的不断努力，诗歌在声律和丽辞两方面都有了较大发展。到了唐代，五言、七言格律诗发展成熟，成为中国古代诗歌的鼎盛时期。宋元又有词、曲等诗歌样式的发展，但五言、七言古体诗和律诗依然备受诗人的重视。

中国古代散文的渊源可以追溯到商代的甲骨卜辞和稍后出现的铜器铭文。《尚书》是中国古代散文形成的标志。其后，散文发展出现两种趋势，一种偏重记述历史，另一种偏重论说，两方面发展的结果，形成了蔚然壮观的先秦历史散文和诸子散文。秦汉以后的散文发展又分为两个支流，一是古文，二是魏晋六朝形成的占据主导地位的骈文。唐代的古文运动，又恢复了古文的主导地位，这种情形一直延续到近代白话文的兴起。

上古神话和史传作品是中国叙事文学的源头，但真正意义上的叙事文学创作，始于魏晋小说。不论志怪小说还是轶事小说，皆是中国小说的雏形，它们对后代笔记体小说产生了直接影响。唐代传奇小说、宋代白话话本小说，经过不断发展，在明清时期产生了许多优秀的长篇章回小说，如《三国演义》《水浒传》《西游记》《红楼梦》等。戏曲也是叙事文学的一种，萌芽于汉代百戏，经过唐、宋发展，到元杂剧趋于成熟，涌现出关汉卿、王实甫等戏剧大师。中国的小说和戏剧是世界上最早进入成熟阶段的叙事文学形式。

（二）中国古代文学的精神

1. "文以载道"的现实主义精神

中国古代的文学家都是在以儒家思想为主的传统思想哺育下成长起来的，"治国平天下"的入世思想是大多数作家共同的人生目标，而且成为整个中国古代文学的基本精神。

"文以载道"的思想强调了文学的教化功能，为古代文学注入了政治热情、进取精神和社会使命感，使作家重视国家人民的群体利益，即使在纯属个人抒情的作品中也时刻不忘积极有为的人生追求。例如，孔子论诗的功能，说读《诗经》可以"兴、观、群、怨"，可以"迩之事父，远之事君"。其中"兴"是说读诗可以启发人的好善憎恶之心，"观"是观风俗之盛衰变迁，"群"是沟通和促进人们之间的情感，"怨"是使人们将强烈的感情释放出来，批判现实。在唐代诗人中，杜甫忧国忧民，对儒家仁政理想的不懈追求，对国家人民命运的深切关注成为杜诗的核心内容。即使是浪迹五岳、神游九州的李白，也在诗中强烈地表达了追求功名事业，要在外部事物的建树中实现人生价值的理想。至于唐宋古文运动的巨大成就，更是在"文以载道"思想的直接指导下取得的创作实绩。

2. "忧国忧民"的爱国主义精神

中华民族是一个苦难深重的民族。在这种社会背景下生活的中国古代作家，一方面目睹社会的黑暗及战争给国家和人民带来的深重灾难；另一方面，自己也饱受战乱之苦，对朝廷相互倾轧、争权夺利有着切肤之痛。双重的灾难铸就了中国古代作家的忧患意识。在文学作品中表现为一种强烈的爱国主义精神，形成中国古代文学的爱国主义优良传统。

屈原是这一优良传统的杰出代表。在政治生活中，他清醒地意识到面临强秦的虎视眈眈，内外交困的楚国已处十分危险的境地；怀着对祖国和人民的满腔热情，他提出了一系列重振楚国的政治主张，然而由于"党人"的诋毁和楚王的一意孤行，屈原非但不被重用，反遭放逐。在楚国连遭败绩，将被秦国灭亡之际，屈原含愤投汨罗江自杀。他的《离骚》，通过主人公"美政"理想与楚国黑暗现实之间的矛盾，表现了主人公热爱祖国、追求真理及宁死不屈地与腐朽势力进行斗争的精神，充分展现了一个爱国诗人痛苦的心路历程。唐代诗人杜甫，在忧患和痛苦中度过了大半辈子。他的诗歌内容极其丰富，其中最突出的内容之一是无限热爱祖国。诗人把自己的忧伤和痛苦、愤怒和欢乐都同祖国的命运紧紧地连在一起，写出了很多感时忧国的诗篇。安史之乱时，他身陷长安时写的诗《春望》，感人地表达了他对危难祖国的痛与爱："国破山河在，城春草木深。感时花溅泪，恨别鸟惊心。烽火连三月，家书抵万金。白头搔更短，浑欲不胜簪。"

文学家文天祥说："人生自古谁无死，留取丹心照汗青"；诗人陆游写道："位卑未敢忘忧国，事定犹须待阖棺"；岳飞更是豪迈地说道："以身许国，何事不可为？"他们的爱国之情，忧国之心无疑让后人为之动容和折服。在我国古代有许多优秀的文学家用自己的作品描绘了祖国河山的壮美，人民的勇敢勤劳，歌颂了那些抗击异族侵略或反对民族分裂、为国家的自由独立而献身的英雄，表达了他们对于祖国人民，对于自己民族光荣历史的挚爱，以及对于美好未来的追求。这些作品以其蕴蓄深厚的激烈情感，唤起了对祖国的一种高尚的热爱之心。

3. 豁达的乐观主义精神

豁达乐观的精神是中国古代文学的又一特色。这种精神的文化根源在于深受传统哲学"天人合一"思想的影响。在这种观念的影响下，文学家们在作品中往往把人与自然、人与他人及人与自身的关系描写成一种亲切融洽的关系。这种乐观豁达的人生态度，通过文学作品的熏陶与渲染，从而使我们在生活中相信生命逆境的极点就是顺境之开始的人生辩证法。

宋代诗人陆游是一个豁达乐观的人，这一点从他的诗词中就有体现，如《游山西村》中的名句"山重水复疑无路，柳暗花明又一村"就是最好的例证。既写出山西村山环水绕，花团锦簇，春光无限，另一方面又表达了哲理，表现了人生变化发展的某种规律性，令人回味无穷。诗句体现了诗人与众不同的思维与精神——在逆境中往往蕴含着无限的希望，不论前路多么难行难辨，只要坚定信念，勇于开拓，人生就能"绝处逢生"。

宋代著名文学家苏轼才华横溢、雄心壮志，但一生坎坷异常，多次遭贬谪，险些丢了性命。尽管厄运不断，但这世间的风雨却没有击垮东坡，他用从容乐观、豁达自适织成一件精神蓑衣，抵御人生的狂风骤雨，等待"苦雨终风也解晴"的那一天。更难能可贵的是，他将艰难困苦转化为笔下的感悟哲思，写下《水调歌头·黄州快哉亭赠张偓佺》《定风波》

《望江南·超然台作》《念奴娇·赤壁怀古》等千古名篇，给无数身处逆境的后人带来慰藉和力量。

4. 自强不息的进取精神

早在《周易》中，中国的先哲们就提出"天行健，君子以自强不息"的观点，认为世间君子应取法于天，要像宇宙万物一样行转不息，力求进步，即使颠沛流离，也要刚毅坚强、发愤图强。

后世的众多文人志士自踏上人生奋发之路起，即勇往直前，纵有艰辛坎坷，他们也表现出坚守和刚毅的姿态。如屈原在《离骚》中，先是叙述自己的家世、品德、理想，以及自己遭谗被疏的苦闷。但即使被放逐疏远，屈原依然坚守他的理想，绝不同流合污，"亦余心之所善兮，虽九死其犹未悔""宁溘死以流亡兮，余不忍为此态也。鸷鸟之不群兮，自前世而固然"。在表达了自己的执着坚守后，屈原又表明了自己追求光明、不断前行的人生态度："路曼曼其修远兮，吾将上下而求索。"唐代诗人李白一生以不世之才自居，顽强而执着地追求惊世骇俗的功业。他早年便以"激三千以崛起，向九万而迅征""怒无所搏，雄无所争"的大鹏自喻。虽然屡遭挫折，失败打击接踵而至，但他的进取之心始终未息。被放逐还山后，李白仍高唱"大鹏一日同风起，扶摇直上九万里。假令风歇时下来，犹能簸却沧溟水"。直至临终绝笔，他虽已"中天摧兮力不济"，却还坚信自己"馀风激兮万世"，可见他的一生抱负，老而不衰。

四、经典故事

故事 1

孔子尊师

公元前 518 年，孔子得知他的学生宫敬叔奉鲁国国君之命，要前往周朝京都洛阳去朝拜天子，觉得这是个向周朝守藏史老子请教"礼制"学识的好机会，于是征得鲁昭公的同意后，与宫敬叔同行。

到达京都的第二天，孔子便徒步前往守藏史府去拜望老子。正在书写《道德经》的老子听说誉满天下的孔丘前来求教，赶忙放下手中的刀笔，整顿衣冠出迎。孔子见大门里出来一位年逾古稀、精神矍铄的老人，料想便是老子，急趋向前，恭恭敬敬地向老子行弟子礼。进入大厅后，孔子再拜后才坐下来。老子问孔子为何事而来，孔子离座回答："我学识浅薄，对古代的'礼制'一无所知，特地向老师请教。"老子见孔子这样诚恳，便详细地道出了自己的见解。

回到鲁国后，孔子的学生们请求他讲解老子的学识。孔子说："老子博古通今，通礼乐之源，明道德之归，确实是我的好老师。"同时他还打比方赞扬老子，他说："鸟儿，我知道它能飞；鱼儿，我知道它能游；野兽，我知道它能跑。善跑的野兽我可以结网来逮住它，会游的鱼儿我可以用丝条缚在鱼钩上来钓到它，高飞的鸟儿我可以用良箭把它射下来。至于龙，我却不能够知道它是如何乘风云而上天的。老子，就像龙一样啊！"

故事 2

伟大的爱国诗人屈原

屈原（约公元前340年—公元前278年），战国时期楚国诗人、政治家。他少年时受过良好的教育，博闻强识，志向远大。早年受楚怀王信任，任左徒、三闾大夫，兼管内政外交大事。提倡"美政"，主张对内举贤任能，修明法度，对外力主联齐抗秦。因遭贵族排挤诽谤，被先后流放至汉北和沅湘流域。公元前278年，楚国郢都被秦军攻破后，自沉于汨罗江，以身殉楚国。

屈原是中国历史上一位伟大的爱国诗人，中国浪漫主义文学的奠基人，"楚辞"的创立者和代表作家，开辟了"香草美人"的传统，被誉为"楚辞之祖"。楚国有名的辞赋家宋玉、唐勒、景差都受到屈原的影响。屈原主要作品有《离骚》《九歌》《九章》《天问》等。《楚辞》是中国浪漫主义文学的源头之一，对后世诗歌产生了深远影响。成为中国文学史上的璀璨明珠，"逸响伟辞，卓绝一世"。"路曼曼其修远兮，吾将上下而求索"，屈原的"求索"精神，成为后世仁人志士所信奉和追求的一种高尚精神。

1953年，在屈原逝世2230周年之际，世界和平理事会通过决议，确定屈原为当年纪念的世界四大文化名人之一。

故事 3

豁达超然的苏轼

苏轼（公元1037年—公元1101年），字子瞻，又字和仲，号东坡居士，眉州眉山（今四川省眉山市）人。

苏轼出身耕读之家，与父苏洵、弟苏辙，合称"三苏"。嘉祐二年（公元1057年）进士，官至翰林学士、礼部尚书，调任湖州知州后，遭遇了"乌台诗案"，在狱中饱受折磨，因身居深宫的太皇太后曹氏出面求情，最后神宗将他贬为一个毫无实权的闲职黄州团练副使。

到黄州后，苏轼开荒种地之余放浪山水、填词书画，此时堪称苏轼创作的巅峰时期。元丰五年（公元1082年）三月七日，苏轼在几位友人的陪同下到沙湖，偶遇风雨，写下了一首饱含哲理的《定风波》："莫听穿林打叶声，何妨吟啸且徐行。竹杖芒鞋轻胜马，谁怕？一蓑烟雨任平生。料峭春风吹酒醒，微冷，山头斜照却相迎。回首向来萧瑟处，归去，也无风雨也无晴。"

这首词一开头就展现出视风雨如无物的旷达情怀，奠定了昂扬乐观的基调。"一蓑烟雨任平生"，寥寥七字简练概括了词人对淡泊人生的向往，表达了词人笑傲人生的豪迈。"回首向来萧瑟处，归去，也无风雨也无晴"，寄寓了词人无限感慨。

如果说风雨是坎坷人生的象征，晴朗是通达人生的象征，那么"也无风雨也无晴"意味着平和、淡泊、安详、从容的君子人格。经历荣耀和耻辱，又在黄州的躬耕生涯中备尝生活艰辛的东坡居士已经练就了一种宠辱不惊的人生态度。

苏轼的旷达性格，是在苦难经历中逐步形成的，他以一种超然的心态来对待现实的困境。苏轼在精神上始终处于居高临下的地位，因此，他也就能傲视一切苦难了。

五、名篇佳句

1．诗言志，歌咏言。——《尚书》

【赏析】诗是表达思想感情的，歌是用语言把这种思想感情咏唱出来的。

2．世事洞明皆学问，人情练达即文章。——曹雪芹

【赏析】明白世事，掌握其规律，这些都是学问；恰当地处理事情，懂得道理，总结出来的经验就是文章。

3．少而好学，如日出之阳；壮而好学，如日中之光；老而好学，如炳烛之明。

——刘向

【赏析】年少时喜欢学习，像刚升起的太阳那样光明灿烂；壮年时喜欢学习，像中午的太阳那样旺盛；老年时喜欢学习，像点着的蜡烛那样光亮。

4．苟意不先立，止以文采辞句，绕前捧后，是言愈多而理愈乱。——杜牧《答庄充书》

【赏析】写文章先要确定主题思想和思想内容，如果光在堆砌辞藻上下功夫，就会越说越乱，使读者不明所以。

5．文章千古事，得失寸心知。——杜甫《偶题》

【赏析】这首诗的意思是文学创作是关乎年代久远的事情，但其创作中的成败甘苦，唯有自己心里晓得。

六、体验与实践

1. 谈一谈

"唐诗宋词元曲明清小说"，指的是各个时期突出的文学形式。请你谈一谈你喜欢哪种类型的文学？你印象深刻的文学家是谁？你能背诵哪些作品？

2. 说一说

请说说中国古代文学的精神有哪些。

单元二

古代神话传说故事

一、导语

思考：请仔细观察下图 1-2-1，它们分别讲的是什么故事？

图 1-2-1　神话故事

这是关于盘古开天辟地、女娲补天的神话故事。

同学们，你还知道哪些神话故事？神话故事是怎么产生的？神话故事有哪些类型呢？它们对于后世产生了什么影响？下面，让我们一起了解神话传说故事。

二、概述

神话，是关于神的故事。它是远古时代的人民，对其所接触的自然现象、社会现象，幻想出来的具有艺术意味的解释和描述的集体口头创作。它记载着古代人类对神界起源、自然现象和社会生活的理解。

在原始社会，生产力极其低下，限制了人们的知识水平。当他们看到日月星辰有规则地运行，看到春夏秋冬、寒来暑往的更替，看到潮涨潮落、花开花谢，看到动植物，尤其是人类自身的繁衍生息等现象，不难想象，他们有何等惊奇。而看到山火、雷电、洪水、干旱、瘟疫等自然灾害肆虐，他们又觉得何等恐怖。面对这一切，人们显得无能又无助。因此，他们就把自然界各种变化的动力都归之于神的意志和权力，认为这些变化莫测的现象都有神在指挥着、控制着。这就是神话的起源。

神话的种类，按照其内容加以分类概括，主要有创世神话、自然神话、社会生活神话。创世神话包括"开辟天地""万物起源""人类起源""洪水遗民"等方面的内容。自然神话包括日月星辰神话、雷电地震神话、春夏秋冬神话，如《山海经·海外北经》中记载的大神"烛龙"就可以"吹为冬，呼为夏""息为风"。社会生活神话主要以原始人的社会生活为素材，内容包括很广，最主要的当推文化英雄神话和神战英雄神话，如燧人氏钻木取火、神农氏尝百草、嫘祖教民养蚕作织、后稷教民稼穑、黄帝战蚩尤等。可以说，神话的深处，蕴藏着人类要求认识自然、征服自然的执着追求。

三、走进中华神话传说故事

《山海经》《左传》《国语》《楚辞》《吕氏春秋》等古典著作中记载了大量的中国古代神话，而《山海经》是我国记载神话最多的一部古书，分为《山经》《海经》两部分。《山经》以五方山川为线索，内容包括古史、草木、鸟兽、神话、宗教等，其中的很多民间传说和神话故事，如夸父逐日、女娲补天、刑天断首等广为流传，为后来的文学创作提供了十分丰富的养料。

（一）盘古与女娲

1. 盘古

很久很久以前，天和地还没有分开，宇宙混沌一片，像个大鸡蛋。有个叫盘古的巨人，在混沌之中睡了一万八千年。

有一天，盘古醒来，睁眼一看，周围黑乎乎一片，什么也看不见。他一使劲翻身坐了起来，只听咔嚓一声，"大鸡蛋"裂开了一条缝，一丝微光透了进来。盘古见身边有一把斧头，就拿起斧头，对着眼前的黑暗劈过去，只听见一声巨响，"大鸡蛋"碎了。轻而清的东西，缓缓上升，变成了天；重而浊的东西，慢慢下降，变成了地。

天和地分开后，盘古怕它们还会合在一起，就头顶天，脚踏地，站在天地当中，随着它们的变化而变化。天每天升高一丈，地每天加厚一丈，盘古的身体也跟着长高。

这样过了一万八千年，天升得高极了，地变得厚极了。盘古这个巍峨的巨人就像一根柱子，撑在天和地之间，不让它们重新合拢。不知过了多少年，天和地终于成形了，盘古也精疲力竭，累得倒下了。

盘古倒下以后，他的身体发生了巨大的变化。他呼出的气息变成了四季的风和飘动的云；他发出的声音化作了隆隆的雷声；他的左眼变成了太阳，照耀大地，他的右眼变成了月亮，给夜晚带来光明；他的肌肤变成了辽阔的大地；他的四肢和躯干变成了大地的四极和五方的名山；他的血液变成了奔流不息的江河；他的汗毛变成了茂盛的花草树木；他的汗水变成了滋润万物的雨露……

人类的老祖宗盘古，用他的整个身体创造了美丽的宇宙。

2. 女娲

女娲是华夏民族人文先始，是福佑社稷之正神。

女娲慈祥地创造了生命，又勇敢地照顾生灵免受天灾，是被民间广泛而又长久崇拜的创世神和始母神。

自从女娲创造了人类，大地上到处是欢歌笑语，人们一直过着快乐幸福的生活。不知过了多少年，一天夜里，女娲突然被一阵轰隆隆的巨大响声震醒了，她急忙起来，跑到外面一看，天哪，太可怕了！远远的天空塌下一大块，露出一个黑黑的大窟窿。地被震裂了，出现了一道道深沟。山冈上燃烧着熊熊大火，田野里到处是洪水。许多人被火围困在山顶上，还有许多人在水里挣扎。

女娲难过极了。她立刻去找雨神，求他下一场雨，把天火熄灭。又造了船，好救出挣扎在洪水中的人们。

不久，天火熄灭了，洪水中的人们被救上来了。可是，天上的大窟窿还在喷火。女娲决定冒着生命危险把天补上。她跑到山上，去寻找补天用的五彩石，她原以为这种石头很多，用不着费多大力气。结果到山上一看，全是一些零零星星的碎块。她忙了几天几夜，找到了红、黄、蓝、白四种颜色的石头，还缺少一种纯青石。于是，她又一直寻找，终于在一眼清清的泉水中找到了。

五彩石找齐了，女娲在地上挖个圆坑，把五彩石放在里面，用神火进行冶炼。炼了五天五夜，五彩石化成了很稠的液体。女娲把它装在一个大盆里，端到天边，对准那个大黑窟窿，往上一泼，只见金光四射，大窟窿立刻被补好了。

现在，人们常常看见天边五彩的云霞，传说那就是女娲补天的地方。

（二）后羿与嫦娥

1. 后羿

后羿，又称大羿、司羿，五帝时期人物，帝尧的射师，嫦娥的丈夫。有"后羿射日"的典故。

"后羿射日"在《淮南子》里记载得最详细。远古的时候，大地出现了严重的旱灾。太阳烤焦了森林，烘干了大地，晒干了禾苗草木。原来，帝俊与羲和生了 10 个孩子都是太阳，他们住在东方海外，海水中有棵大树叫扶桑。10 个太阳睡在枝条的底下，轮流跑出来在天空执勤，照耀大地。但有时，他们一齐出来给人类带来了灾难。为了拯救人类，后羿张弓搭箭，向那 9 个太阳射去。只见天空出现爆裂的火球，坠下一个个三脚的乌鸦。最后，天上只留下一个太阳。后羿因此成为了人们心中的英雄。

2. 嫦娥

嫦娥，是中国神话中的月宫仙子，她是后羿之妻，其美貌非凡，本称恒娥（姮娥），因西汉时为避汉文帝刘恒的讳而改称嫦娥，又作常娥。有"嫦娥奔月"的典故。

传说西王母所住之处有不死灵药，但她所住的昆仑山极难到达：昆仑山下环绕着弱水，一片羽毛掉在上面都会沉落；昆仑山外环绕着炎火，无论什么东西一碰到它，就会燃烧。

后羿依靠剩余的神力和不屈的意志通过了水火的包围，登上了昆仑山顶，向西王母讨来了灵药。西王母叮嘱后羿这些药是剩余的全部，两个人吃可以不死，一个人吃可以升天成神。

一天晚上，后羿不在家，嫦娥将葫芦里的药倒出来，吞了下去，她的身体越来越轻，飞向了月宫。

（三）精卫填海

"精卫填海"出自《山海经·北山经》："有鸟焉，其状如乌，文首，白喙，赤足，名曰精卫……常衔西山之木石，以堙于东海。"精卫是古代神话中的鸟名。

传说，在上古时代，发鸠山上有许多柘树（即桑树），树上经常有一种可爱的小鸟，它的形状和乌鸦非常相似，头上有好看的花纹，嘴巴是白色的，脚爪则是红色的。它的啼叫声像是"精卫！精卫！"所以人们便把它称作"精卫"。

精卫鸟本是炎帝（即神农氏）的小女儿，名叫女娃。女娃非常喜欢游泳。有一天她在东海游泳，不幸遇到巨浪，被无情的海水给吞没了。女娃死后便化作了精卫鸟。它下定决心要把东海填平，以免别人落得和自己一样的命运。于是，精卫鸟一刻也不闲着，每天从西山衔着树枝、石子飞到东海上空，然后再将它们投下去，就这样，一天又一天，一月又一月，一年又一年，一直如此……

"精卫填海"的故事，反映了上古时代人类和大自然之间艰难的斗争。由于当时人们抵御自然灾害的能力不强，大海经常吞没人们的生命财产，于是人们产生了填平大海的愿望。精卫鸟便是人们征服大海的决心的象征，而其锲而不舍的精神，善良的愿望，宏伟的志向，受到人们的尊敬。

（四）牛郎织女

牛郎织女，是中国古代著名的民间爱情故事，从牵牛星、织女星的星名衍化而来。主要讲述了孤儿牛郎依靠哥嫂过活。嫂子为人刻薄，经常虐待他，他被迫分家出来，靠一头老牛自耕自食。这头老牛很通灵性。

有一天，织女和诸仙女下凡嬉戏，在河里洗澡，老牛劝牛郎去相见，并且告诉牛郎如果天亮之前仙女们回不去就只能留在凡间了，牛郎于是待在河边看七个仙女，他发现其中最小的仙女很漂亮，顿生爱意，想起老牛的话，于是牛郎悄悄拿走了小仙女的衣服。仙女们洗好澡准备返回天庭，小仙女发现衣服不见了只能留下来，牛郎于是跟小仙女织女邂逅了。后来他们很谈得来，明白了各自的难处，织女便做了牛郎的妻子。婚后，他们男耕女织，生了一儿一女，生活十分美满幸福。不料天帝察知此事，命令王母娘娘押解织女回天庭受审。老牛不忍他们妻离子散，于是触断头上的角，变成一只小船，让牛郎挑着儿女乘船追赶。眼看就要追上织女了，王母娘娘忽然拔下头上的金钗，在天空划出了一条波涛滚滚的银河。牛郎无法过河，只能在河边与织女遥望对泣。他们坚贞的爱情感动了喜鹊，无数喜鹊飞来，用身体搭成一道跨越天河的彩桥，让牛郎织女在天河上相会。天帝无奈，只好允许牛郎织女每年七月七日在鹊桥上会面一次，喜鹊也会在身边。

（五）愚公移山

"愚公移山"出自《列子·汤问》："北山愚公者，年且九十，面山而居……"

传说，古时候有两座大山，分别叫作太行山、王屋山。北山住着一位年近90岁的名叫愚公的老人。苦于两座山的阻隔，出来进去都要绕道。于是，他召集全家人商量，想把这两座山搬走。大家商议把挖出来的泥土和石块扔到渤海边上，以及北方最远的地方。

从此，愚公带着儿孙们开始挖山。虽然全家一天也挖不了多少，但仍然坚持不懈，直到换季时，才回一次家。有个叫智叟的老人得知了这件事情，特地赶去劝愚公说："你这样做太不明智了。你的精力不是无限的，以有限的精力又怎能把这两座山挖平呢？"愚公反驳说："你这个人真是顽固不化，实在无法开导！即使我死了，还有我的儿子在呀。儿子死了，还有孙子，孙子又生孩子，孩子又生儿子。子子孙孙无穷无尽，而山却不会再增高加大，怎么会挖不平呢？"

后来，山神见愚公挖山不止，便把这件事报告给天帝。天帝被愚公的诚心感动，于是派了两个大力神下凡，去背走那两座山，一座放在朔方的东部，一座放在雍州的南部。从此，不再有高山的阻隔，愚公出门也不用绕道而行了。

"愚公移山"这个故事告诉我们，无论遇到什么困难，不必瞻前顾后，也不必考虑成败得失，只要不畏艰难、坚持不懈，就可以成功。

四、经典故事

故事 1

共工怒触不周山

从前，共工与颛顼争夺部落天帝之位，共工愤怒地撞击不周山，支撑着天的大柱子折断了，拴系着地的大绳子也断了。天向西北方向倾斜，所以日、月、星辰都向这里移动；地向东南方向下塌，所以江河道路上的流水、尘埃都在这里汇集。

故事 2

夸父逐日

夸父族原来是大神后土传下来的子孙。他们身材高大，但是性情温和善良。

一天，一个勇敢的夸父族人忽然发下宏愿，要去追赶太阳。他提起长腿，迈开大步，向着西斜的太阳追去，瞬息间便超越千里，一直把太阳追到落下的地方。他举起巨大的臂膀，想捉住这团光明，可是他疲倦极了，烦躁又口渴，就俯下身来，去喝黄河、渭河里的水，霎时间两条河的水都给他喝干了。口渴还是止不住，他又再向北方跑去，想去喝大泽里的水。可是他没有到达目的地，就在中途渴死了。

临死的时候，他抛掉了手里的杖，杖落下的地方化作一片绿叶茂密、鲜果累累的桃林，给后来追寻光明的人解除口渴，使他们能继续向前走路。

故事 3

姜太公钓鱼

"太公钓鱼，愿者上钩"出自《武王伐纣平话》：姜尚因命守时，立钩钓渭水之鱼，不用香饵之食，离水面三尺，尚自言曰："负命者上钩来！"

姜太公姜尚是西周初期十分著名的人物，他辅佐周文王、周武王推翻商纣王的残暴统治，建立了周政权，即历史上的西周。

在得到周文王的赏识和重用之前，姜太公在渭水边的一个地方隐居。那里是周文王当商朝的诸侯王时统治的地区，姜子牙隐居于此，是希望有天周文王能够注意到自己的才华。

在等待建功立业的机会的日子里，姜太公经常在磻溪旁钓鱼。但与众不同的是，他钓鱼用的钩是直钩，上面不穿鱼饵，鱼钩也不沉到水里，而是悬在离水面三尺高的地方。他一边钓鱼，一边口里还自言自语地说："不想活的鱼儿，如果你们愿意的话，就自己上钩吧！"

周文王听说姜太公钓鱼的奇特方式后，心想此人一定是位奇才，于是亲自带上厚礼去请姜太公出来辅佐自己。姜太公便答应为他效力。后来姜太公被他礼贤下士的诚意所感动，帮助周文王的儿子周武王击败商纣王。

"姜太公钓鱼"原指姜太公用直钩不穿鱼饵钓鱼，愿意上钩的鱼，就自己上钩，后用来比喻心甘情愿地中圈套或者去做某事。

五、名篇佳句

1. 女娲炼五石，天缺犹可补。——陆龟蒙《杂讽九首》

【赏析】女娲炼好了五彩石，天缺了个窟窿也能够补上。比喻天犹可补，无不可为之事，此典常用于抒情、咏志等。

2.

嫦娥
[唐] 李商隐

云母屏风烛影深，长河渐落晓星沉。

嫦娥应悔偷灵药，碧海青天夜夜心。

【赏析】这首诗借嫦娥飞月的故事抒写了身处孤寂中的感受。诗人才华横溢，孤高自赏，不按市井的规则经营禄位，遭到俗恶势力的妒忌和排挤，以致仕途不顺，岁月蹉跎。诗人精神上力图摆脱尘俗，追求高洁的境界，而追求的结果往往使自己陷于更孤独的境地。这种清高与孤独，被诗人用精微而富于含蕴的语言成功地表现出来了，这正是本诗的特色。

3.

秋夕
[唐] 杜牧

银烛秋光冷画屏，轻罗小扇扑流萤。

天阶夜色凉如水，卧看牵牛织女星。

【赏析】这首诗写失意宫女生活的孤寂幽怨。首句写秋景，用一"冷"字，暗示寒秋气氛，又衬出主人公内心的孤凄。二句写借扑萤以打发时光，排遣愁绪。三句写夜深仍不能眠，以待临幸，以天街如水，暗喻君情如冰。末句借羡慕牵牛织女，抒发心中悲苦。

4.

鹊桥仙·纤云弄巧
[宋] 秦观

纤云弄巧，飞星传恨，银汉迢迢暗度。金风玉露一相逢，便胜却人间无数。

柔情似水，佳期如梦，忍顾鹊桥归路。两情若是久长时，又岂在朝朝暮暮。

【赏析】牛郎织女的故事是中国封建社会产生的著名神话传说。词牌《鹊桥仙》因牛郎织女的故事而得名，秦观以此词牌写成了这首咏七夕的节序词，借牛郎织女悲欢离合的故事，歌颂坚贞诚挚的爱情。

六、体验与实践

"走进中华神话故事"综合实践活动

1. 创意改写活动

阅读神话故事后，一定有许多同学对故事的结局表现出遗憾的情感，故事中某些人物或者动物的结局让人牵肠挂肚。请你选择一个神话故事，对它的结尾进行合理的改写，并与同学们分享你的创意想法。

2. 故事比赛活动

开展一次讲神话传说故事比赛，让同学们在体验神话故事魅力的同时，提高自己的表达能力。

3. 即兴演讲活动

举行即兴演讲活动，让同学们讲述一个自己最喜欢的神话人物，要求将喜欢的理由表述清楚。

4. 看图说故事活动

组织看图说故事活动，要求每个同学收集一幅关于神话故事的图片，集中放在一起，轮流抽题，抽中哪张图就讲其中的故事，看谁讲得好。

5. 手抄报活动

组织手抄报活动，要求每个同学收集至少 4 个神话故事，编写成一份手抄报。

单元三

古代诗词歌赋

一、导语

谁的名气大

有一个民间传说，讲述的是盛唐诗人王昌龄、高适、王之涣的故事。

开元年间，盛唐诗人王昌龄、高适、王之涣三个人都以诗歌闻名天下，经常一起饮酒作诗。有一天，天寒微雪，三个人一起到酒楼喝酒，碰到四个歌女在酒楼演出，唱的都是当时的流行歌曲。这三位诗人就打赌，看这四个歌女唱谁的诗最多，"诗入歌词之多者，则为优矣。"

不一会，第一个歌女唱了王昌龄的绝句《芙蓉楼送辛渐》："寒雨连江夜入吴，平明送客楚山孤。洛阳亲友如相问，一片冰心在玉壶。"

第二个歌女唱了高适的《哭单父梁九少府》："开箧泪沾臆，见君前日书。夜台今寂寞，犹是子云居。"

王昌龄和高适非常高兴，王之涣有点坐不住了，就指着剩下那个最漂亮的歌女说："她一会要唱的如果不是我的诗，那我终生不敢跟你们相比了！但如果是我的诗，那你们得要拜我为师！"一会儿，那个歌女开口了，唱的是什么呢？是王之涣的《凉州词》："黄河远上白云间，一片孤城万仞山。羌笛何须怨杨柳，春风不度玉门关。"三人笑成一团。众歌女知道三人的身份后，佩服不已，替三人头了单，一起畅饮欢歌。

这虽然是个民间传说，但是由此可知，诗歌在相当长一段时间都是供诵读和歌唱的，到宋代的时候，诗词皆可入乐歌唱。

同学们，你们会吟唱哪些诗词？今天我们一起走进诗词歌赋，感受古典文学之美。

二、概述

所谓诗词歌赋，是人们对我国传统文学的概称，这一称谓基本概括了中国传统文化的精髓，是中国传统文学的集大成者。有吟咏言志的诗歌，有为配合乐曲而填写的词，有受民间歌曲影响而形成的曲，有介于诗、文之间的赋。

从上古时候开始，已经出现了一些原始歌谣，有了文字以后，流传于口头的歌谣便被记载下来，而成为诗。中国诗歌的产生有三大源头，分别是《诗经》《楚辞》《汉乐府》，《诗经》是中国古代现实主义诗歌的开端，《楚辞》是中国古代浪漫主义诗歌的源头，而《汉乐府》是中国诗歌发展中的重要民间文学传统。

诗歌发展到魏晋南北朝时期，内容和体制得到了拓展，在唐宋时期达到了发展的高峰。

唐诗宋词的繁荣不仅体现在诗人数量众多，出现了李白、杜甫、苏轼、辛弃疾等一大批优秀的诗人，创作了大量优秀作品，题材和形式的多样性更使唐宋时期成为中国诗歌史上的黄金时代。

赋起源于战国时期，最早是诸子百家的散文。赋，作为文体名称，它最早可以追溯到荀子的《赋》；作为一种文学体制，它直接受到楚辞和战国自由之风的影响。由于汉代经济发达，国力强盛，为汉赋的兴盛提供了雄厚的物质基础；而统治者对赋的喜爱和提倡，使文人士大夫争相创作赋。其中司马相如的《子虚赋》、班固的《两都赋》是汉大赋的代表作。赋是一种韵文，以壮丽、华美、浩大为特点。

三、走进作品

（一）《诗经》

1. 内容特色

《诗经》是中国最早的一部诗歌总集，它收集了西周初年至春秋中叶（公元前 11 世纪至公元前 6 世纪）的诗歌，共 311 篇作品。

《诗经》在内容上分为"风""雅""颂"三个部分。其中"风"分十五国风，有诗一百六十篇；"雅"分大雅、小雅，有诗一百零五篇；颂分周、鲁、商三颂，有诗四十篇。"风"是带有地方色彩的音乐，十五国风就是十五个地区的民间歌谣。"雅"有正的意思，周王朝直接统治地区的音乐称作"雅"。"颂"则是指用于宗庙祭祀的舞曲。

《诗经》的内容十分广泛，有反映农事生活的，有表现爱情婚姻的，有展现战争徭役的，是周代生活的一面镜子。在表现现实生活的同时，《诗经》也显示出了它显著的政治与道德色彩，诗人积极地面对社会现实，关心国家命运，关切民生疾苦，出现了许多感情真挚的诗篇。

2. 艺术特色

《诗经》为中国古典诗歌的形式奠定了基础。其句式基本上是整齐的四言，四句独立成章，其间杂有二言至八言不等。在章法上，《诗经》多采用回环往复的形式。在一首诗的几章里，只将少数的字词进行更换，使全诗一唱三叹，反复歌咏，借此来表现情感表达的变化，同时也便于记诵和传播。

在表现手法上，《诗经》采用的赋、比、兴的艺术手法对后世诗歌的创作带来了深远的影响，后世将赋、比、兴与风、雅、颂并称为"六义"。朱熹说，"赋者，敷陈其事而直言之者也""比者，以彼物比此物也""兴者，先言他物以引起所咏之词也"。赋的本质特征是铺张直叙，就是诗人将思想情感及有关的事物平铺直叙地表达出来。比就是譬喻，诗人借一个事物来表达感情，使形象更加鲜明。兴则是触物兴词，大多借助其他事物作为诗歌的开头。赋、比、兴这三种表现手法在《诗经》中交叉使用，丰富了诗歌的艺术形象和思想感情。

3. 后世影响

《诗经》在四言句式与赋、比、兴手法上对诗歌史产生了深远影响，它在现实主义精神上对后代的影响最大。"饥者歌其食,劳者歌其事"的主张推动着诗人将目光聚焦于国家的命运与民众的疾苦。唐代白居易提出"文章合为时而著,歌诗合为事而作"就是对《诗经》现实主义的发扬。

(二)楚辞

楚辞,最初是指楚地的歌辞。战国时期,楚国的屈原吸收其营养,创作出《离骚》《九歌》等巨制鸿篇,后人仿效,名篇迭出,成为一种独特的文学体裁,通称楚辞。西汉末年,刘向将屈原、宋玉等人的作品编辑成书,定名为《楚辞》。《楚辞》是中国文学史上第一部浪漫主义诗歌总集。

1. 屈原

屈原(约公元前340年—公元前278年),名平,字原,战国时期楚国人,是楚武王熊通之子屈瑕的后代。他早年受楚怀王信任,曾任三闾大夫和左徒,常与怀王商议国事,主持外交事务。他对内主张举贤授能,对外主张联齐抗秦。后来由于性格耿直并受贵族保守势力排挤,楚怀王渐渐疏远了他,而后将其放逐于汉北。流放期间,屈原心中郁闷,开始文学创作。公元前278年,秦国攻下郢都,他知晓楚国灭亡是必然趋势,自己又无力回天,遂在绝望与悲愤中自投汨罗江而死。屈原代表作品有《离骚》《天问》《九歌》《九章》。

2. 作品简介

《离骚》是屈原的代表作,是我国古典文学中最长的抒情诗,是闪耀着光辉的浪漫主义杰作。屈原的《离骚》是围绕着楚国的出路何在、自己的出路何在这两个问题写的。内容分为两部分。从篇首到"岂余心之可惩"为第一部分,主要是诗人对以往历史的回溯,他叙述了自己的家世出身及他辅助楚王进行政治斗争的经过。《离骚》后一部分写的是诗人对未来道路的探索,"路曼曼其修远兮,吾将上下而求索",在诗人为政治理想的不懈追求中,他爱憎分明、坚贞高洁的品格表现得淋漓尽致。

(三)汉赋

汉赋,是汉朝涌现出的一种有韵的散文,是汉朝儒客文人热衷的文体,它的特点是散韵结合,专事铺叙。从赋的形式上看,在于"铺采摛文";从赋的内容上说,侧重"体物写志"。汉赋的内容可分为五类:一是渲染宫殿城市,二是描写帝王游猎,三是叙述旅行经历,四是抒发不遇之情,五是杂谈禽兽草木。赋是汉代最流行的文体。在两汉的400年间,一般文人多致力于这种文体的写作,因而盛极一时,后世往往把它看成是汉代文学的代表。

● 司马相如

司马相如是汉代大赋的奠基者和成就最高的代表作家,代表作为《子虚赋》《上林赋》。这两篇赋以游猎为题材,对诸侯、天子的游猎盛况和宫苑的豪华壮丽,作了极其夸张的描写,而后归结到歌颂大一统汉帝国的权势和汉天子的尊严。在赋的末尾,作者采用了让汉天子享乐之后反躬自省的方式,委婉地表达了作者惩奢劝俭的用意。司马相如的这两篇赋在汉赋发展史上有极重要的地位,它以华丽的辞藻、夸饰的手法、韵散结合的语言和问答的形式,铺陈宫苑的壮丽和帝王生活的豪华,充分表现出汉大赋的典型特点,从而确定了一种铺张扬厉的大赋风格和所谓"劝百讽一"的传统。后来一些描写京都宫苑、田猎、巡游的大赋都仿效它，但在规模气势上又始终难以超越它。

（四）唐诗

1. 初唐诗人

初唐前期的诗歌深受齐梁诗风的影响，出现了大量轻浮绮靡的宫体诗。初唐后期诗风有所改变，诗人的作品开始展现气象万千、雄浑博大的风格，内容多涉及广阔的社会生活和重大的政治问题。

初唐代表诗人有上官仪、杜审言、沈佺期、宋之问、初唐四杰（王勃、杨炯、卢照邻、骆宾王）、陈子昂。

● 初唐四杰

初唐四杰指王勃、杨炯、卢照邻、骆宾王。他们把诗歌从宫廷移到了市井，从台阁移到了江山和塞漠，杨炯的《从军行》是其中一首体现当时时代风貌的边塞诗。陈子昂在初唐到盛唐的诗风转变中起到重要作用，他引导诗歌回归汉魏风骨，并且要求诗歌有鲜明的政治倾向，代表作品《登幽州台歌》。

2. 盛唐诗人

就中国古代诗歌史而言，盛唐是指开元、天宝年间，此时经济繁荣、物华天宝，一派盛世景象，唐诗也发展到顶峰时期。这时出现了"山水田园诗派""边塞诗派"等诗歌流派，伟大的浪漫主义诗人李白和伟大的现实主义诗人杜甫是这个时期最杰出的代表。

● 山水田园诗派：王维、孟浩然

特点：他们继承和发展了东晋陶渊明的田园诗和谢灵运、谢朓等的山水诗，诗歌内容以展现田园生活、描绘山水景物为主，反映诗人闲适淡雅的思想情绪，色彩雅淡，韵致高远，形式多采用五言古体、五律、五绝。

代表作：王维《山居秋暝》《终南山》《九月九日忆山东兄弟》等；孟浩然《过故人庄》等。

● 边塞诗派：高适、岑参、王昌龄、卢纶

特点：诗歌内容主要是描写边塞战争和边塞风土人情，以及战争带来的各种矛盾如离别、思乡、闺怨等，形式上多为七言歌行和五、七言绝句，诗风悲壮，格调雄浑，最足以表现盛唐气象。代表诗人除高适、岑参外，还有王昌龄、卢纶、李颀、崔颢、王之涣、王翰等。

代表作：高适《别董大》《塞下曲》《燕歌行》；岑参《白雪歌送武判官归京》；王昌龄《出塞》；卢纶《塞下曲》。

● 浪漫主义流派：李白

特点：李白诗风雄奇飘逸、俊秀清新，诗歌内容多写祖国大好河山和美丽的自然风光，注重情感的表达，常常使用夸张、比喻、拟人、想象等手法，营造出神奇瑰丽、博大雄伟的意境，富有浪漫主义特色，被称为"诗仙"。

代表作：《将进酒》《蜀道难》《梦游天姥吟留别》《静夜思》等。

● 现实主义流派：杜甫

特点：杜甫生活在唐朝由盛转衰的历史时期，他的诗篇多反映当时的社会矛盾与人民疾苦。他的诗风沉郁顿挫，语言与结构富于变化，讲究炼字炼句。律诗在杜甫诗中占重要地位。他的诗记录了盛唐转衰的历史，也体现了他的仁爱之心，他被称为"诗圣"，其诗被称为"诗史"。

3. 中唐诗人

中唐时期诗歌创作数量最多，但是诗歌内容不再是对国力强盛的反映，而多是在冷静思考下对严峻现实的揭露。以白居易为代表的一批诗人，自觉学习汉乐府诗歌，以平易浅近的语言展现民生疾苦，揭示政治弊端。

代表人物：白居易、韩愈、柳宗元、孟郊、贾岛、刘禹锡、李贺。

● 白居易

白居易是杜甫之后又一杰出的现实主义流派诗人，他提出"文章合为时而著，歌诗合为事而作"，并与元稹等人倡导新乐府运动。他的诗分为四类：讽喻、闲适、感伤、杂律，其中以深刻反映社会矛盾的讽喻诗、淡泊悠闲的闲适诗最有影响，并且因语言平易自然为人们所普遍接受。代表作品有《长恨歌》《琵琶行》《卖炭翁》《钱塘湖春行》等。

4. 晚唐诗人

晚唐诗坛以李商隐与杜牧为代表，他们被称为"小李杜"。一代盛世就要结束，他们感慨万千，诗歌内容无论是对辉煌历史的回顾与无奈，还是对人生况味的体会与反省，都充满着感伤的情调，笼罩着意尽阑珊的气氛。代表诗人还有温庭筠、韦庄、皮日休、陆龟蒙、司空图等。

● 李商隐

李商隐是整个唐代为数不多的刻意追求诗美的诗人，他的诗篇构思新奇，风格清丽，他创作了大量优秀的缠绵悱恻、优美动人的爱情诗与无题诗。他的诗篇立意奇特，思想细腻，旨意隐秘，成为后世文人研究的关注点。代表作品有《夜雨寄北》《乐游原》《无题》《锦瑟》等。

● 杜牧

杜牧诗风俊爽，他总能在日常环境中发现独特的意境美，创作了大量遣愁、感怀、吊古的诗作，许多咏史诗展现了那个时代诗人普遍因国力渐衰而产生的伤悼情绪。代表作品有《赤壁》《泊秦淮》《清明》《山行》等。

（五）宋词

词由于其可以合乐而歌的特性又被称为"曲子词""乐章""乐府"等，它是继唐诗之后又一文学体裁，兴起于唐，定型于五代，盛于宋。每首词都有一个调名，叫作"词牌"，规定着词的句数、字数和平仄。宋代是词的全盛时期，宋词的代表人物是豪放派的苏轼和辛弃疾，婉约派的柳永和李清照。豪放派词人的创作意境开阔，气象恢宏，慷慨激昂。婉约派则内容多侧重男女风情，结构精细缜密，音律婉转悠扬，语言清丽秀美。宋词的发展时期分为北宋前后期与南宋前后期。

1. 北宋前期

北宋前期的词坛一般承袭了南唐二主与冯延巳的词风，多写男女恋情、离愁别绪、交游饮宴等。代表人物：晏殊、欧阳修、苏轼、张先、晏几道等。

- 晏殊

擅长小令，内容多是典雅纯净的男女恋情，开创了北宋婉约派词风，被称为"北宋倚声家之初祖"。代表作有《蝶恋花》《浣溪沙》等。

- 欧阳修

词作讲求新变，一是扩大了词的抒情功能，注重用词抒发自我的人生感受，二是改变了词的审美趣味，使词朝着通俗化的方向发展。代表作有《朝中措·平山堂》《玉楼春》等。

- 苏轼

对词体进行彻底改革，突破了词的传统格局，提高了词的文学地位，使词成为了独立的抒情载体，在词的创作中取得了非凡的成就。他将传统的表现女性化的柔情之词扩展为表现男性化的豪情之词。苏词中常常体现对自我人生的思考，同时也大力描绘了日常生活与自然景色，是内心与外界共同的开拓。代表作有《念奴娇·赤壁怀古》《水调歌头》等。

2. 北宋后期

北宋后期词人的创作都直接或者间接受着苏轼的影响。出自苏轼门下的秦观，他的词风却与苏轼大相径庭，被推为婉约派的正宗，他的词淡雅清秀，有玲珑剔透之美。周邦彦是北宋著名的词人，以他为代表的"大晟词人"把词带上了"以文造情"的道路，对南宋姜夔、吴文英一派产生影响，是连接北宋与南宋词作的纽带。代表人物：秦观、贺铸、周邦彦等。

3. 南宋前期

南宋初期由于靖康之变的巨大冲击，文人的悲愤心态反映到词作上来，一批积极反抗民族压迫、维护祖国统一的爱国词人使词在题材、风格上出现重大变化，以感怀时事、抒发抗敌壮志的词作大量出现。代表人物：辛弃疾、李清照、张孝祥、陈与义、陈亮等。

- 辛弃疾

南宋著名的爱国词人，他一生以报国为志，以功业自许，将满腔的爱国热情，对国家、人民的关怀与忧叹都融入词作中。但是他的愿望始终没有实现，命运多舛、壮志难酬，尽管如此，他也始终没有动摇恢复中原的信心。其词作风格以豪放为主，与苏轼并称为"苏辛"，他的词作题材广泛，善于用典入词，在苏轼的基础上开拓了词的思想境界和艺术形式。代表作有《破阵子》《青玉案》《西江月》等。

- 李清照

南宋著名的女词人，一生中创作了大量的诗、词、文，以词成就最高。她的词作风格在南渡前后发生很大变化，与自身和国家命运的变化息息相关。南渡前，她的生活美满、爱情甜蜜，创作了大量清新自然、欢快爽朗的作品，代表作有《如梦令》《醉花阴》等。南渡后她经历了国破人亡，心灵上受到创伤，词作基调低沉、凄凉，以思乡悼亡内容为主，代表作有《武陵春》《声声慢》等。

4. 南宋后期

南宋后期的词人以姜夔、史达祖为代表，他们在词作中表现出对现实的疏离态度，创作以男女恋情、离愁别绪、自然山水为主，在内容上的开拓不够，但是他们在艺术上却有所发展。他们中的大多数人精通音律，善于创制新曲来填词，作品结构层次分明，音律和谐，极具回环往复的美感。

四、经典故事

故事 1

丹心照汗青

文天祥自幼好学，1256 年以进士第一名的身份参加殿试且高中状元。1275 年，元军南下攻宋，文天祥散尽家财，招募士卒。当朝廷势弱与元军议和无人愿往时，文天祥临危受命，前往元军大营。面对元军主帅，文天祥痛斥元军的侵略与暴行，遭拘禁后于押解途中逃归。之后，文天祥又聚兵抗元，因势单力孤，于 1278 年 11 月再次被俘，囚禁于元大都。

文天祥在环境恶劣的牢房生活三年多，其间敌人百般折磨与利诱，但他始终不屈并在狱中写下了千古传颂的《正气歌》，以抒发自己的民族气节和爱国之心。1283 年 1 月，元世祖忽必烈亲自劝降文天祥并许以宰相之职，但他仍不为所动，只求以死报国。刑场上，文天祥神情自若地对押解的狱卒说："我的事完成了。"在面向南方跪拜之后，文天祥从容赴死，终年四十七岁。

故事 2

采薇

在战争时期，为了抵挡外族的入侵，只要满十五岁的男子都要去参军。百姓们都知道这一去就是九死一生。在柳树底下有一对母子。当儿子穿好衣服、带上行李、骑上骏马的时候，母亲热泪盈眶，强忍着不让眼泪滴下来，因为这样才能不让儿子担心。儿子看了看母亲说："娘，我就要走了，您放心，我会安然无恙地回来。我还想吃您做的饭菜呢！"儿子挥了挥手，向母亲告别！

儿子走了，杨柳也随着一阵微风，跳起了舞蹈，那柔软的柳条在风中飘荡。快到军营了，儿子的心里忐忑不安，因为他怕在战场上牺牲，他又想母亲还在家等我呢，我还得吃母亲给我做的饭菜呢。母亲的面孔浮现在儿子的脑海中，这一想象化为了儿子去战场的动力与勇气。儿子上战场了，他手握长枪，在战场上英勇杀敌，这一仗一打就是几十年。当战后儿子骑上骏马飞快地奔回家乡的时候，家乡的一切事物都变了。

儿子到了家门口，推开冰冷的门，走进屋里，看见坐在炕上思念儿子的母亲。儿子大声深情地喊了一声"娘"，母亲在炕上刚留意到儿子回来了，母亲大声地回答了一声"哎"，就哭了。几十年未见的母子俩紧紧地拥抱在一起。母亲看了看儿子说："儿子你长高了。"儿子看了看母亲说："不，是您变矮了。"母亲和儿子坐在炕上，儿子对母亲说："这时间过得真快，转眼间几十年过去了。我还记得我走的时候是春天，微风吹着柳条，现在我回来了，已是鹅毛大雪的冬天了。"离别几十年的母子俩坐在炕上说起了军营生活。

故事 3

推敲的故事

有一次，贾岛骑驴闯了官道。他正琢磨着一句诗，名叫《题李凝幽居》，全诗为：闲居少邻并，草径入荒园。鸟宿池边树，僧推月下门。过桥分野色，移石动云根。暂去还来此，幽期不负言。

但他有一处拿不定主意，觉得第二句中的"鸟宿池边树，僧推月下门"的"推"应换成"敲"。可他又觉着"敲"也有点不太合适，不如"推"好。不知是"敲"还是"推"好，嘴里念叨着，不知不觉地，就骑着毛驴闯进了大官韩愈的仪仗队里。

韩愈问贾岛为什么闯进自己的仪仗队。贾岛就把自己做的那首诗念给韩愈听，但是其中一句拿不定主意是用"推"好，还是用"敲"好。韩愈听了，对贾岛说："我看还是用'敲'好，即使是在夜深人静，拜访友人，还敲门代表你是一个有礼貌的人！而且一个'敲'字，使夜静更深之时，多了几分声响。再说，读起来也响亮些。"贾岛听了连连点头称赞。这回他不但没受处罚，还和韩愈交上了朋友。

"推敲"从此也就成为了脍炙人口的常用词，用来比喻做文章或做事时，反复琢磨，反复斟酌。

五、作品赏析

1.

采薇（节选）

《诗经·小雅》

昔我往矣，杨柳依依。

今我来思，雨雪霏霏。

【赏析】表现了在"今"与"昔"、"来"与"往"、"雨雪霏霏"与"杨柳依依"的情境变化中，戍卒深切体验到了生活的变迁、生命的流逝及战争对生活价值的否定。

2．惟草木之零落兮，恐美人之迟暮。——屈原《离骚》

【赏析】光阴如梭，美人的青春就像日益飘零的草木。作者感叹岁月无情，来日无多，希望把握住短暂的人生，做出一番事业。

3．明月松间照，清泉石上流。——王维《山居秋暝》

【赏析】月照松林是静态，清泉流溢是动态，动静结合相辅相成。从视觉、听觉上写出了秋山晚景的幽静，表达了作者崇尚恬静淡泊的田园生活，不愿同流合污的人生态度，也体现了王维"诗中有画，画中有诗"的艺术风格。

4．人生得意须尽欢，莫使金樽空对月。——李白《将进酒》

【赏析】人生得意之时就应当纵情欢乐，不要让这金杯无酒空对明月。这句诗体现了李白桀骜不驯、热情豪放的性格。

5．知否，知否？应是绿肥红瘦。——李清照《如梦令》

【赏析】"绿"代指"叶"，"红"代指"花"，是两种颜色的对比。"肥"形容雨后的叶子因水分充足而繁茂肥大，"瘦"形容雨后的花朵因不堪雨打而凋谢稀少，是两种状态的对比。在极富概括性的语言中，将闺中人惜花的殷殷情意表现得淋漓尽致。

六、体验与实践

1．"情景对诗"实践活动

过节日的时候我们吟诗，面对离别的时候我们吟诗，喜悦的时候我们吟诗，悲伤的时候我们吟诗。请你与同学一起针对不同的情景想出对应的诗歌进行吟诵，看看谁的诗歌储备更丰富。

2．"爱国诗词"朗诵会

唐诗宋词中有许多心系国家兴衰、人民荣辱的爱国诗词，请你将这些诗词找出来，并且用合适的语气进行朗诵。

3．"游子羁旅诗词"情景表演

诗词中有许多以游子羁旅为主题的作品，请你根据具体内容与同学合作进行情景表演，要求内容妥帖，表演丰富，形式可以多种多样。

4．"我为诗词编编曲"活动

当今许多创作者将古代的诗词进行了编曲，改编成了非常动人的歌曲，得到了世人的传唱，请你找出这些歌曲，并且参照他们的创作，尝试为你感兴趣的诗词编曲，并且吟唱出来。

5．分门别类辑诗词

请与你的同学一起收集同一种类别的诗词，并分享给全班同学。例如，一起找找古代诗词中分别描写"春""夏""秋""冬"的作品。

单元四

古代散文小说戏剧

一、导语

昆曲《牡丹亭》的魅力

在《红楼梦》第二十三回中，有这么一段戏文："原来姹紫嫣红开遍，似这般，都付与断井颓垣……良辰美景奈何天，赏心乐事谁家院……只为你如花美眷，似水流年……"。这段著名的戏文就是出自昆曲《牡丹亭》，"原来姹紫嫣红开遍"的唱词几乎是昆曲的代名词。《红楼梦》中描写林黛玉听曲的情节，已是《牡丹亭》问世一百六十年之后。而在《牡丹亭》问世不久的明代，娄江有一位女子感动于杜丽娘命运，十七岁便忧郁而终。又有杭州女伶饰演杜丽娘时情深入戏，在舞台上气绝身亡。《牡丹亭》的艺术魅力可见一斑。

二、概述

古代散文、小说、戏剧是相并列的文学体裁，是中国古典文化的重要载体。

古代散文是指除韵文以外的非韵体文学形式，其外延非常广泛，包括赋、骈文、辩、说、论、奏议、序跋、铭、祭文等。

明清是中国小说史上的繁荣时期。从明代开始，小说这种文学样式打破了诗文的垄断，取得了与唐诗、宋词、元曲并列的地位，显示出了其特有的社会功用与文学价值。小说的发展伴随着城市商业经济的繁荣。宋代前后，手工业和商业的兴起为民间说唱艺术提供了条件，不断扩大的市民阶层刺激了对娱乐文化的需求，一种新的文学样式——话本应运而生。话本是说话人的底本，有讲史、公案等不同的门类，已初具小说的叙事规模。明代商业经济的发展与印刷业的发达促使小说由口头创作转入了书面创作。明代初年，长篇章回体小说作为成熟的文学样式正式登入了文坛。

戏曲起源于原始歌舞，是包含文学、音乐、舞蹈、美术、武术、杂技等多种元素的综合艺术。戏曲的内涵包括唱、念、做、打。唱是指唱腔，要字正腔圆；念是指朗诵技法；做是指身段和表情；打即表演中的武打动作。在表演时，要将唱、念、做、打这四种技法完美结合起来，才会产生好的效果。戏曲先后经历了宋元南戏、元代杂剧、明清传奇、清末地方戏四大发展阶段，历经几百年的丰富和发展才形成了完整的体系。

三、走进古代散文小说戏剧

（一）古代散文

中国古代散文的渊源可以追溯到商代的甲骨卜辞和之后出现的青铜器铭文。《尚书》是中国散文形成的标志。其后，散文发展出现两种趋势，一种偏重记述历史，另一种偏重论说，两方面发展的结果，形成了蔚然壮观的先秦历史散文和诸子散文。秦汉以后的散文发展又出现两个分支，一是以秦汉古文为代表的传统散文，二是魏晋六朝形成并占据主导地位的骈文。唐代的古文运动恢复了古文的主导地位，这种局面一直延续到近代白话文的兴起。

1.《论语》

《论语》是记载孔子及其弟子言行的书，内容涉及哲学、政治、教育、伦理、文化等各方面。《论语》的核心思想是"仁"，提倡"仁者爱人"。孔子所谓"仁"的概念，是从家庭出发的。这个"爱"体现在"孝、悌、忠、信"的道德礼教及"君君臣臣，父父子子"的秩序上，可以说是儒家思想的核心。

《论语》是语录体散文，多半是简短的谈话和问答，文字明白易懂，寓意深刻，有一种雍容和顺、迂徐含蓄的风格。例如，"岁寒，然后知松柏之后凋也。"这里不仅是对松柏的礼赞，而且还称赞了君子之风。又如，孔子的弟子子贡看见孔子有道不仕，便问道："有美玉于斯，韫椟而藏诸？求善贾而沽诸？"孔子说："沽之哉，沽之哉！我待贾者也。"把当时孔子和弟子间的亲切谈话婉转曲折地表达出来，言简意赅，耐人寻味。《论语》同时还能在简单的对话和行动中展示人物形象。例如，《先进》篇中的"弟子侍坐"一章，将仲由的坦率，冉求、公西赤的谦逊，曾点的洒脱都呈现出来，人物形象具体生动。《论语》对我国思想文化的发展有着巨大而深远的影响。

2.《史记》

《史记》是中国的第一部纪传体通史。由汉代的司马迁撰写而成。全书共一百三十卷，包括十表、八书、十二本纪、三十世家、七十列传，记载了上起上古传说中的黄帝时代（约公元前 3000 年），下至汉武帝元狩元年（公元前 122 年）共三千多年的历史。《史记》内容包罗万象，融会贯通，脉络清晰，正如司马迁所言："王迹所兴，原始察终，见盛观衰，论考之行。"所谓"究天人之际，通古今之变，成一家之言"，翔实地记录了上古时期政治、经济、军事、文化等各个方面的发展状况。

《史记》是中国史学中一部承前启后的巨著，作者司马迁开创的以人物为中心的纪传体，成为汉以后历代王朝正史所沿用的体制。而《史记》的人物传记，因作者的匠心独运，成为中国古代历史传记文学的开山之作，对后代的文学家产生了深远的影响。宋代郑樵评价道："百代而下，史官不能易其法，学者不能舍其书。"鲁迅赞誉其为："史家之绝唱，无韵之《离骚》。"这些都说明了司马迁对中国史学与文学发展的巨大贡献。

3. 唐宋八大家

唐宋八大家是唐代和宋代八位散文家的合称，分别为唐代韩愈、柳宗元，宋代欧阳修、苏洵、苏轼、苏辙、王安石、曾巩。其中韩愈、柳宗元是唐代古文运动的领袖，欧阳修与三苏（苏轼、苏辙、苏洵）等四人是宋代古文运动的核心人物。

（二）古代小说

上古神话和史传作品是中国叙事文学的源头，但真正意义的叙事文学创作始于魏晋小说。无论是志怪小说还是轶事小说，都是中国小说的雏形，它们对后代笔记体小说产生了直接影响。唐代传奇小说和宋代白话话本小说经过不断发展，在明清时期产生了许多优秀的长篇章回小说，如《三国演义》《水浒传》《西游记》《红楼梦》等。

1.《三国演义》

《三国演义》是我国章回体小说的开山之作，也是中国历史演义小说中最有成就的作品之一。作者罗贯中以民间传说及民间艺人创作的话本、戏曲为基础，参考了陈寿《三国志》和裴松之注的正史材料，结合了自身丰富的生活经验，创作了这部小说。《三国演义》大致分为黄巾起义、董卓之乱、群雄逐鹿、三国鼎立、三国归晋五大部分，描写了从东汉末年到西晋初年之间近百年的历史风云。小说以描写战争为主，描述了东汉末年的群雄割据混战和魏、蜀、吴三国之间的政治和军事斗争，最终司马炎一统三国、建立晋朝的故事。

本书集中描写了三国时代各封建统治阶级之间在政治、军事、外交等方面的种种斗争。作品通过这些斗争揭示了社会的黑暗和统治者的罪恶，反映了人民经受的灾难和痛苦，表达了作者反对战争、渴望和平统一的愿望。

2.《西游记》

《西游记》是中国古代第一部浪漫主义章回体长篇神魔小说，作者是吴承恩。此书是在长期流传的多种玄奘取经故事的基础上创作而成的，前七回主要描写孙悟空的出生、大闹天宫及被压在五指山下的经历，从第八回开始写唐玄奘西天取经的故事，他在西天取经的过程中收服了孙悟空、猪八戒、沙和尚三个徒弟，师徒四人历经九九八十一难，最终取得真经归来。这八十一难构成了八十一个故事，成为了小说的主体内容。

吴承恩善于运用浪漫主义的手法，以丰富的想象力描绘了一个色彩缤纷、神奇瑰丽的幻想世界，创造了一系列妙趣横生、引人入胜的神话故事，如大闹天宫、三打白骨精、智斗金角银角大王、降服红孩儿等。在三打白骨精这个故事中，白骨精三次分别化为村姑、老妇和老翁，利用唐僧的怜悯之心，白骨精三次变化都被孙悟空识破，然而唐僧却把孙悟空赶走了。

《西游记》自问世以来，在民间广为流传，各种版本层出不穷。它是中国神魔小说的经典之作，代表了古代长篇浪漫主义小说的巅峰成就。

3.《红楼梦》

《红楼梦》作为明清小说中第一部由文人独立创作的作品，以其深刻的思想内容与精湛的艺术技巧，代表了中国古典小说的最高成就，被列为"四大名著"之首。作者曹雪芹以封建贵族青年贾宝玉与林黛玉、薛宝钗之间的婚姻悲剧为主线，展现了当时具有代表性的贾、王、史、薛四大家族的兴衰史，其中又以贾府为中心，揭露了封建社会后期的种种黑暗和罪恶及其不可调和的内在矛盾。作品热情赞颂了贵族叛逆者，无情批判了腐朽的封建制度。在美丽被毁灭的过程中，新生的人性也被封建势力扼杀。《红楼梦》既是美丽与青春的赞美歌，也是美梦破灭的悲剧诗。

（三）元杂剧

元代的杂剧是融合了歌唱、舞蹈、说白和杂技等多种艺术形式的综合艺术，它既是我国历史上各种表演艺术发展的结果，也是元代社会文化的产物。元杂剧在结构上一般是一本四折（四场），表现一个完整的故事。杂剧的剧本主要由曲词、宾白、科介三部分组成，其角色分工更加细致，它是在金院本和诸官调的基础上，因现实的需要而产生的，是我国戏曲史上辉煌的一页。当时有姓名可考的作家就有八十多人，见于记载的戏曲剧目有五百余种，涌现出被后人称为"元曲四大家"的关汉卿、马致远、白朴、郑光祖，以及以《西厢记》"天下夺魁"的王实甫等著名作家。

1.《窦娥冤》

《窦娥冤》是元代戏曲家关汉卿创作的杂剧，故事原型来自《列女传》中的《东海孝妇》。全剧四折一楔子，写弱小寡妇窦娥，在无赖张驴儿陷害、昏官桃杌毒打下，屈打成招，成为杀人凶手，被判斩首示众。临刑前，满腔悲愤的窦娥许下三桩誓愿：血溅白练，六月飞雪，大旱三年。果然，窦娥冤屈感天动地，三桩誓愿一一实现。这出戏展示了下层人民任人宰割，有苦无处诉的悲惨处境，控诉了贪官草菅人命的黑暗现实，生动刻画出窦娥这个善良、勇敢、不畏强权的女性形象。该剧同时体现了关汉卿的语言风格，言言曲尽人情，字字当行本色。

2.《破幽梦孤雁汉宫秋》

《破幽梦孤雁汉宫秋》改编于汉元帝时期的昭君出塞的故事，是元代文学家马致远创作的杂剧。讲述了汉元帝派毛延寿去民间挑选宫女，毛延寿借机收受贿赂，中饱私囊。王昭君因不肯向毛延寿行贿，被毛延寿画丑，因而被打入冷宫。后汉元帝巡视后宫时偶然得见王昭君，遂加以宠爱，并封为明妃。毛延寿自知罪责难逃，投奔匈奴，并献昭君美图于呼韩邪单于，致使呼韩邪单于向元帝索要昭君为妻，不从则兵戎相见。汉朝文武百官畏惧匈奴，劝元帝忍痛舍爱，以美人换取和平。元帝无奈，只得让昭君出塞，并亲自到灞桥送别。汉元帝回宫后，心情无比悲痛。而昭君不舍故国，在汉蕃交界的黑龙江投水而死。

该剧的基本冲突是汉元帝、王昭君和文武官僚、奸臣贼子的冲突，与匈奴的矛盾只是作为一个社会背景来写的。全剧的艺术特点在于抒写人物内心的感情，有浓厚的抒情意味。

四、经典故事

故事 1

荆轲刺秦

公元前 227 年，为回报燕国太子丹的知遇之恩，勇士荆轲带着秦国盼望得到的"礼物"前往秦国刺杀秦王。临行时，燕国太子丹与荆轲好友高渐离等人在易水边为荆轲送别。《战国策·燕策三》中记载："太子及宾客知其事者，皆白衣冠以送之。至易水上，既祖，取道。

高渐离击筑，荆轲和而歌，为变徵之声，士皆垂泪涕泣。又前而为歌曰：'风萧萧兮易水寒，壮士一去兮不复还！'复为慷慨羽声，士皆瞋目，发尽上指冠。于是荆轲遂就车而去，终已不顾。"

荆轲来到秦国后，秦王在咸阳宫隆重召见了他。荆轲在献上燕国督亢地图时，突然用匕首刺向秦王，秦王绕柱而逃。行刺过程中，荆轲的左腿被砍断，瘫坐于地。他把自己的匕首投向秦王，直至多处受伤失去抵抗能力，其仍倚柱支撑坐立，且一边大笑，一边怒骂秦王，直到秦王护卫一拥而上，被其斩杀。

一诺千金、重义轻生、勇于牺牲的荆轲的故事世代流传，成为中华民族英雄主义和理想主义集中体现的一个不朽神话。

故事 2

三打白骨精

一天，唐僧师徒四人来到一座高山前，只见山势险峻，峰岩重叠。走了一天的路，唐僧感觉饥饿，就让孙悟空去找些吃的。悟空跳上云端，四处观看，见南山有熟透的山桃，便要摘些来给师父充饥。

悟空刚走，唐僧就被妖怪白骨精发现了。白骨精不胜欢喜，自言自语道："造化！造化！都说吃了唐僧肉可以长生不老。今天机会来了！"它正要上前，见唐僧身边有猪八戒和沙僧保护，就摇身变作美貌的村姑，拎了一罐斋饭，径直走到唐僧面前，说是特地来请他们用斋的。唐僧一再推辞，八戒嘴馋，夺过罐子就要动口。

正在这时，悟空从南山摘桃回来，睁开火眼金睛一看，认出村姑是个妖精，举起金箍棒当头就打。唐僧连忙扯住悟空。悟空说："它是个妖精，是来骗你的。"说着，就朝妖精劈脸一棒。妖精扔下一具假尸首，化作一缕轻烟逃走了。

唐僧责怪悟空无故伤人性命。悟空打开罐子，从里面跳出来几只青蛙、癞蛤蟆，根本没有什么斋饭。唐僧这才有些相信那村姑是妖怪。

师徒们吃了桃子继续赶路。山坡上闪出一个年满八旬的老妇人，手拄着弯头竹杖，一步一声地哭着走来。悟空见又是那妖精变的，也不说话，当头就是一棒。白骨精见棍棒落下，又用法术脱了身，丢了具假尸首在路上。

唐僧一见，惊得从马上摔下来，坐在地上，不由分说，一口气念了二十遍紧箍咒。悟空头痛难忍，连忙哀告。唐僧喝道："你为何不听劝说，把人打死一个，又打死一个？""它是妖精！"唐僧非常生气："胡说！哪有那么多妖精！你无心向善，有意作恶，你去吧！"悟空说："师父若真不要我，就请退下我头上的金箍儿！"唐僧大惊："我只学过紧箍咒，却没有什么松箍咒！"悟空说："若无松箍咒，你还带我走吧。"唐僧无奈："我再饶你这一次，但不可再行凶了。"悟空忙点头答应，扶着唐僧上了马，继续前行。

白骨精不甘心就这样让唐僧走了，又变成一个白发老公公，假装来找他的妻子和女儿。悟空把金箍棒藏在身边，走上前迎着妖精，笑道："你瞒得了别人，瞒不过我！我认得你这个妖精。"悟空抽出金箍棒，怕师父念咒语，没有立刻动手，暗中叫来众神，吩咐道："这妖精三番两次来蒙骗我师父，这一次定要打死它。你们在半空中作证。"众神都在云端看着。悟空抡起金箍棒，一棒打死了妖精。妖精化作一堆骷髅，脊梁上有一行字，叫作白骨夫人。

故事 3

感天动地窦娥冤

窦娥从小死了母亲，她父亲窦天章是一位穷书生，因为上京赶考缺少盘缠，便把年仅七岁的她卖给蔡婆家做童养媳。窦娥十七岁与蔡氏之子成婚，可成婚没两年，丈夫就病死了，只剩下了窦娥和她婆婆两人相依为命。

当地有个流氓叫张驴儿，欺负蔡家婆媳无依无靠，跟他父亲张孛老一起赖在蔡家，逼迫蔡婆嫁给张孛老。蔡婆软弱怕事，勉强答应了。张驴儿又胁迫窦娥跟他成亲，窦娥坚决拒绝。还把张驴儿痛骂了一顿。

张驴儿怀恨在心。没过几天，蔡婆生病了，要窦娥做羊肚汤给她吃。张驴儿便偷偷地在汤里下了毒药，想先毒死蔡婆，再逼窦娥成亲。窦娥把羊肚汤端给蔡婆喝。蔡婆接过碗，忽然不舒服要呕吐，就让给张孛老喝了。张孛老中了毒，在地上翻滚几下就咽了气。张驴儿没想到毒死了自己父亲，恼怒不已，便把杀人的罪名栽赃到窦娥身上。告到楚州衙门。

楚州知府不问青红皂白，便把窦娥抓到公堂讯问，逼她招认。窦娥受尽拷打，痛得死去活来，还是不肯承认。

知府知道窦娥待她婆婆很孝顺，就当着窦娥的面要拷打蔡婆。窦娥想到婆婆年纪大了，受不起这个酷刑，只好含冤招供，承认是自己下毒。于是贪官知府便将窦娥定了死罪，押到刑场去处决。

临刑前，窦娥满腔冤屈无处可诉，她不想就这么白白死去，于是含着热泪向苍天起誓："我窦娥真的是被冤枉的，我的冤屈只有老天爷知道。为了证明我的清白，我死后，一要让这刀过头落，一腔热血全溅在上空的白练上，二要天降大雪，遮盖我的尸体，三要让楚州从此大旱三年！"

刽子手行刑后。窦娥的鲜血竟然一滴都没有落在地上，全部飞溅在了高挂的白布上。当时围观的百姓都暗自称奇。紧接着天地变色，狂风大作，天空飘起鹅毛大雪，密密地覆盖在窦娥的身上。

接下来，楚州果真大旱了三年。所有人都相信窦娥的冤屈，为窦娥抱不平，直到窦娥的父亲窦天章在京城做官返乡，窦娥的冤案才得到昭雪，杀人凶手张驴儿被处以死刑，贪官知府也得到了应有的惩罚。

五、名篇佳句

1. 贾母因问黛玉念何书。黛玉道："只刚念了《四书》。"黛玉又问姊妹们读何书。贾母道："读的是什么书，不过是认得两个字，不是睁眼的瞎子罢了！"

宝玉便走近黛玉身边坐下，又细细打量一番，因问："妹妹可曾读书？"黛玉道："不曾读，只上了一年学，些须认得几个字。"——《红楼梦》第三回

【赏析】黛玉前后回答不一是因为她在贾府步步留心，时时在意，不肯轻易多说一句话，多行一步路，唯恐被人耻笑了去，体现了她谨小慎微的性格特点。

2．那雪正下得紧，行不上半里多路，看见一所古庙。林冲顶礼道："神明庇佑，改日来烧纸钱。"——《水浒传》第十回

【赏析】"紧"用得好，形象地写出了雪下得大，还写出了当时的氛围、气氛，暗示了情节。鲁迅先生曾评说"比大雪纷飞多两个字，但那神韵却好得远了"。

3．

窦娥冤（节选）

有日月朝暮悬，有鬼神掌着生死权。

天地也！只合把清浊分辨，

可怎生糊突了盗跖、颜渊？

为善的受贫穷更命短，造恶的享富贵又寿延。

天地也！做得个怕硬欺软，却原来也这般顺水推船！

地也，你不分好歹何为地！

天也，你错勘贤愚枉做天！

哎，只落得两泪涟涟。

【赏析】《窦娥冤》是元代戏曲家关汉卿的杂剧代表作，是中国经典悲剧之一。此唱词是窦娥蒙受不白之冤，临刑前一腔悲愤喷如火，满心不平滚如雷，发出惊天动地的责问。

4．居庙堂之高则忧其民；处江湖之远则忧其君。是进亦忧，退亦忧。然则何时而乐耶？其必曰"先天下之忧而忧，后天下之乐而乐"乎！——范仲淹《岳阳楼记》

【赏析】这句话体现了仁义天下、先人后己的仁者情怀。"先天下之忧而忧，后天下之乐而乐"也因此成为历代知识分子为官、为人的精神圭臬。

六、体验与实践

（一）创意改写活动

阅读四大名著后，一定有许多同学对故事的结尾表现出遗憾的情感，故事中某些人物的结局让人牵肠挂肚。请你选择一部作品，对它的结尾进行合理的改写，并与同学们分享你的创意想法。

（二）为黑板报供稿

班级将要出一期以"文学的光芒"为主题的黑板报，请你供稿。要求选择一个古代散文家或者散文作品，用生动的语言表达你的情感。

（三）情景表演

选取四大名著中的任一片段，几位同学一起进行一场情景剧表演，将书中的人物搬到舞台上，选出最佳表演嘉宾。

（四）"走近戏曲"综合实践活动

1. 活动主题：走近戏曲

2. 活动目标

（1）培养学生对中国传统戏曲文化的感情和关注。

（2）了解当地有关戏曲文化的现状，激发大家热爱戏曲、振兴戏曲文化的责任感和为家乡戏曲献计献策的激情。

3. 活动主要形式

（1）查找资料，了解中国传统戏曲种类，欣赏并学唱戏曲片段。

（2）调查家乡的戏曲种类和本地常上演的传统剧目。

（3）采访老人，了解老人喜欢的戏曲剧目。

（4）总结交流，用文字、图表、图画、照片、视频等方式展示实践成果。

中国古代哲学

单元一

中国古代哲学概述

一、导语

关于中国古代哲人

中国古代哲人，脱胎于巫史。经过"绝地天通""武王克商""怨天尤人"等几个具体历史事件，天命神学的信仰体系逐步动摇，直至崩溃。叔兴论"阴阳""吉凶"，伯阳父论"地震"，史伯论"和同"，史墨论"陪贰"，旧式的巫史变为新式哲人，他们不再诉诸鬼神天帝，而是试图用理性为"人事"给出合理的解释，从而宣告了中国文化从宗教母体中的突破，宣告了中国哲学思想的诞生。

中国哲人出现的具体历史机缘，既造就了中国哲学的性格，也塑造了中华民族的个性。中国哲人的"推天道以明人事"，使得中国哲学具有鲜明的入世品格；中国哲学关心的重心在于人事，使得中国哲人总是饱含忧患。另一方面，古代的中国人又富于理论思维传统，他们总是寻求世俗生活的超越根据。"究天人之际，通古今之变，成一家之言"，是古代哲人的学术理想；"为天地立心，为生民立命，为往圣继绝学，为万世开太平"，是古代哲人的自觉使命。

二、概述

中国哲学致力于研究天人之间的关系和古今历史演变的规律，形成了自己独具特色的自然观、历史观、人性论、认识论和方法论，特别重视哲学与伦理的联系。中国哲学以本民族特有的理论思维形式表现唯物主义和唯心主义、辩证法和形而上学的相互斗争、相互影响的过程。

中国古代哲学的发展有3000多年的历史，大约萌芽于殷、周之际，成形于春秋末期，战国时代出现百家争鸣的繁荣局面。截至1840年，中国古代哲学大体可分为：奴隶制及其向封建制转变时期的哲学；封建制时期的哲学。

三、走进中国古代哲学的起源与发展

（一）起源

1. 先秦哲学

夏朝的建立，标志着中国历史上第一个奴隶制王朝的诞生，经殷商，到西周，中国奴隶制进入鼎盛时期。从西周后期到春秋、战国时期，奴隶制逐渐崩溃，封建制生产关系开始萌芽并发展。公元前 221 年，秦王朝建立了中国历史上第一个统一的中央集权制国家，标志着封建制度的确立。人们通常将秦代以前的中国哲学称为先秦哲学。

（1）天道观

天道观即关于世界本原的根本观点，主要围绕天是否本原的问题进行论辩，故称天道观。在先秦哲学中，他们都把自己的天道观作为立论的总依据。商代把"天"看成是人格化的至上神，称为"帝"或"天帝"，反映了商代统治者的唯心主义世界观。《尚书》把水、火、木、金、土"五行"看成是世界的五种基本物质，具有朴素唯物主义的成分。《周易》阐述宇宙的生成和万物间的联系与变易法则，蕴涵着较丰富的朴素辩证法思想。在周室东迁前后，一些诗人的作品出现"疑天"与"责天"的思想，体现了哲学思想的进一步发展。

春秋末年的哲学家孔子罕言天道，但重天命。战国初期，墨子反对孔子的天命观，而宣扬天志。老子突破神学天道观，认为世界的本原是"道"，而不是天，它把中国理论思维从宗教桎梏中解放出来。战国末年，荀子肯定"天行有常，不为尧存，不为桀亡"，提出了"制天命而用之"的学说；韩非继承了荀子的思想，吸取了老子的辩证法，将"道"改造为法治理论根基。他们使先秦的唯物主义思想达到新的高峰。

与天道观密切联系的有关于变化的学说，即先秦哲学中的辩证法思想。孔子提出"两端""过犹不及"，表现了一定的辩证观点。老子提出"祸兮福所倚，福兮祸所伏"，看到了对立面的相互转化，表现了比较丰富的辩证思想。《易传》提出"生生之谓易""一阴一阳之谓道"等，比较全面地阐述了对立转化的问题，达到了先秦辩证法的最高水平。

（2）人道观

人道观指中国古代哲学中关于人生和为人之道的观点，是相对天道观而言的。周代以前，认为人是天的奴仆。周公开始提出"以德配天"，制礼作乐以规范人的社会关系。西周末年与春秋时期，兴起了重人事与祸福依人的思想。孔子重视人道，他认为人类生活的最高原则是"仁"，即"爱人"，提倡"己欲立而立人，己欲达而达人""己所不欲，勿施于人"，主张由己推人。孟子大力宣扬孔子关于"仁"的学说，认为人的本性中含有"仁义礼智"的萌芽，是人之所以区别于动物的地方。荀子反对孟子的"性善论"，提出"性恶论"，认为人之所以为人者，并不在于人性本善，而在于对生物本性的改造，强调改造自然的重要。

墨子也讲仁，认为仁的实际含义是"兼爱"，提倡"兼相爱，交相利"。

老子反对以"仁"为最高道德，主张以"无为""抱朴"为人生的最高准则。庄子宣扬老子的无为思想，强调"无以人灭天，无以故灭命"，追求所谓"逍遥"的精神境界，企图脱离纷争的社会现实，得到虚幻的自我陶醉。

（3）古今观

古今观即中国传统哲学中的历史观，探讨人类社会生活的起源与历史变迁的问题。

春秋以前的历史观以天命史观为基本形式，认为天降生了民，又授命君主来统治，君主能否"顺天应人"是社会兴衰治乱的根本原因。伯阳父认为自然环境的变迁会造成经济财用的困乏，以此预言西周将亡，提出了历史演变的新见解。儒家承认历史的相对变化，但比较强调古今之间的继承关系。墨家肯定学习历史经验的重要性。老子、庄子歌颂太古的原始社会，以为今不如昔。法家强调古今之变，商鞅认为历史是变化的，韩非断言"世异则事异，事异则备变"，宣扬历史进化的观点，有重要意义。

（4）认识论

中国传统哲学中的认识论，又称知行观，探讨人的知识来源、认识过程和求知方法。孔子创办私学，提倡"学而不厌，诲人不倦"，关于求知问题，他强调多见多闻的重要，认为"学而不思则罔，思而不学则殆"，具有一定的唯物主义倾向。墨子提出了判断言论是非的标准问题，认为"言必有三表"，从过去的历史经验、人民的感觉经验及实际运用的效果来确定言论的正确与否，这种观点基本上是一种唯物主义的经验论。老子区别了"为学"与"为道"，提倡"无知"，但强调"识道"，否定感性经验对"识道"的作用，又提出"致虚极，守静笃"的认识方法，主张排除感情欲望对于认识的干扰，对后世产生了深远影响。荀子比较详细地讨论了知识来源与认识方法的问题，既肯定认识来源于感官经验，又强调思维的能动作用。他的认识论是先秦唯物主义认识论的总结。

（二）中国古代哲学发展历程

1. 秦汉时期

汉初统治者崇尚清静无为的黄老之学，后来采纳了董仲舒的建议，"罢黜百家、独尊儒术"，儒学逐渐成为正统思想。而科学的进步、反正统派哲学思想的兴起，以及佛教的传入、道教的建立，使哲学思想呈现出复杂的新局面。汉代哲学思想主要是围绕天人关系、宇宙形成、形神关系、古今变迁等问题展开。

（1）天人关系

汉代的统治阶级为了巩固自己的政权，创立了崇信天命鬼神的新形式，天人关系又成为哲学思想的中心问题。董仲舒以儒学为宗，吸收阴阳五行学说，建立了以"天人感应"为核心的唯心主义思想体系。董仲舒的天人感应思想为流行于两汉的谶纬之学提供了理论基础。以王充为代表的进步思想家对谶纬之学进行了抨击，他提出"天道自然"的观点，反驳神学目的论，指出天地生人、生物都是自然而然的，天没有意志，也没有情感。

（2）宇宙生成

汉代思想家提出多元宇宙生成学说，《淮南子》建构了"虚霸→宇宙→元气"的生成序列，《周易乾凿度》则描述了"太易→太初→太始→太素→太极"的演化过程。董仲舒虽提及"元气和顺"（《春秋繁露》），但其学说本质为天人感应的神学体系。王充在《论衡》中系统提出"天地合气，万物自生"的唯物主义元气论，成为汉代气本论代表。西汉中期京房易学通过卦气说与象数推演，建构"阴阳配卦"的宇宙生成模型，推动理论向术数化发展。

（3）形神关系

关于人的肉体与灵魂、生理与心理的关系问题的讨论，源于先秦。《管子》指出人的精神作用来源于天的精气，这是一种唯物主义的观点。荀子提出"形具而神生"，肯定形是神的基础。汉代思想家进一步讨论了形神关系。两汉之际，桓谭提出烛火之喻，认为形神关系犹如烛与火的关系，火不能离烛而独存，神也不能离形而不灭。

先秦、两汉的思想家都对形神关系有所论述，魏晋南北朝时，随着宗教观念与无神论思想的冲突，这个问题的争论进一步发展。佛教宣扬"因果报应"，主张神不灭，认为人的精神不随形体的消亡而消失。道教主张炼形养神，修行成仙，达到长生不死。南北朝时期的唯物主义思想家着重对佛教的因果报应与神不灭论展开了批判，范缜著《神灭论》，提出"形质神用"说，从根本上否定了神不灭的观点，表现了唯物主义者和无神论者的坚定立场。

（4）古今之变

汉代思想家从陆贾、贾谊开始，大都重视总结历史经验。司马迁提出"通古今之变"，把它作为哲学思想应解决的重要问题。汉代学者对此做了不同的探索与回答。董仲舒认为历史本质上是不变化的，他把王朝的更替归结为"天意"。《淮南子》指出，社会历史总是因时而变、制宜而适的，坚持了进化历史观。司马迁力图从人事的得失成败兴亡中说明历史变迁的原因，否认"天道有知"，能主宰历史的变迁。扬雄认为历史有因有革，肯定继承和变革都是必要的。王充反对复古主义，提出今胜于古、汉高于周，认为历史的发展有必然性。

2. 魏晋南北朝时期

受社会环境的影响，魏晋南北朝时期的哲学思想十分活跃。东汉后期，以儒家为正统思想的哲学逐渐变得烦琐，需要有一种新的哲学思想为封建社会的合理性提供理论支持，以抽象性为特征的玄学思潮应运而生。它较深入地探讨了宇宙本原问题，提出了一系列新的哲学范畴、概念和命题，如有无之辩、自然之辩、言意之辩等，丰富和发展了中国哲学。

（1）有无

正始玄学创始以何晏、王弼为代表。何晏、王弼祖述老子思想，强调有生于无，认为"有"指有形的物质存在，而"无"指没有任何具体规定性的绝对。他们的思想本质是一种客观唯心主义。西晋时期，裴頠反对"贵无"思想，他否认无能生有，认为原始的"有"是自生的，肯定作为物质存在的"有"是根本的，这是一种朴素的唯物主义观点。

郭象提出关于有无问题的新观点。与裴頠相似，郭象也否认"有生于无"，认为"造物者无主而物各自造"。但裴頠肯定"始生者自生"，郭象则把"物各自生"说为"独化"，认为一切都"独化于玄冥之境"。他否定了造物主，表现了唯物主义倾向；但他说"有"莫不"独化"于神秘的"玄冥之境"，又具有唯心主义倾向。

（2）名教与自然

魏晋玄学从有无问题的争论引申出所谓"名教与自然"之辩。玄学家们企图通过这一论辩，把儒家的名教观念和道家的自然观念调和起来，为名教存在的合理性寻找新的理论根据。

王弼把名教与自然的关系纳入他的"以无为本"的哲学体系，认为"自然"与"无"、"名教"与"有"具有相同的意义，人的自然本性是本，名教是末，二者并不矛盾。名教是自然的必然反映，应当顺其自然。嵇康、阮籍则强调名教与自然的对立，认为名教不符合人的自然本性，是束缚人性的枷锁。他们主张"越名教而任自然"，对封建的纲常名教提出了批判。

向秀主张"以儒道为一"，试图调和自然与名教的矛盾。郭象则进一步抹杀自然与名教的区别，认为名教即自然，自然即名教。他认为事物存在的状态都是自然的、合理的，社会上的君臣上下、等级贵贱、仁义礼法，都是"天理自然"，遵守名教也就是顺随自然。郭象还提出圣人"游外冥内"的观点，认为名教与自然本是一体。

（3）言意

魏晋时期有所谓言意之辩，探索物象、语言、思维的关系及语言能否表达真理的问题，具有认识论与方法论的意义。《易传》曾提出："书不尽言，言不尽意。"这原本是针对易卦的象、辞、义理而言。王弼对此加以引申，提出"忘言""忘象"的观点，强调把握义理的精神实质，而不拘泥于言辞，对提高理论思维水平具有积极意义。西晋欧阳建著认为"名"是用来指"物"的，"言"是用来阐明"理"的，名与物、言与理的关系如同响与声、影与形的关系一样，彼此一致。

3. 隋唐时期

隋唐时期，国家统一，佛教进入鼎盛阶段，佛教理论出现了不同的教派。一些富有哲学思想的宗派，着重通过阐发心性问题，否定客观世界的真实性，劝导人们加强主观修持，以达到成佛境。佛教各派理论纷纭繁杂，归结起来大致可分为：介绍印度佛学的唯识宗，本土化的天台宗、华严宗和禅宗。

（1）唯识宗

唯识宗由玄奘及其门人窥基创立，着重介绍并宣传印度佛教的唯识学说。特点是强调"境不离识"，认为感觉或意识的对象不能脱离感觉或意识而独立存在；同时强调，凡夫只有转识成智，才能成佛。这是典型的主观唯心主义宗教哲学。

（2）天台宗

天台宗认为，人心为万物的本原。人心即"真心"，其自性"本觉"，始终不坏，只是被凡夫的妄念所蔽障。如果熄灭妄念，使觉性自然复原显现，就能成佛。天台宗继承并融通了印度大乘佛教的思想，认为事物现象都由因缘和合而生，本质是空无的，了解空假即是中道。它重视心的作用，认为千差万别、包罗万有的三千世界都存在于意念活动的瞬间，称为"一念三千"；同时，心可以从空、假、中三个方面来看待事物现象，称"一心三观"。空、假、中三层道理相即相通，互不妨碍，谓之"三谛圆融"。天台宗实际上坚持事物现象为心所现的唯心主义。

（3）华严宗

华严宗以"法性"为现象的本原，认为它不依条件的改变而变化，并且认为现象的本性和现象的外相圆融无碍，同为真心所现。由此，又提出"理""事"两个基本哲学范畴。"事"指万事万物，"理"指统摄一切事物的本体。因为理是事的本体，事是理的显现，两者是统一的、互不妨碍的，所以谓之"理事无碍"。千差万别的事物都是同一本体的体现，因此事与事也互相交融，谓之"事事无碍"。华严宗虽然也有一些辩证法，但最终陷入唯心主义的诡辩。

（4）禅宗

禅宗的创始人慧能以"心净自悟"为立论的哲学基础，说："人性本净，由妄念故，盖覆真如。离妄念，本性净。"这就是"见性成佛"的顿悟说。慧能提倡成佛的简易法门，使佛教禅宗在唐代后期得以广泛流行。佛教学说对于宋明时期的唯心主义哲学产生了重要影响。

4. 宋元明清时期

理学思潮兴起于北宋中期，南宋时得到了进一步发展，元、明、清时期成为占统治地位的哲学思想，直至清代中叶逐渐衰落。理学以儒家孔孟学说和《周易》的哲学为基础，吸取道家和佛教的思想，建立了比较完整的理论体系。理学在总结以往哲学，尤其是玄学和佛学理论的基础上，以独特的方式更加深入、广泛地讨论了各种哲学问题，从而开创了一个新的哲学发展时期。

（1）理气、道器

"气""器"指物质存在，"理""道"指客观规律，"气""器"是"理""道"的物质基础，"理""道"是"气""器"的运动规律。"理"与"气"，是宋代哲学探讨世界本原的一对核心范畴。周敦颐提出以"无极"为世界的最高本原，认为太极动而生阳，静而生阴，阴阳相互作用而生五行，阴阳五行生成万物，而人是万物中最灵者。

张载以"气"为最高范畴建立哲学体系，他把"气"看成是物质性的客观存在，认为"气"具有运动变化的功能。程颢、程颐以"理"为最高范畴建立哲学体系，程颢、程颐继承并改造了先秦哲学中"理"的范畴，认为天地万物统一于"理"，"理"是宇宙的本原。朱熹进一步肯定"理"对于客观事物的第一性。

明代罗钦顺、王廷相强调"理在气中"。罗钦顺肯定理在气中，认为气有动静、往来、升降的变化，形成万物万事，气的运动变化有一定秩序，这就是理。王廷相肯定气是唯一的实体，认为不同事物有不同的理。

明清之际的王夫之及后来的戴震都主张气是第一性的，理不能脱离气而独立存在。清代颜元认为理与气是道的不能分割的两个方面。戴震提出气的变化有一定的规律，这就是理，就是道。

（2）心性、心物

宋明理学继承了孟子的观点，又受佛教思想的影响，注重研究心性及心物关系的问题。张载首先提出关于心性的学说，认为天地万物有统一的本性，此性就是变易。程颐提出"性即理也"，认为性的内容是仁义礼智。朱熹认为心与性既有联系又有区别，但心中有性，性即是理。陆九渊认为心即是性，性即是理，提出"吾心即是宇宙"。明代王守仁进一步强调"心外无物，心外无理"，否认客观世界与客观规律，宣扬主观唯心主义的"心学"。明清之际，主张"理在气中"的思想家认为性即是气质之性。戴震认为性的内容就是血气心知，理是外在的、客观的，存在于事物之中，而不存在于心中；但心具有认识作用，能辨识客观事物中的理。

四、经典故事

故事 1

塞翁失马，焉知非福

古时候，塞上有一户人家的老翁养了一匹马。有一天，这匹马突然不见了，大家都觉得很可惜。邻人来安慰老翁，老翁并不难过，却说："谁知道是祸是福呢？"

邻人以为老翁气糊涂了，丢了马明明是祸，哪来的福呢？

过了一年，想不到老翁丢失的那匹马自己又跑回来了，还带回来一匹可爱的小马驹。邻人们纷纷来道贺，老翁并不喜形于色，却说："谁知道是祸是福呢？"

邻人又迷糊了，白白添了一匹小马驹，明明是福，哪来的祸呢？

小马驹渐渐长大了，老翁的儿子很喜欢骑马。有一次，老翁的儿子从马上摔下来，竟把腿摔折了。邻人们又来安慰老翁，老翁十分平静地说："谁知道是祸是福呢？"

邻人这回不说话了，心想，儿子瘸了腿，怎么可能有福呢？

过了一些时候，塞外发生了战争，朝廷征集青壮年入伍。老翁的儿子因腿部残疾而免于应征。应征的青壮年大多在战争中死亡，老翁和他的儿子却幸免于难。

"塞翁失马"的故事在民间流传了千百年。故事告诉我们，无论是福还是祸，都要调整自己的心态，要超越时间和空间的局限去观察问题，要考虑到事物有可能出现的变化。这样，无论福事变祸事，还是祸事变福事，我们都能拥有足够的心理承受能力。

故事 2

己所不欲，勿施于人

冉雍，字仲弓，比孔子小了二十九岁。虽是平民出身，仲弓却非常注意自己在德行上的培养，孔子也因此更多地侧重于从道德品质方面对其进行引导和启发。仲弓谦虚而又好学，把老师讲的每一句话都记在心上，回去之后反复咀嚼回味，遇到有不解的地方就去请教。

有一天仲弓去找孔子，问究竟应该怎样做才能称得上"仁"。孔子回答："出门在外的时候循规蹈矩、彬彬有礼；役使百姓的时候庄严隆重而又极其小心。一件事如果是自己都不愿意去做，那么也就不应该去强求别人。倘若能够做到这一点，那么在朝堂之上就不会招致不满，私下与人交往时也不会惹来怨恨。这样，也就可以称得上仁了吧！"仲弓听了不由得点了点头，说道："弟子虽然资质愚钝，但是一定会按照老师您说的那样去做。"

在日常生活中，"己所不欲，勿施于人"是维护社会公德、促进社会和谐的准则。人们应该从自己的所欲所想出发，推及他人，如果不愿被人背后非议，那么也就不要背后非议他人。如果不愿被人欺骗，那也就不要欺骗他人。如果只想"自己高兴就好""自己便利就行"，丝毫不顾及他人的感受，那么人与人之间就会失去友善，社会也就难以和谐。

故事 3

没有桥就顺着河走

一位大师带领几位徒弟参禅悟道。

一日，大师带领徒弟外出，被一条河挡住了去路。

大师问："这河上没有桥，我们怎么过去呢？"

有弟子说："我们蹚水而过。"大师摇头。

有弟子说："我们回去吧。"大师仍摇头。

众弟子不解，请教大师。

大师说："蹚水而过，衣衫必湿，水深则有性命之忧，不足取；转身而回，虽能保平安，但目的未达，也不足取。最好的办法是顺着河走，总会找到桥的。"

"没有桥就顺着河走"揭示了一个道理：做事情，用一种方法难以奏效时，不妨换一种思维方式，换一个角度。

五、名篇佳句

1. 学而不思则罔，思而不学则殆。——《论语》

【赏析】只是学习却不思考就会望文生义，从而陷入迷茫，只是思考却不学习就会精神疲倦而无所得。学习与思考是相辅相成的，缺一不可，只有把学习和思考结合起来，才能学到切实有用的真知。

2. 老吾老，以及人之老；幼吾幼，以及人之幼。——《孟子》

【赏析】在赡养孝敬自己的长辈时不应忘记其他与自己没有亲缘关系的老人。在抚养教育自己的小辈时不应忘记其他与自己没有血缘关系的小孩。

3. 子曰："富与贵，是人之所欲也；不以其道得之，不处也。贫与贱，是人之所恶也；不以其道得之，不去也。君子去仁，恶乎成名？君子无终食之间违仁，造次必于是，颠沛必于是。"——《论语》

【赏析】富贵和显贵，这是人人都想要得到的；但是如果不用正当的手段得到它，君子是不会接受的。贫穷与低贱，是人人都厌恶的，但如果用不正当的手段来摆脱它，君子宁可不摆脱。君子如果违背了仁德的准则，又凭什么成就他的名声呢？君子即使是吃一顿饭的片刻时间也不会违背仁德，即使在匆忙紧迫的情况下也一定要遵守仁的准则，在颠沛流离的时候也一定与仁德同在。

六、体验与实践

1. 请你搜集中国古代哲学故事，以"为人之道"谈谈自己的思考和感悟。
2. 请你思考中国古代哲学的发展经历了什么阶段？
3. 请以小组为单位，制作一份以"中国古代哲学小故事"为主题的手抄报。

单元二

儒释道家文化

一、导语

大约从东晋开始到隋唐时期，中国文化逐渐确立了以儒家为主体，儒释道三家既各自独立又相互补充的基本格局。这一基本格局，一直延续到了 19 世纪末，乃至 20 世纪初。可以说，儒释道是中国文化的主体，三教的分合贯穿了近两千年的中国文化，对中国文化乃至中国社会的变迁产生了巨大的影响。

儒释道文化是什么？它们对于后世产生了什么影响？接下来，让我们一起了解传统儒释道文化。

二、概述

儒释道，"儒"指的是儒家，是孔子开创的学派，也称"儒教"；"释"指的是古印度乔达摩·悉达多创立的佛教，悉达多又被称为释迦牟尼佛，故称为释教；"道"则指的是道教，是产生于中国的传统宗教。三教合一多是指儒教、佛教、道教三个教派的融合。

以"三教"统称儒释道，始于北周时期，中国文化逐渐形成儒释道三足鼎立之势。经过隋唐时期的三教讲论与融通，三教合流在北宋已大致成形，明代以后则成为社会主流思想。儒家的功能主要是"治世"，它是一种治理国家的意识形态，确立了中国传统社会的礼仪规范与典章制度。道教的功能主要是"治身"，通过修炼养身而延长生命的长度。佛教的功能主要是"治心"，有关心性修养的丰富思想资源，特别是禅宗的"明心见性"、华严宗的"理事无碍"、天台宗的"止观双修"等，在消除烦恼、修养心性方面，有着明显的优势。佛道两教因此与儒家的伦理规范相辅相成。尤其是佛教，在民间社会还承担了许多慈善救济的实际功能。宋孝宗在《原道论》中提倡"以佛修心，以道养生，以儒治世。"

总之，中国文化中的儒释道三家，在相互的冲突中不断吸收融合，在保持各自的基本立场和特质的同时，形成了"你中有我，我中有你"的格局，三家的发展历史充分体现了中国文化的融合精神，而中华人文精神也正是在儒释道三教的共同培育下形成发展的。

三、走进儒释道文化

（一）儒学概观

儒家思想也称为儒教或儒学，由孔子创立，是先秦诸子百家学说之一，以此为基础逐渐形成完整的儒家思想体系，影响深远。儒学具有开放包容、经世致用的特性，几千年来，为历代儒客所尊崇。

1. 儒学起源

（1）孔子思想

孔子（公元前551年—公元前479年），名丘，字仲尼，春秋鲁国陬邑人，儒家学派创始人。孔子建构了完整的"德道"思想体系，在个体层面主张"仁""礼"的德性与德行。德道思想体系是以性善论为基础，以立人极为旨归，以人道与天道、地道相贯通，人道中庸又适时之变为方法论，形成了一个完备的思想体系。孔子提倡的"仁"有三义。一曰仁者爱人。无论老幼贵贱，凡属人类，皆有可爱之处。爱人之道即忠恕之道。"己欲立而立人，己欲达而达人"谓之忠。"己所不欲，勿施于人"谓之恕。二曰克己复礼为仁。礼为周礼，尊亲为本。君礼臣忠、父慈子孝、兄友弟悌是理想社会之秩序，尊卑贵贱、亲疏长幼是爱人社会之规则。三曰君子之仁。行恭、宽、信、敏、惠于天下为仁。恭则不悔，宽则得众，信则人任焉，敏则有功，惠则足以使人。

（2）孟子思想

孟子（公元前372年—公元前289年），名轲，字子舆，战国时期邹国人。在人性方面，他主张性善论，认为人生来就具备仁、义、礼、智四种品德。人可以通过内省去保持和扩充这些善的品质，否则将会丧失它们。因而孟子要求人们重视内省的作用。在社会政治观点方面，孟子突出仁政、王道的理论。仁政就是对人民"省刑罚，薄税敛"，强调发展农业，体恤民众，关注民生。他还提出"民贵君轻"的主张，认为君主必须重视人民。他反对用兼并战争去征服别的国家，而应该行仁政，争取民心的归附，以不战而服，实行王道即可无敌于天下。在价值观方面，孟子强调"舍生取义"，要以"礼义"来约束自己的一言一行，不能为优越的物质条件而放弃礼义。

（3）荀子思想

荀子（约公元前313年—公元前238年），名况，字卿，战国晚期赵国人。荀子以孔子的继承人自居，特别注重继承和发展孔子的"外王学"。他又从知识论的立场上批判地总结和吸收了诸子百家的理论主张，形成了富有特色的"天人相分"的自然观、"化性起伪"的道德观、"礼仪之治"的社会历史观，并在此基础上对先秦哲学进行了总结。荀子将"天""天命""天道"自然化、客观化与规律化，认为自然界和人类各有其规律和职分，天道不能干预人道，治乱吉凶在人而不在天。

2. 两汉儒学

西汉大儒董仲舒的学说中，不仅接受和发扬了荀子关于礼法并重、刑德兼用的理论，而且还大量吸收了墨家"兼爱""尚同"的思想。而更为突出的是，在他专攻的春秋公羊学派中，融入了阴阳家的阴阳五行学说，并使阴阳五行思想成为汉以后儒家学说中的重要组成部分。这是汉武帝推行"罢黜百家，独尊儒术"方针的重要根据。但必须指出的是，董仲舒这里所说的"孔子之术"，是经过他和汉初其他儒家学者发展，吸收了墨、道、名、法、阴阳等各家学说之长而形成的"孔子之术"。

董仲舒对于儒学的发展不仅在于学理方面，而更在于他把儒学推向政治制度化和宗教化的方向。此后，儒学已不再是单纯的伦理道德修养和政治理想的学说，而是同时具备了社会制度层面的律条作用。

与儒学政治制度化发展的同时，两汉时期也出现了儒学宗教化的倾向。在董仲舒和当时流传的纬书中，不断将"天"描绘成儒学中至高无上的神，并且竭力宣扬天是有意志的，能与人相感应的，而王者是"承天意以从事"的。这一整套宗教神学理论，孔子是儒学的创始人。从两汉儒学发展的历史来看，儒学的宗教化是与儒学的政治制度化密切相关的，二者同步进行，宗教化是为使政治制度化得以成立和巩固服务的。

3. 宋明理学

理学以继承道统和复兴儒学为己任。理学家所要复兴的儒学，主要是伦理道德和身心修养层面的儒学。

宋明理学积极吸收和融合玄学、佛教、道教（和道家）的理论。理学所强调的"天理当然""自然合理"等，与玄学的"物无妄然，必由其理""依乎天理""天理自然""自然已足"等思想有联系。而理学核心理论中的"理一分殊""体用一源"等，又显然吸收于佛教，其中尤其是与佛教华严宗中的"法界缘起"，以及"六相圆融""理事无碍"等理论的启发有关。至于王阳明著名的"四句教"："无善无恶是心之体，有善有恶是意之动，知善知恶是良知，为善去恶是格物"，则更是明显地表现了儒佛思想的融合。

（二）释家概观

释教即佛教，指释迦牟尼创立的宗教体系。佛陀，汉译为早期的"浮屠"，经过西域传到中土以后，就被翻译为佛陀，此教就称为佛教。

佛教起源于公元前6世纪的古印度，约在公历纪元前后经西域传入中国。

（三）道学概观

"道家"作为学派，始见于西汉司马谈《论六家要旨》，特指先秦诸子百家中以老子、庄子思想为代表的学派，或者指战国秦汉之际盛行的黄老之学。他们在思想理论上都以"道"为最高范畴，主张尊道贵德，效法自然，以清静无为法则治国修身，处理人与自然之间的关系，因此被称作道家。

四、经典故事

故事 1

孔子以渔夫为师

一天，孔子与众弟子在树林里休息，孔子弹琴自乐。附近河岸边的船上有个老渔夫，他问孔子的弟子："这位弹琴的老人是谁呀？"子贡说："他就是以仁义、忠心而闻名的孔圣人啊。"渔夫说："恐怕他自身终究不能免于祸患，苦心劳形而伤害了自然本性啊。"孔子听到后，立刻走到渔夫面前，尊敬地拜了拜他，说："我从小就开始求学，现在都69岁了，还没听过如此高深的教导，所以来向您请教。"渔夫毫不客气地阐述了自我的见解。孔子听了很受启发，不断地点头。最终，孔子谦卑地对渔夫说："遇到先生真是我的幸运，我愿意做你的学生。"

孔子曾说："几个人在一起走路，其中必须有能够做我教师的人。对他们的优点要学习，对他们的缺点要借鉴改正。"其实，每个人身上都有自我的优点和缺点。青少年学习过程中，要善于发现和学习别人的优点，改正自我的缺点。这样，你才能更快地提高，才能学习到更多的知识。

故事 2

一曝十寒

孟子是当时有名的一位辩士，他帮助齐王施政，看到齐王昏庸、没有主见、轻信小人逸言，很不满，就不客气地对齐王说："大王，您太不明智了！天下虽有生命力很强、很容易生长的植物，但如果把它放在太阳底下晒一天后，再放在阴寒的地方冻上十天，它还能存活吗？我在大王身边的时间很短，即使您接受我一些好的建议，有了一点从善的决心，但只要我一离开，那些奸臣就会在您面前唱反调，哄骗您，大王又常常轻信他们的逸言，这样怎么能让我有成就呢？"

他又作了一个比喻："下棋是件小事，但如果不专心，同样学不好。奕秋是全国最会下棋的高手，他有两个徒弟，其中一个非常专心学习下棋，处处听从奕秋的指导；另一个心不在焉，一直想着用箭射空中的天鹅。同一个老师，同时学习，但两人的成绩却相差很多。这不是他们的智力不同，而是专心的程度不一样啊！"

孟子用了两个比喻告诉齐王，做事情要有恒心、要专心，否则是不会成功的。

故事 3

快乐之道

从前有几个人觉得生活很不快乐。便去向以智慧著称的无德禅师讨教快乐的秘诀。

无德禅师没有马上回答他们的问题，而是反问他们："你们觉得要得到什么才会快乐？"

第一个人很重感情，回答："我希望有幸福的家庭，希望和周围人相处融洽。和家人一起享受天伦之乐。"

第二个人爱财，回答："我想要很多很多的钱，我想当富翁，这样就再也不用为衣食发愁，可以随心所欲地买我想要的东西。"

第三个人沉思了一会儿，说："我希望拥有德高望重的地位，如果我大权在握的话，人人都会尊敬我。"

无德禅师感叹："难怪你们都觉得不快乐。你们一味追求身外之物，希望得到得越多，内心就越感到空虚。追求感情便会引起对感情的渴望，追求金钱就会引起对金钱的向往，追求权力放不下对权力的欲望。"

三个人听到禅师这样一说，忽然明白自己不快乐来自哪里。但他们仍不清楚要怎样才能让自己快乐。

看着他们懵懂的样子，无德禅师接着说："当你给予别人的时候，你才会感到满足，去奉献感情，才能感受感情的意义。主动布施金钱，才能发现自己竟然这么富有，尽己所能帮助别人，权力才会表现出它的意义，人们自然会对你产生敬重之情。当你们学会为他人奉献，你们就能感受到快乐。"

当人们把目光专注在索取上，便只想得到更多的东西，如此，欲望将成为一个永远都填不满的空洞，折磨着人的心灵，只有当你学会奉献，才能意识到自己拥有许多可贵的东西，人才能在奉献的过程中体会到生命的价值。

五、名篇佳句

1. 君子欲讷于言而敏于行。——《论语》

【赏析】君子在言语上应该表现得谨慎、不轻易发言，而在行动上则应该迅速、勤快，这句话强调了君子应当少说多做，言辞要谨慎，行动要迅速和勤快。

2. 生，亦我所欲也；义，亦我所欲也。二者不可得兼，舍生而取义者也。——《孟子》

【赏析】生命，是我所热爱的；道德和正义，也是我所需要的，如果二者不能同时得到，宁愿舍弃生命而选择正义。孟子这段话告诉人们：生命对人来说，是宝贵的，但比生命更为宝贵的，则是道德和正义。

3. 吾十有五而志于学，三十而立，四十而不惑，五十而知天命，六十而耳顺，七十而从心所欲，不逾矩。——《论语》

【赏析】我十五岁开始有志于做学问，三十岁能独立做事情，四十岁能（通达事理）不被外物所迷惑，五十岁能知道哪些是不能为人力所支配的事情，六十岁能听得进不同的意见，到七十岁才做事能随心所欲，不会超过规矩。此句是孔子在总结自己的教育活动时，反思自己为学一生，反映了一个人必须经过一个从自律到自觉的学习过程，才能达到思想修养和道德修养的最高境界。

六、体验与实践

1. 收集儒道释家经典小故事，在班上开展讲故事活动。

2. 深入了解儒家文化，以"儒家文化的当代价值"为题，在班级举行即兴演讲活动。

3. 话题讨论：唐高祖李渊下诏，称"三教虽异，善归一揆"。请从思想、道德、修养和智慧等角度探讨儒释道的共性。

墨法兵家文化

一、导语

关于墨法兵家文化

在中国传统思想文化中，除了以孔子、孟子思想为代表的儒家学说形成的中国思想文化的正统，和以老子、庄子思想为代表的道家学说及基础上所产生的道家文化，更有"兼爱""非攻"的墨家思想，重法、重势、重术的法家思想，它们共同形成了中华传统思想文化"儒道互补""兼容并蓄"的基本特色，它们都具有中国哲学的丰富内涵，都是中华民族的智慧结晶。

二、概述

中华优秀传统文化是中华民族的精神命脉，是涵养社会主义核心价值观的重要源泉，也是我们在世界文化激荡中站稳脚跟的坚实根基。学习墨家、法家和兵家文化，充分挖掘各家的思想观念、人文精神、道德规范，可以使中华民族最基本的文化基因与时代文化相适应、与现代社会相协调，把跨越时空、超越国界、富有永恒魅力、具有当代价值的文化精神弘扬起来。

三、走进传统墨法兵家文化

（一）墨家思想

1. 墨家思想的发展过程

墨家产生于战国时期，创始人为墨翟（墨子）。墨家是一个纪律严密的学术团体，其首领称"钜子"，其成员到各国为官必须推行墨家主张，所得俸禄亦须向团体奉献。墨家学派有前后期之分。前期墨家思想主要涉及社会政治、伦理及认识论问题，尤其关注现实社会的战乱。墨家思想以贴近平民和生产者的生活、代表其利益为显著特征。

后期墨家思想在逻辑学方面有重要贡献，开始向科学研究领域靠拢。墨子是中国历史上唯一一位农民出身的哲学家。正是因为他的农民身份，这才得以对科学与数学有所研究，更是创立了许多关于几何学、光学、物理学等在古代极为突出且优秀的科学理论。他根据自己的认知提出了"兼爱""非攻"等墨家的核心观点，在当时的"百家争鸣"中，有"非儒即墨"之称。

墨子死后，墨家分为相里氏之墨、相夫氏之墨、邓陵氏之墨三个学派，活动于战国中后期。此时的墨家思想，在自然观方面，对物质、移动和时空关系做了唯物主义解释，摒弃了墨子的天鬼观念，并把唯物主义哲学和科学紧密地联系在一起。在认识论上，发扬了墨子重视实践的特点，承认物质世界的可知性，纠正了狭隘的经验论的错误。在政治思想方面，提出了"义，利也"的著名论断，突出了利，把它作为标准和基础用于解释各种社会问题和道德范畴。

2. 墨家的主要思想

（1）"兼爱""非攻"

墨家认为社会动乱、攻伐征战和相互残害，是由于人们不相爱，所以墨家提出了"兼相爱，交相利"，即我对别人亲爱和有利，别人也回报我以爱和利；"爱无差等"，把别人与自己同等看待，这样人与人之间就平等了。"兼爱"是墨子思想的核心，反映了他企图调和统治者与劳动者之间的矛盾，是一个事实上难以实现的理想。

"非攻"即反对战争，是"兼相爱，交相利"发展的必然结果，体现了墨家反对破坏生产，保全其生命财产安全的价值主张。但是，墨家并不一概反对战争，只是反对无故"攻伐无罪之国"的侵略战争，对防御性的战争是支持的。

（2）"尚贤""尚同"

墨家反对世袭制度，主张政治地位的获得必须靠才能，没有才能者不能做官。墨子提出："官无常贵，而民无终贱，有能则举之，无能则下之。"这表明墨家反对靠血缘关系取得特权地位，认为劳动者只要有才能，就可以做官。相反，原来的贵族，要是没有才能，就应该降级。

"尚同"是"尚贤"思想的扩大，不仅一般官吏要"尚贤"，而且"天子"也要由贤者来担任。墨子主张选举天下的贤德、善良、人格高尚而又有智慧、能言善辩的人立为天子，这样做是尚同于天的意志，因为天的意志是"兼爱"。若是人人都做到"兼爱"，天下自然也就太平了。墨家"尚同"的主张，在当时只是一种美好的愿望，是不可能实现的幻想，但是这种学说倾向于中央集权专制主义的模式，在一定程度上符合当时历史发展的趋势，有其积极的意义。

（3）"节用""节葬"

"节用""节葬"的思想，是墨家思想的主要组成部分。墨子认为，为政者应该鼓励增加生产，使物质财富成倍增长。同时，墨子还主张国家的财政开支要对人民有利。他认为葬礼不分贵贱，一律采用"桐棺三寸"的薄葬方式，也无须守丧。埋葬故去之人以后，人们应立即去参加生产劳动。他强烈反对儒家的"厚葬""久丧"，认为"厚葬"要把财富多埋在坟墓里，而"久丧"则影响劳动生产。如果继续推行这样的做法，国家富强将无从谈起。

（4）"非乐""非命"

"非乐"是指墨子认为欣赏音乐是一种享乐行为，统治者沉迷音乐，占用了治理国家的时间，而老百姓沉迷音乐会耽误劳动生产，浪费资源，阻碍社会进步，所以墨子否定音乐对于人们生活的调节作用，主张废除音乐。这反映了墨子在思想上的局限性。

"非命"是指墨家否定命运的存在，认为天下的士人君子若真要天下富裕而非贫苦、大治而非混乱，就要摒弃"天命"言论，依靠自身的切实努力去改变现状。这一思想是对"天命"论的有力批判，这里包含了无神论的思想闪光，强调了人的主观能动性。

（5）"天志"

"天志""明鬼"是墨子"兼爱"学说的理论根据，即"兼爱"学说是天的意志，是鬼神的意志。这在一定程度上反映了墨子的宗教思想。墨子认为天对一切国家、一切人都一视同仁，并具有赏善罚恶的威力，顺天意的人必然得到报偿，逆天意的人必然遭到惩罚。墨子还认为"天志"是衡量"王公大人"和"万民"的规矩。墨子的"天"本质上是小生产者的理想化幻想，反映了小生产者的利益诉求。

3. 墨家的影响

墨家的思想核心包括忧民之患的同情之心和"兼以易别"的理念，即以"兼爱"去消除"别"，即人与人之间的对立与隔阂。墨子的思想在战国时期极为盛行，其门人弟子遍布天下，影响力深远。墨子以其务实的济世理想、高尚的人格情操、丰富的思想内容，形成了一个组织严密且充满宗教精神的团体，吸引了无数底层百姓与知识分子，对后世产生了重要影响。

墨子所提出的"兼爱""非攻""尚贤""尚同""节用"等观点，比较全面地体现和阐释了人与人、国与国、国家与人民、生产与消费等方面的和谐思想，在中国的"和合文化"中具有举足轻重的地位，是中国古代思想宝库中的一颗明珠。

（二）法家思想

法家是中国历史上提倡以法治为核心思想的重要学派，以富国强兵为己任。法家并非纯粹的理论家，而是积极入世的实践派，它的思想注重法律的实际效用。法家思想包括伦理思想、社会发展思想、政治思想及法治思想等诸多方面。

1. 法家思想的发展过程

法家思想成熟很晚，但成形很早，最早可追溯于夏商时期的理官，成熟于战国时期。其思想源头可上溯于春秋时的管仲、子产，战国时李悝、商鞅、申不害、慎到等人大力发展，成为法家学派。商鞅强调"法"，即法律与规章制度。申不害强调"术"，即政治权术。慎到主张"势"，即在政治与治国方术之中，权力与威势最为重要。

至战国末期，韩非（又称韩非子）综合商鞅的"法"、申不害的"术"和慎到的"势"，集法家思想学说之大成。韩非认为"不可一无，皆帝王之具也"。明君如天，执法公正，这是"法"；君王驾驭人时，令人无法捉摸，这是"术"；君王拥有威严，令出如山，这是"势"。

韩非的法治思想强调"法""术""势"三者结合，主张改革和实行法治，反对儒家"法先王"思想，要求"废先王之教""以法为教"。他强调制定了"法"，就要严格执行，任何人也不能例外，做到"法不阿贵""刑过不避大臣，赏善不遗匹夫"。韩非主张建立中央集权政权，实行君主专制独裁，为此，君主应该使用各种手段清除世袭的奴隶主贵族势力，即"散其党""夺其辅"，同时，选拔一批经过实践锻炼的封建官员来取代他们，正如法家所言："宰相必起于州部，猛将必发于卒伍"。在思想和教育方面，韩非则主张禁断诸子百家学说，推行"以法为教，以吏为师"。他批判性地吸收各家主张，博采儒、道、墨之长，融"法""术""势"为一体，其思想达到了先秦法家理论的最高峰，为秦统一六国提供了理论武器，对于建立统一强大的秦王朝、实现国家富强起到了重要的作用，但最终因其过分强调"一断于法"而忽视对社会的教化引导，从而加速了秦朝的灭亡。

秦朝灭亡后，法家思想并未消亡，汉初仍有一定的影响。汉武帝后，法学学派逐渐衰落，其影响一直延续至后世。

2. 法家的主要思想

（1）反对礼制，强调法律的作用

法家重视法律，反对儒家的"礼"。他们认为，当时的新兴地主阶级反对贵族垄断经济和政治利益的世袭特权，主张土地私有和按功劳与才干授予官职，这是很公平且正确的要求。而维护贵族特权的礼制则是落后且不公平的。

法家认为，法律的首要作用是"定分止争"，即明确物的所有权。法家代表人物慎到就做了一个浅显的比喻："一兔走，百人追之。积兔于市，过而不顾。非不欲兔，分定不可争也。"意思是说，一只兔子奔跑，很多人去追，但对于集市上的那么多的兔子，人们却看也不看。这不是人们不想要兔子，而是兔子的所有权已经确定，不能再争夺了，否则就是违背法律，要受到制裁。法律的第二个作用是"兴功惧暴"，即鼓励人们立战功，而使不法之徒感到恐惧。兴功的最终目的则是富国强兵，从而在兼并战争中取得胜利。

（2）"好利恶害"的人性论

法家认为，人都有"好利恶害"或者"趋利避害"的本性。法家的祖师爷管仲曾说，商人日夜兼程，赶千里路也不觉得远，是因为利益在前吸引他；打鱼的人不怕危险，逆流而行，百里之远也不在意，也是因为打鱼的利益在吸引他。因为这种思想，所以商鞅才得出"人生而有好恶，故民之可治也"的结论。

（3）"不法古，不修今"的历史观

法家反对保守的复古思想，主张锐意改革。法家认为，历史是向前发展的，一切法律和制度都要随历史的发展而发展，既不能复古倒退，也不能因循守旧。商鞅明确地提出了"不法古，不修今"的主张。韩非则更进一步发展了商鞅的主张，提出"时移而治不易者乱。"

3. 法家的影响

法家对法律的起源、本质、作用，以及法律同社会经济、国家政权、伦理道德、时代要求、风俗习惯、自然环境和人口、人性的关系等基本问题进行探讨，对国家的政治、文化、道德方面具有较强的约束，对现代法治的影响也很深远。

一是法家将"法"的意识深深地植入百姓的心中，让百姓知晓法律，只有这样才能使人人都懂法、守法，从而易于执行法律，引导人们步入一条知法守规之路。

二是法家树立了"法不阿贵"的平等观，强调法律面前人人平等。

三是"法与时移"的主张，坚持历史进化论，具有彻底的唯物主义精神。

四是法家坚持执法要立功去私，"不别亲疏，不殊贵贱，一断于法""法不阿贵""刑无等级"，对"刑不上大夫""礼不下庶人"予以否定，这是对中国法治思想的重大贡献，对于清除贵族特权、维护法律尊严产生了积极的影响，体现了法家法治思想公平、公正的原则，对于现代社会仍具有极高的借鉴价值。

（三）兵家思想

1. 兵家思想的发展过程

在中国古代，兵家的历史可以追溯到上古时代的蚩尤，因此，蚩尤被后人尊为"兵主"。此后，兵家代表人物姜尚及其著作《六韬》影响深远，该书不仅对以往的战事进行了总结，同时还分析了制胜的方法，因此该书被视为一部具有科学性的兵家著作。宋代将其视为《武经七书》之一。

孙武是中国传统兵法的鼻祖，著有兵法 13 篇，名为《孙子兵法》。战国时期，齐国的孙膑是又一著名兵法家，著有《孙膑兵法》。此外，吴国伍子胥、越国范盖、楚国吴起、魏国尉缭、秦国商鞅等，也都是著名的兵略家或军事思想家。

秦汉以后，随着兵家思想的不断深入和完备，逐渐形成蕴含着丰富思想内容和高度智慧光芒的中国古代军事思想。

2. 兵家的主要思想

兵家包含十分丰富的思想内容，归纳起来包含如下几个方面。

一是关于战争的宗旨。一般来说，人们将战争视为政治和经济的集中反映，认为杀戮、破城不是战争的目的，求取政治利益和经济利益才是战争的根本原因。

二是对待战争的态度。对此有两种观点，即偃兵派的观点和义兵派的观点。"偃兵"，是止息战争的意思。偃兵派认为，无论什么样的战争都会给人民和社会带来灾难，所以必须消除一切战争。"义兵"，是打正义之战的意思。义兵派认为人生来便为己，为己便争夺，争夺便会有战争，所以战争是不可避免的。因此，主张用除民之害、救民之苦的战争消灭造害于民、祸国于世的战争。

三是战争时机的选择。一般认为，在己方已有充分准备且敌方有机可乘的时候发动进袭为最好。比如孙子从五个方面审视战机，即"道""天""地""将""法"。"道"指政治，"天"指气候，"地"指地形，"将"指将帅，"法"指规范。他认为若这五个方面都占优势，则是进击敌人的最好时机。

四是关于决胜的根本。一般认为，决定战争胜负的因素是多方面的，但其中有一个根本，就是人心。由此提出"天时不如地利，地利不如人和"的论断。

五是关于运兵的原则。最大的原则有两条，即知己知彼和以奇用兵。以奇用兵，是说用兵要讲究出其不意，攻其不备。兵家认为，用兵与治国不一样。治国要讲求信用，说到做到，守信于民；而用兵则不能讲信用，要用假象迷惑敌人，用好用诈，让敌人摸不着头脑。由此提出"以正治国，以奇用兵"，"正"就是信用，"奇"就是"奇巧"。

六是关于力量的配备。这包括自然环境的利用、战斗力的组织、军队的调度、械具的使用等。自然环境的利用讲究合于天时、取得地利。战斗力的组织讲究统一军心、激励士气、以众击寡，军队的调度讲究避实击虚、全军一体、神速出奇、辎重不离，械具的使用讲究协调互补、用之适宜。

七是关于原则性和灵活性的关系。兵家认为，在战争中各种条件都在不断变化，不能固守一种原则，应该根据不同的情况，灵活运用兵法原则，主张"悬权而动""因敌变化"。"权"，本指秤锤，后引申为衡量轻重、审视情况；"悬权"，本意是将秤锤挂在那里，随着所称之物分量的变化而移动；所谓"悬权而动"，就是根据不同情况随时应变。

3.《孙子兵法》的历史地位

《孙子兵法》，又称《吴孙子兵法》《孙子》《孙武兵法》，是中国古代的军事著作之一，是中国现存最早的兵书，也是世界上最早的军事著作，被誉为"兵学圣典"，置于《武经七书》之首。《孙子兵法》诞生已有 2500 年历史，历代都有研究，全书共有六千字左右，共十三篇，孙武辗转到吴国时，适逢公子光政变。公子光即位后，伍子胥听说其才能，向吴王推荐。孙武带着这十三篇文章觐见吴王，获得重用。《孙子兵法》继承和发展了前人的军事理论，把政治作为决定战争胜败的首要因素，归纳出战争的原理原则，举凡战前之准备，策略之运用，作战之部署，敌情之研判等，无不详加说明，巨细靡遗，周严完备，具有朴素的唯物辩证思想。

《孙子兵法》是中国古代军事文化遗产中的璀璨瑰宝，中华优秀传统文化的重要组成部分，其内容博大精深，思想精邃富赡，逻辑缜密严谨，是古代军事思想精华的集中体现。两千年多来一直被视为兵家之经典，至今仍具有重大的现实意义。

四、经典故事

故事 1

墨子破云梯

在战国初年的时候，楚国的国君楚惠王想重新恢复楚国的霸权。他扩大军队，要去攻打宋国。

楚惠王重用了一个当时最有本领的工匠。他是鲁国人，名叫公输盘，也就是后来人们称为鲁班的。

他为楚王设计了一种攻城的工具，比楼车还要高，看起来简直是高得可以碰到云端似的，所以叫作云梯。

楚国想进攻宋国的事，引起了一些人的反对。反对得最厉害的是墨子。

墨子，名翟，是墨家学派的创始人。墨子反对那种为了争城夺地而使百姓遭到灾难的混战。这回他听到楚国要利用云梯去侵略宋国，就急急忙忙地亲自跑到楚国去，跑得脚底起了泡，出了血，他也并不在意。

这样他奔走了十天十夜，到了楚国的都城郢都。他先去见公输盘，劝他不要帮助楚惠王攻打宋国。

公输盘说："不行呀，我已经答应楚王了。"

墨子就要求公输盘带他去见楚惠王，公输盘答应了。在楚惠王面前，墨子很诚恳地说："楚国土地很大，方圆五千里，地大物博；宋国土地不过五百里，土地并不好，物产也不丰富。大王为什么有了华贵的车马，还要去偷人家的破车呢？为什么要扔了自己绣花绸袍，去偷人家一件旧短褂子呢？"

楚惠王虽然觉得墨子说得有道理，但是不肯放弃攻宋国的打算。公输盘也认为用云梯攻城很有把握。

墨子直截了当地说："你能攻，我能守，你也占不了便宜。"

他解下了身上系着的皮带，在地下围着当作城墙，再拿几块小木板当作攻城的工具，叫公输盘来演习一下，比一比本领。

公输盘采用一种方法攻城，墨子就用一种方法守城。一个用云梯攻城，一个就用火箭烧云梯；一个用撞车撞城门，一个就用滚木礌石砸撞车；一个用地道，一个用烟熏。

公输盘用了九套攻法，把攻城的方法都使完了，可是墨子还有好些守城的高招没有使出来。

公输盘呆住了，但是心里还不服，说："我想出了办法来对付你，不过现在不说。"

墨子微微一笑说："我知道你想怎样来对付我，不过我也不说。"

楚惠王听两人说话像打哑谜一样，弄得莫名其妙，问墨子说："你们究竟在说什么？"

墨子说："公输盘的意思很清楚，不过是想把我杀掉，以为杀了我，宋国就没有人帮助他们守城了。其实他打错了主意。我来到楚国之前，早已派了禽滑釐等三百个徒弟守住宋城，他们每一个人都学会了我的守城办法。即使把我杀了，楚国也是占不到便宜的。"

楚惠王听了墨子一番话，又亲自看到墨子守城的本领，知道要打胜宋国没有希望，只好说："先生的话说得对，我决定不进攻宋国了。"

这样，一场战争就被墨子阻止了。

故事 2

自相矛盾的故事

矛和盾是古时候两种武器，矛是用来刺人的，盾是用来挡矛的，二者功用恰恰相反。

楚国有一个兼卖矛和盾的商人。一天，他带着这两样货品到街上叫卖，先举起盾牌向人吹嘘说："我这盾牌呀，再坚固没有了，无论怎样锋利的矛枪也刺不穿它。"停一会儿，又举起他的矛枪向人夸耀说："我这矛枪呀，再锋利没有了，无论怎样坚固的盾牌，它都刺得穿。"

旁边的人听了，不禁发笑，就问他说："照这样说，就用你的矛枪来刺你的盾牌。结果会怎样呢？"一句话就让这个商人一下子窘得答不出话来了。

世上没有牢不可破的盾，也没有无坚不摧的矛，在故事里，这个楚国人片面夸大了矛与盾的作用，结果出现难以自圆其说的局面。自相矛盾，后来用以比喻说话做事前后抵触，不能自圆其说，提醒人们做事说话皆应三思。

五、名篇佳句

1. 贤者举而尚之，富而贵之，以为官长；不肖者抑而废之，贫而贱之，以为徒役。
——《墨子》

【赏析】贤人就会被选拔并重用，无德才者就会被降职甚至辞退。

2. 故兵无常势，水无常形。能因敌变化而取胜者，谓之神。——《孙子兵法》

【赏析】这是古代一种用兵作战思想，指用兵作战要根据敌情的变化来采取灵活机动的战略战术，不能墨守某种作战方法。

3．夫仁义者，忧天下之害，趋一国之患，不避卑辱，谓之仁义。——《韩非子·难一》

【赏析】所谓仁义，就是为了忧虑天下的灾害，奔赴国家的祸患，而不顾及个人的卑贱地位和屈辱待遇。这才是真正的仁义。由此可见，法家的仁义和儒家的有些不同。法家的仁义与家国天下的存亡紧密相连，体现了一种博大、深沉的忧患意识和责任感。

六、体验与实践

1．请比较法家和兵家在对待战争和冲突解决方面的不同观点，您认为哪种理念更适合当今社会的国际关系？

2．墨家思想重视"兼爱""非攻"，反对战争和暴力，您认为对当今社会有何启示？

3．请结合墨家、法家和兵家的思想，分析当今社会中的道德困境和冲突，并提出合理的解决方案。

4．请以墨家、法家和兵家的观点为基础，组织班上同学进行一场辩论赛，讨论如何在现代社会中平衡个人利益和集体利益。

单元四

道德教育文化

一、导语

孔融让梨

孔融，东汉文学家，字文举。鲁国（今山东曲阜）人，家学渊源，是孔子的二十世孙。为当时著名的建安七子之首，文采甚丰。孔融是当时比较正直的士族代表人物之一，他刚直耿介，一生傲岸。

孔融小时候家里有五个哥哥，一个弟弟。有一天，家里吃梨。一盘梨子放在大家面前，哥哥让弟弟先拿。孔融不挑好的，不拣大的，只拿了一个最小的。父亲看见了，心里很高兴：别看这孩子才四岁，还真懂事。就故意问孔融："这么多的梨，又让你先拿，你为什么不拿大的，只拿一个最小的呢？"

孔融回答说："我年纪小，应该拿个最小的，大的留给哥哥吃。"

父亲又问他："你还有个弟弟，弟弟不是比你还要小吗？"

孔融说："我比弟弟大，我是哥哥，我应该把大的留给弟弟吃。"

他父亲听了，哈哈大笑："好孩子，好孩子，真是一个好孩子。"

孔融四岁，知道让梨。上让哥哥，下让弟弟。大家都很称赞他。

同学们，你还知道哪些有关传统道德的故事？你从中得到什么启示？它们对于后世有什么教育意义？

二、概述

中华优秀传统文化中的道德观是中华民族长期形成并积淀下来的道德意识和行为规范，具有鲜明的历史意蕴、精神特质和时代价值。

中国优秀传统思想道德文化的内容博大精深、源远流长。发端于先秦，由夏、商两代到周朝时期"六艺"教育已比较完备。中国传统道德教育将传统的道德规范和准则作为教育的内容，并把道德教育纳入知识教育范围，以文化知识的教育灌输道德理念，从而实现文化为道德服务的目的。

在古代教育中，德育始终是一个核心问题。比如家喻户晓的孔融让梨、卧冰求鲤等故事，集中体现了我国古代的道德教育，并流传至今，成为中华民族传统美德的重要组成部分。到董仲舒独尊儒术的时代，"举孝廉"制度的设立凸显了德育的重要性。再到明代程朱理学之时，"三纲五常"也深刻反映了当时社会对道德的重视。可见，重德思想贯穿中国古代社会。接下来，让我们一起了解传统道德文化。

三、走进传统道德教育文化

中国传统社会从治国理念的高度重视道德教育。《礼记·学记》提出，"建国君民，教学为先。"这就是说，建立一个政权和领导一国的百姓，教育至关重要。而"教也者，长善而救其失者也"，意思是说，教育的目的是使人的过失得以挽救，并使人的善良不断增长。这句话强调了教育的先后次序是先学做人，后学做事，即先培养德行，后学习知识、技能。只有办好教育，才能净化人心，协调伦理关系，才能从根本上保证社会的长治久安。

中国古人认为，大道至简。中国传统道德规范明确简要，易记易传，因而成为千百年来人们普遍遵循的价值观，这包括"四维"，即礼、义、廉、耻；"八德"，即孝、悌、忠、信、礼、义、廉、耻；"五伦"，即父子有亲，君臣有义，夫妇有别，长幼有序，朋友有信；"五常"，即仁、义、礼、智、信。

（一）仁爱之道

仁爱之道是中国传统道德的核心，强调人与人之间的关爱和互助。孔子曾说："己所不欲，勿施于人"，即自己不愿意做的事情，不要施加给别人。这种关爱和互助的精神在中国传统文化中得到了广泛的传承和发扬。

《论语·颜渊》记载："樊迟问仁。子曰：'爱人。'"《说文解字》解释道："仁，亲也，从人二。"也就是说，"仁"是人与人之间相互亲爱的一种关系。仁爱是儒家思想的核心，也是中华正统文化精神的根基。

在孔子看来，仁爱可以分为几个层次。仁爱的根本是孝悌，因为只有在家孝敬父母、尊敬兄长，仁爱才能从家庭推广到社会，进而实现"泛爱众"，爱君忠君。那么，如何做到"仁爱"呢？孔子曰："能行五者于天下为仁矣。"五者，指的就是恭、宽、信、敏、惠。

对于统治者而言，也要"爱民"，即要推行仁政、德政，因为"克己复礼，天下归仁焉"。孔子认为，如果社会中的每个人都能践行仁，具有仁爱之心，上下有序、长幼有别、尊卑有度的礼治社会便不难实现。

孔子之后的孟子继承了其"仁爱"的思想，在"亲亲"基础上提出了"仁民爱物"思想。孟子认为，人天性中都带有"不忍人之心""恻隐之心"，因此仁爱要推己及人，即"老吾老，以及人之老；幼吾幼，以及人之幼。"

深受儒家思想浸染的古人，上至帝王将相，下至平民百姓，亦身体力行地实践着仁爱思想。

● 唐太宗李世民仁爱治国

贞观二年，关中一带干旱，发生了大饥荒。唐太宗对大臣们说："水旱不调，都是国君的罪过。我德行不好，上天应该责罚我，百姓有什么罪过，要遭受如此的艰难窘迫？听说有人卖儿卖女，我很可怜他们。"于是派御史大夫杜淹前去巡查，还拿出皇家府库的钱财赎回那些被卖的儿女，送还他们的父母。

贞观十九年，唐太宗征伐高丽，驻扎在定州。太宗驾临城北门楼安抚慰劳将士。有一个士兵生病，不能觐见，太宗下诏派人到他床前，询问他的病痛，又敕令州县为他治疗。

因此将士都高兴地愿意随从太宗出征。

等大军回师，驻扎在柳城时，太宗又诏令收集阵亡将士的骸骨，设置牛、羊、猪三牲为他们祭祀。太宗亲自驾临，为死者哭泣尽哀，军中将士无不洒泪哭泣。观看祭祀的士兵回到家里说起这件事，他们的父母说："我们的儿子战死，天子为他哭泣，死而无憾了。"

正是因为唐太宗以仁爱治国，示范官吏，所以深得民心，这无疑为唐朝的繁荣富强奠定了基础。

（二）诚信之道

诚信，是中华民族的传统美德。诚实守信作为基本的公民道德规范，已经成为现代经济社会发展的一道底线，成为国家强盛、民族复兴的一块基石。诚信可以引来企业，诚信可以招来项目，诚信可以发家致富。哲人的"人而无信，不知其可也"，诗人的"三杯吐然诺，五岳倒为轻"，民间的"一言既出，驷马难追""言而无信，行之不远"，都极言诚信的重要。几千年来，"一诺千金"的佳话不绝于史，广为流传。

● 一代红顶商人胡雪岩诚信经营

正所谓"诚信是立业之本"，而胡雪岩的成功与诚信经营不无关系。作为近代著名红顶商人的晚清徽商胡雪岩，在经营中严守"采办务真，修制务精"的诚实原则。在他旗下的药店胡庆余堂的大门上挂着一块牌匾，这块牌匾不是朝外悬挂而是朝里悬挂。也就是说，牌匾不是给来店里取药的顾客看的，而是给在药店工作的伙计看的。这块牌匾上有胡雪岩亲自题的文字，"凡百贸易均着不得欺字，药业关系性命，尤为万不可欺。余存心济世，誓不以劣品弋取厚利，唯愿诸君心余之心。"

中药的质量取决于两方面，一是原料采购要地道；二是炮制要精细，不可偷工减料。为了建立胡庆余堂金字招牌的口碑，胡雪岩为胡庆余堂制药立下了"采办务真，修制务精"的原则。他要求卖出去的药是真方真料，是最地道的药材，他甚至派专人依药材的产季到产地收购地道的药材。陈皮在胡庆余堂所在的浙江产量很大，但是药效不如广东的陈皮，胡庆余堂宁可舍近求远到广东收购陈皮。胡雪岩为了一味药引而大费周章，蔚为当地奇观。

诚信是中国传统道德的重要组成部分，强调人们应该言行一致，言出必行，行出必果。诚信是人与人之间建立信任的基础，也是商业交往和社会交往的基石。

（三）孝道

《孝经》有："五刑之属三千，而罪莫大于不孝"的说法，规定对不孝者要"斩首枭之"。《北齐律》首创"重罪十条"，其中不孝罪为"十恶不赦"的罪名之一，"人之行，莫大于孝"，可见古人对孝道之重视。

● 百里负米

仲由是春秋时期鲁国人，字子路，是孔子的学生。他非常孝敬父母。因为从小家境贫寒，为人非常节俭，经常吃野菜度日。仲由觉得自己吃野菜没关系，但怕父母营养不够，身体不好，很是担心。

家里没有米，为了让父母吃到米，他必须要走到百里之外才能买到米，再背着米赶回家里，赡养双亲。百里之外是非常远的路程，步行十分艰辛，然而仲由却甘之如饴。为了能让父母吃到米，不论寒风还是烈日，他都不辞辛劳地跑到百里之外买米，再背回家。

冬天，冰天雪地，天气非常寒冷，仲由顶着鹅毛大雪，踏着河面上的冰，一步一滑地往前走，脚被冻僵了，抱着米袋的双手实在冻得不行，便停下来，放在嘴边呵口气，然后继续赶路。

夏天，烈日炎炎，汗流浃背，仲由都不停下来歇息一会，只为了能早点回家给父母做可口的饭菜；遇到大雨时，仲由就把米袋藏在自己的衣服里，宁愿淋湿自己也不让大雨淋到米袋；刮风就更不在话下。

如此的艰辛，持之以恒，实在是极其不容易。

后来仲由的父母双双过世，他南下到了楚国。楚王聘他当官，对他很是礼遇。俸禄非常优厚。每天吃的是山珍海味，一出门就有上百辆的马车跟随，过着富足的生活。但他并没有因为物质条件好而感到欢喜，反而时常感叹，哀伤父母早早过世。他是多么希望父母仍然在世，和他一起过这样的好生活呀！可是即使他想再负米往返百里之外奉养双亲，都永远不可能了。孔子赞扬说："你侍奉父母，可以说是生时尽力，死后思念哪！"

（四）礼仪之道

礼仪之道是中国传统道德的重要组成部分，强调人们应该遵守社会规范和礼仪习惯，尊重他人，注重礼节。礼仪之道是中华传统文化的重要组成部分，也是中华传统文化中的瑰宝。

春秋时期，孔子通过总结、整理和反思夏、商、周三代的文化遗产，继承和发展了古老的"礼"观念，赋予其新的思想内涵，创造性地建立起一套以"礼"为核心价值观念的儒家思想体系。在儒家思想体系中，"礼"不仅包含日常生活中待人接物的礼节或规矩，而且包括我国古代社会生活中各个领域的制度和规范，甚至还包容了与这些制度和规范相适应的思想观念或道德理性。

在《论语》中，孔子反复强调"礼"对于一个人在社会上安身立命的重要性。《论语·季氏》篇记载孔子曾教育其儿子孔鲤说："不学礼，无以立。"《论语·尧曰》篇还记载，孔子谆谆告诫弟子们"不知礼，无以立也"。在孔子看来，"礼"是人生在世的根本，不学礼、不知礼，就难以在世上安身立命。由此可见"礼"在孔子思想体系中的重要地位。

● 孔子讲礼

子曰："非礼勿视，非礼勿听，非礼勿言，非礼勿动。"

这一句话出现在颜渊问孔子何为仁的时候，孔子对自己所说的"克己复礼为仁"的进一步解答。孔子要求"克己复礼"，即克制自己的欲望，规范自己的行为，使言语行动都合乎礼仪规范。君子是需要用礼来加以约束的，也就是要"约之以礼"。怎么"约"？具体来讲，就是四个"非礼勿"，不合乎礼的不看、不听、不说、不做。将视、听、言、动都归之于礼，并不是说只在社会礼俗中循规蹈矩，而是于约束之中见心的自由，于恭敬辞让之中见心的高明，将自己的心充斥于天地，与天地相通，"天下归仁焉"。

礼仪是一个人乃至一个民族、一个国家文化修养和道德修养的外在表现形式，是做人的基本要求。中华民族自古以来就非常崇尚礼仪，中国号称"礼仪之邦"。礼仪教育对培养文明有礼、道德高尚的高素质人才有着十分重要的意义。在如今的学生中，不少人对礼仪不重视，礼仪观念淡薄，导致思想品德滑坡。一些人在学校里，不会尊重他人，不会礼让，不讲礼貌；在社会上不懂怎样称呼他人，甚至随心所欲、满口粗言滥语；在家里不懂孝敬长辈，唯我独尊、为所欲为等情况屡见不鲜，这些现象不得不引起我们的深思。

（五）忠诚之道

忠诚就是复归本性，不忘初心，效法天地自然，犹如天地自然之德一样"尽己之心，信实无妄"。"忠"字有一个解释"尽中心也"，忠诚就是不偏不倚，不变不易，恪守中正之道。在《大学》的八条目中，正心和诚意两个条目就是忠诚的意思，忠诚就是诚意正心，祛除杂念，做到知行合一。

忠者，敬也，"尽己之心"谓忠；诚者，信也，"真实无妄"谓诚。在中华传统文化中，忠诚是君子立身于天地自然之间的根本。"言忠信，行笃敬，虽蛮貊之邦行矣"，即一个言行忠诚的人，即使到了荒蛮偏远的地方，也行得通。反之，一个缺乏忠诚的人，则犹如没有车辕的马车，寸步难行，"人而无信，不知其可也。大车无輗，小车无軏，其何以行之哉？"

● "居心叵测"的典故

这则典故的意思是指某人不忠诚，表里不一，心存险恶，不可推测。

战国时期，赵国国君赵惠文王派大夫楼缓出使外国。这时候楼缓已有异心了，但在出使前还是假惺惺地对赵惠文王说："大王将这样重要的任务交给我，我一定誓死效忠。"赵惠文王被楼缓的诚心感动，说道："实践你的承诺，早日归来。"楼缓假装感动地跪下说："如今臣出使别国，并不考虑自身的性命安危，唯一顾虑的就是臣走后赵国的声誉问题。在我离开赵国后，肯定会有一些嫉妒之人对我进行恶语诽谤，说我里通外国，如果大王您轻易地就相信了别人的话，那么受伤害的是我，那时我又怎么能回到赵国呢？"赵惠文王听了楼缓的话之后，诚恳地说道："你放心吧，我不会听信他人的谣言。"楼缓离开赵国后就逃到魏国去了，并送给魏王很多贵重的礼物。消息传到了赵国，可赵惠文王还是执意不信，并说："我对楼缓发过誓，不会相信任何谣言的。"大臣们见赵惠文王这样执迷不悟，着急又生气，可最终还是没能劝服赵惠文王。后来，"居心叵测"这个词语常用来比喻人心存险恶，不可推测。

（六）勤俭之道

勤俭是中国传统道德的重要组成部分，强调人们应该勤劳工作，勤俭节约，不浪费资源。勤俭之道是中华民族的传统美德，也是中华民族文化的重要组成部分。

勤，本作堇，后来才加力为义符，勤从力，有艰苦用力之意。《说文解字》说："勤，劳也"，其本义即为劳作、辛劳。《说文解字》解释俭为"约也"，段玉裁注释"约"字时说："约者，缠束也。俭者，不敢放侈之意。"可知，俭的本义即为约束、节制，后引申为节俭、俭省等道德范畴内的含义。

纪晓岚在《阅微草堂笔记》中写过这样一则故事：有一位名叫冯巨源的官员，担任赤城教谕时曾到赤城山中拜访一位长寿的老翁，原本是为求教养生之道，二人对话也是围绕此展开，然而老翁的一句话如今看来却仍具有现实意义："如多财之家，俭勤则长富，不勤不俭则渐贫，再加以奢荡，则贫立至。"哪怕是富贵人家，如果不勤俭也会渐渐落入贫困的境地。勤与俭历来为我们所推崇，它是为人处世的作风，也是修身齐家的美德。

中华优秀传统道德文化是中华优秀传统文化的重要组成部分，是中华民族几千年文明积淀的精华，是中华民族的灵魂和精神支柱。我们应该传承和发扬中华优秀传统道德文化，让其在现代社会中发挥更大的作用。

四、经典故事

故事 1

李绩焚须

唐朝有位副宰相叫李绩，一次他姐姐病了，他就亲自照料她，为姐姐烧火煮粥时，火苗烧了他的胡须。姐姐非常不忍心，劝他说："你的仆人那么多，何必自己这样辛苦呢？"李绩回答："您病得这么重，让别人照顾，我不放心。您现在年纪大了，我也老了，就算想一直给您煮粥，也没有太多机会了。"李绩能这样对待自己的姐姐，实在是难能可贵。

故事 2

夜郎自大

汉朝的时候，在西南方有个名叫夜郎的小国家，它虽然是一个独立的国家，可是国土很小，百姓也少，物产更是少得可怜。但是由于邻近地区以夜郎这个国家最大，从没离开过国家的夜郎国国王就以为自己统治的国家是全天下最大的国家。

有一天，夜郎国国王与部下巡视国境的时候，他指着前方问："这里哪个国家最大呀？"部下们为了迎合国王的心意，于是就说："当然是夜郎国最大！"走着走着，国王又抬起头来望着前方的高山问："天底下还有比这座山更高的山吗？"部下们回答说："天底下没有比这座山更高的山了。"后来，他们来到河边，国王又问："我认为这条河是世界上最长的河川了。"部下们仍然异口同声回答说："大王说得一点都没错。"从此以后，无知的国王就更相信夜郎是天底下最大的国家了。

有一次，汉朝派使者来到夜郎，途中先经过夜郎的邻国滇国，滇王问使者："汉朝和我的国家比起来哪个大？"使者一听吓了一跳，他没想到这个小国家，竟然无知地自以为能与汉朝相比。却没想到后来使者到了夜郎国，骄傲又无知的国王因为不知道自己统治的国家只和汉朝的一个县差不多大，竟然不知天高地厚地问使者："汉朝和我的国家哪个大？"这则故事出自《史记·西南夷列传》，后来人们用"夜郎自大"比喻孤陋寡闻而又妄自尊大。

故事 3

曾子受杖

曾子，名参，字子舆，是春秋时期鲁国南武城人，从小就很孝敬父母，以其孝行而著称乡里。

一天，曾参与父亲一同在瓜地里劳作，曾参稍不留神，斩断了瓜苗的根，父亲看到孩子不知爱惜物力，做事不谨慎，举起手上的大杖就向曾参的背部打去。

曾参见父亲因自己做错事而生气，心里很惭愧，也不逃避，就跪在地上受罚，可身体承受不住，便晕倒在地，不省人事，过了很久才慢慢苏醒过来。

曾参刚睁开眼睛，就想到了父亲。为让父亲安心，他赶紧爬了起来，整理好衣冠，恭恭敬敬地走到父亲面前行礼，向父亲问道："父亲大人，刚才孩儿犯了大错，使得父亲费了很大的力气来教育我，您的身体没有什么不舒服的地方吧？"

问候完父亲，父亲见曾参似乎没有什么大碍，稍放了心，曾参于是退回了房间，拿起琴开始高声弹唱起来，他希望欢快的音乐与歌声能传到父亲的耳中，让父亲更加确认自己的身体无恙，可以安心。

听到的人都很敬佩曾参对父亲的孝顺，可当孔子听说了此事后，反而不高兴，对门下的弟子们说："曾参来了，不要让他进来。"

弟子们有些奇怪。曾参知道后，内心很是惶恐不安，老师如此生气，一定是自己有做得不好的地方，可仔细检点反省，却又不认为自己有什么过错。于是，他请了其他同学去向老师请教。

孔夫子向前来请教的弟子说道："你难道没有听说过吗？从前，有一位瞽叟，他有一个孩子名叫舜。舜在侍奉他父亲的时候非常尽心，每当瞽叟需要舜时，舜都能及时地侍奉在侧；但当瞽叟要杀他的时候，却没有一次能找到他。所以如果是小的棍棒，能承受的就等着受罚；可如果是大的棍棒，就应该先避开。这样，瞽叟就没有犯下为父不慈的罪过，既保全了父亲的名声，舜也尽了自己孝顺的本分。而如今，曾参侍奉他的父亲，却不知爱惜自己的身体，轻弃生命直接去承受父亲的暴怒，就算死也不回避。倘若你真的死了，那不是陷父亲于不义吗？哪有比这更不孝的呢？你难道不是天子的子民吗？杀了天子子民的人，父亲的罪又该怎么办呢？"

弟子们听了老师的开导后恍然大悟，而当曾参听到了孔子这些话后，也一下子醒悟过来，感叹地说："我犯的错，真是太大了啊！"于是就很诚恳地去向孔子拜谢并悔过。

五、名篇佳句

1. 上德不德，是以有德。下德不失德，是以无德。——《道德经》

【赏析】最有道德的人不表现为外在形式的"德"，所以实际上是有"德"；道德低下的人死守形式上的"德"，因此实际上是没有"德"。

2. 不学礼，无以立。——《论语·季氏》

【赏析】在孔子看来，"礼"是人生在世的根本，不学礼、不知礼，就难以在世上安身立命。

3. 大学之道，在明明德，在亲民，在止于至善。知止而后有定；定而后能静；静而后能安；安而后能虑；虑而后能得。物有本末，事有终始。知所先后，则近道矣。——《大学》

【赏析】大学的宗旨在于弘扬光明正大的品德，在于使人弃旧图新，在于使人达到最完善的境界。知道应达到的境界才能够志向坚定；志向坚定才能够镇静不躁；镇静不躁才能够心安理得；心安理得才能够思虑周详；思虑周详才能够有所收获。每样东西都有根本有枝末，每件事情都有开始有终结。明白了这本末始终的道理，就接近事物发展的规律了。

六、体验与实践

"传统道德教育文化"综合实践活动

1. "尊师重道"主题活动

组织学生进行一次"尊师重道"主题活动，让他们向老师表达感恩和尊重，分享活动感受并写下心得体会。

2. "孝道实践日"活动

设计一个"孝道实践日"活动，让学生周末放假回家时选择一项孝敬父母的具体行动，如为父母做一顿饭、陪伴父母散步等，并记录下自己的感受和体会。

3. "诚信守约"实践活动

组织学生进行一次"诚信守约"实践活动，要求他们在日常生活中遵守承诺、不说谎言，并在活动结束后分享自己的挑战和收获。

4. "义务助人"社区服务活动

开展一个"义务助人"社区服务活动，让学生选择一个志愿服务项目，如为孤寡老人购物、为环境整治活动提供帮助等，并反思自己的奉献精神和社会责任感。

5. "礼仪文化体验"活动

设计一个"礼仪文化体验"活动，让学生学习传统礼仪知识，如拜访长辈时的礼节、餐桌礼仪等，并模拟实践这些礼仪，体会传统礼仪。

中国古代科技与技艺

单元一

古代百工概述

一、导语

中国古代科技文化的历史舞台上出现了一群工匠，他们专门从事手工业领域的创造发明，极大地推动了中国民间手工艺的繁荣。春秋战国时期《考工记》曰："知者创物，巧者述之，守之世，谓之工。百工之事，皆圣人之作也。烁金以为刃，凝土以为器，作车以行陆，作舟以行水，此皆圣人之所作也。"燧人氏发明钻木取火，神农氏发明农业，中华民族始祖轩辕皇帝造舟车和弓箭等，虽是传说，真正的发明人也无从考证，但是这些发明却代代相传，泽被后世。原始社会后期出现了六种工匠，即土工、金工、石工、木工、兽工、草工，分工越来越细。西周时期，工匠成为专业性群体，手工业就有了"百工"之实。春秋战国时期，手工业细分为 30 个工种，每个工种都有具体的操作法则，如用矩画成方形，用规画成圆形，用绳画成直线，用水平仪衡量平面，用悬锤定好偏正等，可见两千多年前的中国百工已经走向规范化、标准化、职业化。

二、概述

古代的百工是中国古代主管营建制造的工官名称，后来逐渐演化为各种手工业者和手工业行业的总称。在原始社会晚期，随着生产力的发展，出现了专门从事手工业生产的人群，即"百工"。到了春秋战国时期，随着铁器的出现和农业、手工业的发展，百工制度逐渐成熟。在这个时期，百工们不仅生产各种手工业产品，而且不断探索新的工艺和技术，推动了手工业的发展。

百工所代表的工艺特点具有历史悠久、源远流长、品种多、材精工巧等特色。他们的造物原则遵循着"天有时，地有气，材有美"的准则，其造型也融合了功用、外形和装饰。百工之"魂"体现在天人合一、物我相应、因材施艺等方面，他们的作品虽由人作，却宛若天开。在古代百工中，有很多技艺精湛的手工艺人，他们在各自的领域中创造了无数令人赞叹的作品。例如，在雕刻技艺中，有以犀角雕刻闻名的鲍天成，其犀角雕刻作品被历代藏家视为珍品。在镶嵌工艺方面，明清时期的百宝嵌技法被广泛地应用于木器与漆器的装饰中，成为家具制作中最为经典的镶嵌技法之一。古代百工的技艺和贡献为后世留下了丰富的文化遗产。

三、杰出代表

（一）鲁班

鲁班，姬姓，公输氏，名班，又被尊称为公输子，战国时期鲁国人，是中国古代的一位杰出的发明家和工匠，出身于世代工匠的家庭。从小，他便跟随家里人参与土木建筑工程劳动，逐渐掌握了生产劳动的技能，并积累了丰富的实践经验。他的发明创造众多，包括木工工具、古代兵器、农业机具、仿生机械等。鲁班被誉为技艺高超的工匠的化身，更被土木工匠尊为祖师，誉为"百工之首"。后来，鲁班的名字已经成为了古代劳动人民智慧的象征。他的发明创造不仅推动了古代建筑和工艺技术的发展，也对后世的科技进步产生了深远的影响。明代的《鲁班经》是流传至今的一部民间木工行业的专用书，具有重要的史料价值。

1. 墨斗

墨斗，又称线墨，是中国传统木工行业中极为常见的手工工具，相传为鲁班发明。其主要用途是用来画长直线，在木工制作中起到定位、校正和测量的作用。墨斗的结构并不复杂，通常由墨仓、线轮、墨线（包括线锥）、墨签四部分构成。墨仓用于储存墨汁，线轮则负责收放墨线，墨线穿过墨仓，并在墨仓中沾满墨汁，最后通过线锥固定在需要画线的地方。墨签则用于在画线时保持墨线的稳定，确保画出的直线准确无误，也可当笔使用。

在使用墨斗时，木工师傅会根据需要调整墨线的长度和紧度，然后将线锥固定在木料的起点，一手提起墨线，另一手在墨线上轻轻弹动，使墨线在木料上留下一条清晰的直线。这条直线不仅可以作为木工制作的基准线，还可以用来检查木料的平整度和垂直度。墨斗的使用体现了中国古代木工的智慧和技艺。它不仅是一种实用的工具，更是一种文化和精神的象征。墨斗是中国传统木工行业中不可或缺的重要工具，它承载着丰富的文化内涵和历史价值，也是中国传统工艺的重要代表之一。在现代社会，尽管有许多先进的测量和定位工具，但墨斗在木工制作中仍然占有不可替代的地位。

2. 云梯

云梯在古代属于战争器械，主要用于攀越城墙以进行攻城，传说是鲁班发明的。这种器械的结构设计精巧，有的还带有轮子，可以推动行驶，因此也被称为"云梯车"。除了基本的梯子结构，云梯还配备有防盾、绞车、抓钩等器具，有的还装有滑轮升降设备，以便在攻城时更好地发挥作用。《墨子·公输》记载："公输盘为楚造云梯之械，成，将以攻宋。"《淮南子》曰："鲁班即公输般，楚人也。乃天子之巧士，能作云梯。"

云梯的历史可以追溯到商周时期，但在春秋时期，由鲁国的能工巧匠公输盘（即鲁班）进行了改良，使得云梯的设计更加先进和实用。到了唐朝，云梯的设计又有了新的变化，增加了"副梯"部分，这种副梯上装有滑轮，以迅速在城墙之上滑动，从而减少了云梯的架设时间，提高了攻城的效率。而到了宋朝，云梯的结构进一步被改良为折叠式，更加便于携带和使用。云梯是一种具有悠久历史和多功能性的工具，无论是在古代战争还是在现代救援中，都发挥了重要的作用。

3. 石磨

石磨是一种用于把米、麦、豆等粮食加工成粉、浆的传统机械工具。它的基本构造包括上石和下石两部分，通过两块石头之间的转动和摩擦来将物质研磨成粉末或糊状物。石磨的历史悠久，据《世本》上记载，石磨也是鲁班发明的。考古所发掘的原始石磨为汉代墓葬随葬品，距今已有两千多年的历史。经过西晋至隋唐之后的发展，石磨技术逐步发展成石磨的成熟样式。石磨的原理主要依赖于摩擦力、压力和转动。当石磨启动时，上石开始旋转，物质被放置在磨盘上，通过上石的旋转和下石的固定，物质被夹在两块石头之间。摩擦力使物质受到挤压和摩擦，从而将其研磨成粉末或糊状物。同时，上石和下石之间的接触产生的挤压力也有助于物质的研磨。此外，转动的速度和方向也会对研磨效果产生影响。

在古代，石磨通常使用人力或畜力进行驱动，但到了晋代，中国劳动人民发明了用水做动力的水磨，进一步提高了研磨效率。水磨的动力部分是一个卧式水轮，在轮的立轴上安装磨的上扇，流水冲动水轮带动磨转动。这种水磨适合于安装在水的冲动力比较大的地方。在现代，尽管有了更先进的粮食加工设备，但石磨仍然在一些地方被使用，特别是在一些传统食品制作中，因为石磨研磨出的食品具有独特的口感和营养价值。总之，为一种传统的粮食加工工具，其独特的原理和构造使其在粮食加工领域发挥了重要作用，同时也承载了丰富的历史文化内涵。

（二）张衡

张衡（公元78年－公元139年），字平子，南阳郡西鄂县（今河南省南阳市石桥镇）人，东汉时期杰出的天文学家、数学家、发明家、地理学家、文学家。他被誉为"木圣""科圣"，是东汉中期浑天说的代表人物之一，对后世产生了深远的影响。为纪念他对天文学的重要贡献国际大文学联合会将月球背面的一个坏形山命名为"张衡环形山"，将太阳系中的1802号小行星命名为"张衡星"。他早年曾游学关中，进入太学学习，并拒绝孝廉辟命、公府征召。期间一度为南阳郡主簿，后辞官居家。直到永初五年（公元111年）应邓太后征召而入京，历任郎中、太史令、侍中、河间相等职，后被拜为尚书。晚年因病于永和四年（公元139年）逝世，享年六十二岁。张衡是一位多才多艺、全面发展的杰出科学家和文学家，其思想和成果对后世产生了深远的影响，为人类文明的进步作出了重要贡献。

1. 地动仪

阳嘉元年（132年），张衡发明了候风地动仪。据《后汉书·张衡传》记载，地动仪用精铜铸成，直径八尺，顶盖突起，形状像酒樽，用篆文和山龟鸟兽的图案装饰。内部中央有根粗大的铜柱，铜柱的周围伸出八条滑道，还装着枢纽，用来拨动机件。它有八个方位，每个方位上均有一条口含铜珠的龙，在每条龙的下方都有一只蟾蜍与其对应。地动仪的设计精巧且富有创新性。仪器内部按照东、南、西、北、东南、西南、东北、西北八个方向设置，每个方向都有一根横杆，横杆上悬挂着一只口含铜珠的龙头，下方对应着一只蟾蜍。当地震发生时，受到震动的龙头会使铜珠落入蟾蜍口中，从而指示出地震发生的方向。地动仪的原理主要是利用了惯性原理。在一个与地面固定在一起的物体上悬挂一个摆，当地面发生震动时，由于摆的惯性作用，它会相对于地面滞后运动。这种滞后运动通过一系列精巧的机械结构转化为龙头的动作，进而推动铜珠落入蟾蜍口中。这种设计不仅巧妙而且实用，能够在地震发生时迅速而准确地指示出地震方向。

张衡的地动仪是中国古代科技的瑰宝，体现了东汉时期人们对于地震现象的科学认知和独特创造力。这台仪器不仅是世界上第一台地震仪，也是有史以来人类第一次运用科学手段来测定地震方向的器具，对于当时以及后世的科学研究都具有重要意义。总之，张衡的地动仪是中国古代科技的杰出代表，它不仅展示了古代人民对于地震现象的科学认知和独特创造力，也为我们今天研究和应用地震学提供了宝贵的意见。

2. 浑天仪

浑天仪，是浑仪和浑象的总称，是中国古代的一种重要天文仪器。浑仪主要用于测量天体球面坐标，而浑象则用于演示天象。浑仪和浑象反映了中国古代的浑天说，这是一种宇宙理论，认为"浑天如鸡子，天体圆如弹丸，地如鸡中黄"，即天是一个浑圆的球体，地则位于其中。浑天仪的结构独特，其外形预示了"天圆地方"的哲学观念。浑仪的关键部件是窥管，这是一根中空的管子，类似于现代的望远镜，但没有镜头。人眼在窥管的一端，可以看到天上一个小的部分，窥管放置于不同方向就能看到天上不同的区域。在使用浑天仪时，首先需要根据使用说明将其放置在水平位置上，并根据所在地的纬度调整仰角。然后，根据所要观测的特定日期和时间，调整时间刻度。接着，使用浑天仪上的刻度和指示器观测天体的位置和运动，并理解观测结果。最后，根据连续观测的结果，可以研究天体的运动规律。

张衡在西汉耿寿昌设计浑天仪的基础上，根据自己的浑天说，创制了一个比以前都精确、全面得多的"浑天仪"。漏水转浑天仪是一种水运浑象。用一个直径四尺多的铜球，球上刻有二十八宿、中外星官及黄赤道、南北极、二十四节气、恒显圈、恒隐圈等，成一浑象，再用一套转动机械，把浑象和漏壶结合起来。以漏壶流水控制浑象，使它与天球同步转动，以显示星空的周日视运动，如恒星的出没和中天等。它还有一个附属机构即瑞轮冥荚，是一种机械日历，由传动装置和浑象相连，从每月初一起，每天生一叶片；月半后每天落一叶片。它所用的两级漏壶是现今所知最早的关于两级漏壶的记载。

3. 指南车

指南车是一种利用机械传动系统来指示方向的车辆，其设计精巧，无论车子如何转动，车上的木人都会始终指向南方。这一神奇的功能主要归功于张衡巧妙运用了齿轮传动和自动离合的机械原理。车厢内安装的能自动离合的齿轮系统，确保了指南的精确性，展现了张衡深厚的机械制造和物理知识。张衡的指南车不仅具有实用性，更体现了他的创新思维和精湛技艺。在东汉时期，这样的机械装置无疑是一项重大的科技进步，对于当时的导航和定位技术有着重要的推动作用。此外，张衡的指南车也反映了当时社会对科学技术的重视和推崇。在张衡生活的年代，东汉正处于全盛时期，农业、手工业等生产技术都相当发达，这为张衡等科学家的研究和发明提供了良好的社会环境。

（三）墨子

古代百工代表人物中，墨子无疑是一位杰出的思想家、教育家、科学家和军事家。墨子，名翟，是春秋末期战国初期的宋国人。墨子在科学研究方面有卓越的贡献。他创立了以几何学、物理学、光学为突出成就的一整套科学理论，这些理论在当时无疑是非常先进和前沿的。墨子的这些成就，使他成为了古代百工中一位不可忽视的代表人物。他的学说和成就不仅在当时产生了深远的影响，也对后世产生了持久的启示和影响。

1. 数学

墨子在数学方面的影响深远，他不仅是中国历史上第一个站在理性的高度对待数学的科学家，而且其数学成就丝毫不逊色于古代的杰出数学家。墨子对数学的贡献主要表现在他对一系列数学概念的命题和定义上。他提出的"倍""同长""中""圆"等定义都具有高度的抽象性和严密性，为数学的进一步发展奠定了基础。在《墨经》中，他详细记载和解释了这些概念，包括关于"倍"的定义为原数加一次或原数乘以二，关于"平"的定义为同样的高度，以及关于"同长"和"中"的定义等。这些定义不仅为后世的数学研究提供了重要的参考，而且展示了墨子对数学概念的深入理解和精准把握。此外，墨子还在几何领域有着显著的贡献。他提出了许多几何命题，如两条平行线之间的距离相等、两点确定一条直线、同圆的半径相等、矩形的四角都为直角等。这些命题不仅丰富了古代几何学的内容，而且为后世的几何学研究提供了重要的启示。

墨子在数学方面的成就不仅体现在他对数学概念的定义和几何命题的提出上，更体现在他对数学思想的深入探索和实践应用上。他通过理性的思考和观察，总结出了一系列数学规律和原理，为后世的数学研究提供了重要的思想资源和方向。总的来说，墨子在数学方面的贡献和影响是深远的。他的数学成就不仅丰富了中国古代数学的内容，而且为后世的数学研究提供了重要的启示和借鉴。

2. 物理

墨了在物理学方面的影响同样深远且重要。他的研究涉及力学、光学、声学等多个领域，提出了一系列重要的物理学原理和观点，为后世物理学的发展奠定了坚实的基础。

在力学方面，墨子提出了力的定义："力，刑（形）之所以奋也。"这一定义与牛顿第一定律"力是改变物体运动状态的原因"有着异曲同工之妙，显示出墨子对力学原理的深刻洞察。此外，他还对杠杆原理进行了深入研究，提出了关于杠杆平衡问题的精辟论述，这一成果对于后世的力学研究和实际应用具有重要意义。

在光学方面，墨子是古代中国的光学奠基人。他进行了世界上最早的小孔成像实验，对光的直线传播原理进行了系统的阐述，并解释了小孔成像的现象。此外，墨子还对平面镜、凸面镜、凹面镜的成像原理进行了深入研究，这些成果不仅丰富了古代光学的内容，而且为后世的光学研究提供了重要的参考。

墨子在物理学方面的成就不仅体现在理论探索上，更体现在他的实践精神上。他通过实验观察和总结物理现象，提出了一系列物理学定理和原理，这种实证精神和实用主义思想对后世的科学研究产生了深远的影响。

总的来说，墨子在物理学方面的贡献和影响是巨大的。他的研究成果不仅丰富了中国

中华传统文化

古代物理学的内容，而且为后世的物理学研究提供了重要的启示和借鉴。他的物理学思想和方法论为后世的科学家和学者提供了宝贵的经验和参考，推动了物理学领域的不断发展和进步。

3. 墨家机关器械

墨家机关器械是墨子及其弟子所发明的一系列机关装置，主要用于战争和防御。这些机关器械体现了墨家对于机械原理的深刻理解和巧妙运用，同时也展示了墨家注重实用性和创新性的思想特点。

（1）连弩车

连弩车是一种置于城墙上的大型机械装置，可同时放出大弩箭六十支，小弩箭无数，需十个人驾驶。这种机关器械的巧妙之处在于，长为十尺的弩箭的箭尾用绳子系住，射出后能用辘轳迅速卷起收回。这种设计不仅提高了射击效率，还使得箭矢可以重复利用，节省了资源。

（2）转射机

转射机也是一种置于城墙上的大型发射机，机长六尺，由两人操纵。与连弩车不同的是，转射机更为灵活，能够在一人射箭的同时由另一人将机座旋转，从而适应不同方向的敌人。

（3）藉车

藉车是一种能够投射炭火的机器，外部包铁，一部分埋在地下，由多人操纵，用于防备敌方的攻城队。这种机关器械可以投射出炽热的炭火，对敌方造成极大的威胁。

值得一提的是，墨家机关器械虽然在古代战争中发挥了一定的作用，但其真正的价值在于展示了人类智慧和创造力的无限可能。这些机关器械不仅具有实用性和创新性，更体现了墨家对于机械技术的深刻理解和独特见解。在今天看来，墨家机关器械依然具有极高的历史和文化价值，是我们了解古代科技和文化的重要窗口。

四、百工文献

1.《考工记》

《考工记》出于《周礼》，是中国春秋战国时期记述官营手工业各工种规范和制造工艺的文献。这部著作详述了齐国手工业各工种的设计规范与制造工艺，不仅为我们揭示了当时的手工业生产技术和工艺美术的丰富资料，也反映出当时的社会生产管理和营建制度，为我们理解当时的思想观念提供了宝贵的线索。它是中国所见年代最早关于手工业技术的文献，全书共 7100 余字，详细描述了木工、金工、皮革、染色、刮磨、陶瓷等六大类 30个工种的内容，充分展示了当时中国所达到的科技及工艺水平。此外，书中还涉及数学、地理学、力学、声学、建筑学等多方面的知识和经验总结，展示了古代中国人在各个领域的卓越成就。

《考工记》十分重视生产工具的制造和改进，体现了它重视发展生产力的思想。镈是锄田器，是春秋时期一种重要的农具。斧、斤、凿、曲刀、量器等则是手工业生产必不可少的工具。《考工记》从青铜手工业的冶铸技术角度对这类器具的制作工艺进行了总结，"攻金之工，筑氏执下齐，冶氏执上齐，凫氏为声，栗氏为量，段氏为镈器，桃氏为刃。""五分其金，而锡居一，谓之斧斤之齐"，指出"斧斤之齐"和包括镈器在内的生产工具所需铜和锡的比例是五比一。

《考工记》对车的制作甚为重视，它提出只有把车轮制成正圆，才能使轮与地面的接触面"微至"，从而减小阻力以保证车辆行驶"戚速"。它还规定制造行平地的"大车"和行山地的"柏车"的毂长（两轮间横木长度）和辐长（连接轴心和轮圈的木条长度）各有一定尺寸，说"行泽者欲短毂，行山者欲长毂。短毂则利，长毂则安。"这种工艺也是按照不同地势条件以求达到较大的行驶效率。

《考工记》还十分重视水利灌溉工程的规划和兴修，它记述了包括"浍"（大沟）、"洫"（中沟）、"遂"（小沟）和"畎"（田间小沟）在内的当时的沟渠系统，并指出要因地势水势修筑沟渠堤防，或使水畅流，或使水蓄积以便利用。对于堤防的工程要求和建筑堤防的施工经验，它也作了详细的记述。

2. 《天工开物》

《天工开物》是明朝科学家宋应星创作的一部关于农业和手工业生产的综合性著作，也是中国古代一部综合性的科学技术著作，被外国学者称为"中国17世纪的工艺百科全书"。全书分为上中下三卷18章，详细叙述了各种农作物和手工业原料的种类、产地、生产技术和工艺装备，以及一些生产组织经验。

书中强调人类要和自然相协调、人力要与自然力相配合，是中国科技史料中保留最为丰富的一部，反映了中国明代末年出现资本主义萌芽时期的生产力状况。

全书附有123幅插图，描绘了130多项生产技术和工具的名称、形状、工序。书名取自《尚书·皋陶谟》"天工人其代之"及《易·系辞》"开物成务"，作者说是"盖人巧造成异物也"（《五金》）。全书按"贵五谷而贱金玉之义"（《序》）分为《乃粒》（谷物）、《乃服》（纺织）、《彰施》（染色）、《粹精》（谷物加工）、《作咸》（制盐）、《甘嗜》（食糖）、《膏液》（食油）、《陶埏》（陶瓷）、《冶铸》、《舟车》、《锤锻》、《燔石》（煤石烧制）、《杀青》（造纸）、《五金》、《佳兵》（兵器）、《丹青》（矿物颜料）、《曲蘖》（酒曲）和《珠玉》。《天工开物》全书详细叙述了各种农作物和手工业原料的种类、产地、生产技术和工艺装备，以及一些生产组织经验。

上卷记载了谷物豆麻的栽培和加工方法，蚕丝棉苎的纺织和染色技术，以及制盐、制糖工艺。中卷内容包括砖瓦、陶瓷的制作，车船的建造，金属的铸锻，煤炭、石灰、硫黄、白矾的开采和烧制，以及榨油、造纸方法等。下卷记述金属矿物的开采和冶炼，兵器的制造，颜料、酒曲的生产，以及珠玉的采集加工等。《天工开物》中分散体现了中国古代物理知识，如在提水工具（筒车、风车）、船舵、灌钢、熔融、提取法等中都有许多力学、热学等物理知识。《天工开物》也记录了农民培育水稻、大麦新品种的事例，研究了土壤、气候、栽培方法对作物品种变化的影响，又注意到不同品种蚕蛾杂交引起变异的情况，说明通过人为的努力，可以改变动植物的品种特性，得出了"土脉历时代而异，种性随水土而分"的科学见解。

3. 《梦溪笔谈》

《梦溪笔谈》是北宋科学家、政治家沈括所著的笔记体著作，全书包括《笔谈》二十六卷，再加上《补笔谈》三卷和《续笔谈》一卷，共三十卷。这部作品详细记载了沈括一生的所见所闻和见解，内容涉及天文学、数学、物理、化学、生物等各个门类学科。

《梦溪笔谈》在很大程度上是对世间万物的思考与反思。在文学创作上，沈括提出了"质疑之论"，强调作家需要有自己的思考和创意，才能写出好的作品。对于诗歌创作，他提到了"物我两忘""妙用胸臆"等创作技巧。此外，《梦溪笔谈》也涉及一些政治问题，特别是对唐朝政治的批判和反思。

从科学角度来看，《梦溪笔谈》详细记载了劳动人民在科学技术方面的卓越贡献和沈括自己的研究成果，反映了中国古代特别是北宋时期自然科学达到的辉煌成就。在数学方面，沈括开创了"隙积术"和"会圆术"，天文学方面则提出"十二气历说"，并得出冬至日长、夏至日短等结论。地理学方面，他以流水侵蚀作用解释奇异地貌成因。同时，"石油"一词也是在该书中首次提出的，并且沿用至今。

综上所述，《梦溪笔谈》不仅是一部集前代科学成就之大成的光辉巨著，更是一部具有世界性影响的作品。英国科学史家李约瑟评价为"中国科学史上的里程碑"，其历史价值和地位可见一斑。

四、经典故事

故事 1

马 钧

马钧是三国时期曹魏的一位杰出发明家，他的故事充满了智慧、创新和毅力。他出生在一个贫寒的家庭，年幼时便展现出对机械制造的浓厚兴趣。尽管他口吃，不善言谈，却精于巧思，善于动脑和动手，尤其在机械方面有着非凡的才能。

马钧在机械制造方面的贡献极为突出。他改进了传统的织绫机，使织造效率大大提高，从而一举成名。他还发明了由低处向高地引水的龙骨水车，极大地提高了农田灌溉和农业生产的效率。此外，他改进了诸葛连弩，制作的连弩发箭效率增加了五倍，极大地增强了武器的威力。同时，他还发明了一种轮转式发石机，能连续发射石块，远至数百步，对攻城战具有重大意义。尽管马钧一生并未得到显赫的官职，但他凭借自己的才华和毅力，在机械制造和科技创新方面取得了非凡的成就。他的发明不仅在当时创造了巨大的经济效益和社会效益，而且对后世的科技进步产生了深远的影响。

马钧的故事告诉我们，无论出身如何，只要有梦想和毅力，就能在自己的领域里取得卓越的成就。他的精神将永远激励着后人不断追求创新和进步。

故事 2

炼铁成钢

古代对于铁的应用十分广泛，春秋战国时期人们就已制造使用铁制农具。另外，铁和钢也是制造刀剑等武器最常用的材料。

采矿：铁矿到处都有，有土锭铁、砂铁等数种。土锭铁多浮于地表，形状如同秤锤，远远望去像是铁块，用手指一捻又会碎成土，可以将它收集起来冶炼锭铁。砂铁则埋于土内，破开表土就可以看到，需要淘洗后才能入炉冶炼。

冶铁：铁分为生铁与熟铁。用盐和泥砌成炼铁炉，将铁矿土装入炉内，用硬木柴或者煤炭架起，以风箱鼓风熔炼，一定时间后即可熔化成铁水。铁水通过炉腰的孔流入型模，冷凝后得到的就是生铁。若将铁水引入方塘，向其中撒入污潮泥，并用柳棍迅速搅拌炒制则可获得熟铁。

炼钢：将熟铁打成薄片，与生铁扎成束，放入熔炉内，一段时间后，生铁化成铁水淋到熟铁中，取出后反复锤打即可得到钢。

五、名篇佳句

1. 工欲善其事，必先利其器。——《论语·卫灵公》

【赏析】这句话强调了工匠要想做好工作，必须先使工具锋利，也体现了古代工匠对工具的重视和追求。

2. 知者创物，巧者述之，守之世，谓之工。百工之事，皆圣人之作也。——《考工记》

【赏析】这句话赞扬了工匠们的创新精神和对技艺的传承，同时强调了工匠技艺与圣人智慧的紧密联系。

六、体验与实践

1. 请你谈谈工匠精神的内涵。
2. 请你拍摄一个关于本土"工匠"故事的微视频。
3. 请你以"大国工匠"为主题撰写一篇不少于800字的演讲稿。

单元二

古代四大发明

一、导语

我国是世界四大文明古国之一，中华民族有着悠久的历史和灿烂的文化，为人类文明进步作出了巨大贡献。中国古代四大发明包括造纸术、指南针、火药、印刷术，它们是中华文化的瑰宝，凝结了古代中国人民的智慧，是中国古代劳动人民的重要创造。四种发明对中国古代的政治、经济、文化的发展产生了巨大的推动作用，也对世界文明发展史产生巨大影响。

19 世纪以后，马克思和恩格斯从社会发展的高度来论述中国古代发明对欧洲社会的作用。马克思在《机器、自然力和科学的运用》中写道："火药、指南针、印刷术——这是预告资产阶级社会到来的三大发明。"恩格斯则在《德国农民战争》中明确指出："一系列或多或少具有重要意义的发明大大促进了手工业的发展，其中具有光辉历史意义的是火药和印刷术的发明。"

二、概述

中华文明源远流长，博大精深，至今已有 5000 多年的历史。历史告诉我们，中国古代的四大发明则推动了世界历史的进步，推动了人类文明的新发展：中国印刷术的发明及其在欧洲的传播促进了文艺复兴、宗教改革和资本主义的兴起；火药则在中世纪结束时帮助动摇了欧洲封建制度；指南针使欧洲的航海者发现了美洲新大陆，从而极大地改变了欧洲人的生活；造纸术则使欧洲的思想界发生了天翻地覆的变化。

总的说来，中华民族在长期的实践过程中形成了自身鲜明的民族性格，即吃苦耐劳、热爱和平及强烈的创新意识。中国人民无上的智慧与创新的能力创造了诸多世界奇迹，造纸术、印刷术、火药和指南针等四大发明就是其中的典型代表，对中国和世界的文明，都起到了巨大的推动作用。

三、走进中国古代四大发明

（一）造纸术

1. 造纸术

造纸术是中国古代四大发明之一，其起源可以追溯到西汉时期，但真正得到改进并广泛应用是在东汉时期。宦官蔡伦总结了前人的经验，使用树皮、麻头、破布、旧渔网等植物纤维为原料造纸，使得纸的质量大大提高。这种纸原料易找，价格便宜，易于推广，因此逐渐取代了简帛，成为人们广泛使用的书写材料。蔡伦的造纸工艺包括原料处理、打浆、制浆、捞纸、干燥等工序。西汉时期出土的植物纤维纸，是蔡伦造纸的前身。东汉著名的造纸专家蔡伦通过到处寻访造纸所需要的原材料，慢慢扩大了造纸原料的范围，如树皮、碎布、破旧的渔网等。经过反复的试验、研制，蔡伦终于制造出了质量优良的纸张。后世就尊蔡伦为造纸的祖师，把他造的纸称为"蔡侯纸"。

造纸术是人类文明进步的重要标志，它以其独特的贡献，展示了中国古代人民的智慧和创造力。所以，造纸术的发明，不仅极大地推动了文化的传播和发展，还催生了出版业和印刷业的繁荣，使得知识能够更加广泛和快速地传播。同时，它也对经济、教育、文化交流和文字语言的发展产生了深远的影响。

2. 发展史

造纸术的发展史可谓源远流长，充满了古代中国人民的智慧与创新。从起源到成熟，再到广泛传播，每一个阶段都凝聚了无数匠人的心血和汗水。

最初的纸，人们尝试使用丝絮制成薄片，这种被称为"絮纸"，虽然粗糙且不适合书写，但却为后来的造纸术奠定了基础。

到了东汉时期，宦官蔡伦总结了前人的经验，对造纸术进行了重大的改进。他使用树皮、麻头、破布、旧渔网等植物纤维为原料，成功制造出了质量更好、更适合书写的纸。这种纸被称为"蔡侯纸"，它的出现标志着造纸术进入了一个新的阶段。

随着造纸术的逐渐成熟，纸张的质量也在不断提高。到了魏晋南北朝时期，造纸术获得了进一步的发展，不仅原料更加丰富，而且纸张的质量也有了显著的提升。此时的纸张已经能够满足书画艺术的特殊要求，成为了文人墨客喜爱的书写材料。

隋唐五代时期，造纸业得到了空前的繁荣。不仅纸张的原料得到进一步扩大，纸制品也开始普及了民间生活。此时的造纸区域已经遍及南北各地，造纸技术也取得了显著的进步。人们能够造出更大幅面的优质纸张，满足了社会各方面的需求。

宋元时期，造纸原料经历了新的开拓，竹纸和稻麦秆纸的发展标志着中国造纸史上的新纪元。这些新的原料不仅丰富了纸张的种类，也为造纸业的发展注入了新的活力。

明清时期，纸张的产量、质量、用途和产地都达到了前所未有的高度。此时的造纸技术已经相当成熟，各种不同类型的纸张应有尽有，满足了社会的各种需求。

随着造纸术的不断发展，它也逐渐传播到了世界各地。中国的造纸技术通过贸易、文化交流等途径传播到了中亚、西亚、欧洲等地，对世界各地的文化、教育、经济等方面都产生了深远的影响。

可见，造纸术的发展史是一部充满创新、智慧和进步的历史。它不仅推动了古代中国文化的繁荣和发展，也为世界文明的进步做出了巨大的贡献。

（二）指南针

指南针，古代叫司南，主要组成部分是一根装在轴上的磁针，磁针在天然地磁场的作用下可以自由转动并保持在磁子午线的切线方向上，磁针的南极指向地理南极（磁场北极），利用这一性能可以辨别方向。它常用于航海、大地测量、旅行及军事等方面。作为中国古代四大发明之一,它的发明对人类的科学技术和文明的发展,起到了无可估量的作用。在中国古代,指南针起先应用于祭祀、礼仪、军事、占卜时确定方位。

指南针的发展演变可以追溯到古代人们对磁性的观察和利用。在中国的方位文化中经历了从天文学方法定位再以磁学方法制成司南,最后由司南演变成指南针的三个阶段,随之而来的是测定方位技术的不断完善。以下是关于指南针发展演变的主要阶段。

1. 古代磁性的观察

在古代,人们观察到了某些石头具有吸引铁物的特性,即磁石。他们发现磁石具有指向北极的能力,并开始利用磁石指示方向,帮助他们在海上航行。

2. 司南的出现

司南是最早的磁性指向器。"司南"之称,始于战国,终止于唐代。战国时期,中国出现了最早的指南工具——司南。它由一个磁石制成,形状类似于勺子,可以自由旋转。当勺头指向南方时,磁性会使勺柄指向北方。虽然司南的精度和实用性受到一定限制,但它为后来的指南针发展奠定了基础。

3. 指南针的改进

在宋朝时期,中国的科学家们对指南针进行了改进,将磁石制成小小的磁针,并将其悬挂在一个支架上,这样可以更加准确地确定方向。这种改进后的指南针被称为磁石指南针。后来,磁石指南针传入阿拉伯地区,并由阿拉伯商人和航海家带到了欧洲,得到了广泛的应用,对航海事业产生了深远的影响。

4. 现代指南针的发展

随着科技的进步,指南针也得到了进一步的改进和应用。现代指南针不仅具有更高的精确度,还结合了电子技术,如电子指南针,广泛应用于航空、航海、探险等领域,成为现代导航的重要工具。

总之,指南针的发展演变是一个从简单到复杂、从粗略到精确的过程。它不仅反映了古代人们对磁性的深入理解和应用,也展示了人类科学技术的不断进步和发展。

(三)火药

1. 产生背景

火药的发明是人们长期炼丹、制药的实践结果,至今已有一千多年历史。唐朝末年,火药已被用于军事。唐哀帝天祐元年(公元904年),杨行密的军队围攻豫章,部将郑璠命令士兵"发机飞火",烧毁龙沙门,带领壮士突火先登入城。这里所说的"飞火",就是"火炮""火箭"之类。火炮是把火药制成环状,把吊线点燃后用抛石机抛掷出去;火箭则是把火药球缚于箭镞之下,将引线点燃后用弓射出。到了宋代,战争接连不断,促进火药武器的加速发展。北宋政府建立了火药作坊,先后制造了火药箭、火炮等以燃烧性能为主的武器和霹雳炮、震天雷等爆炸性较强的武器。南宋出现了以巨竹为筒,内装火药的突火枪。到了元代又出现铜铸火铳,称为铜将军。这些都是以火药的爆炸为推动力的武器,在战争中显示了前所未有的威力。

在 12、13 世纪，火药首先传入阿拉伯国家，然后传到欧洲乃至世界各地。火药对人类社会的文明进步，对经济和科学文化的发展，起了推动作用。

2. 应用范围

古代的火药主要是硝石、硫磺、木炭的混合物，其应用范围主要分为以下几类。

（1）国防军事

《宋史·兵志》记载，"又造突火枪，以巨竹为筒，内安子窠，如烧放焰绝，然后子窠发出如炮声，远闻百五十余步。"宋朝时期，宋军制造管状火器突火枪，内部装填火药，这无疑是火器发展中的重大进步。火药衍生出的各种军事武器，如炸弹、导弹、地雷等使得我国的国家安全得到保障。

（2）航空航天

火药可以作为火箭的推进剂，用于火箭燃料使用，使得火箭的推力更大。

（3）药用

因为古代硝石跟硫磺都是药物，所以才有"药"这一说，并且火药也曾被用作药物，像《本草纲目》就有记其能"消疮癣，杀虫，辟湿气、瘟疫"。

（4）娱乐

火药在娱乐表演上多用于制造烟火和鞭炮。《东京梦华录》就记载了宋代宫中放爆竹和烟花。

同时，火药在工业上广泛应用于采矿、筑路、兴修水利、工程爆破、金属加工等，还广泛应用于地震探查等科学技术领域，我国祖先发明的火药大大推进了世界历史的发展进程。

（四）印刷术

1. 产生背景

印刷术是中国古代人民经过长期实践和研究才发明的。自从汉朝发明纸以后，书写材料比起过去用的甲骨、简牍、金石和缣帛要轻便、经济多了，但是抄写书籍还是非常费工的，远远不能适应社会的需要。东汉末年的熹平年间（公元 172 年—公元 178 年），出现了摹印和拓印石碑的方法。大约在唐朝，人们从刻印章中得到启发，在人类历史上最早发明了雕版印刷术。雕版印刷是在一定厚度的平滑的木板上，粘贴上抄写工整的书稿，薄而近乎透明的稿纸正面和木板相贴，字就成了反体，笔画清晰可辨。雕刻工人用刻刀把版面没有字迹的部分削去，就成了字体凸出的阳文，和字体凹入的碑石阴文截然不同。印刷的时候，在凸起的字体上涂上墨汁，然后把纸覆在它的上面，轻轻拂拭纸背，字迹就留在纸上了。

到了宋朝，雕版印刷事业发展到全盛时期。雕版印刷对文化的传播起了重大作用，北宋发明家毕昇发明了活字印刷。他总结了历代雕版印刷的丰富的实践经验，经过反复试验，在宋仁宗庆历年间制成了胶泥活字，实行排版印刷，完成了印刷史上一项重大的革命。

2. 发明应用

中国的活字印刷起源于宋代，历代出现各种活字，包括木活字、陶土活字、陶瓷活字、铜活字等，但由于中国从宋代以来十分讲究印刷字体的美观性，加上印刷的书籍往往需要不同大小的字体，有的书籍还要配上插图，活字版不如雕版方便和易于保存，雕版印刷在古代中国始终占据主导位置。

南宋绍熙四年（公元 1193 年），大臣周必大用沈括在《梦溪笔谈》中记述的活字印刷法，用胶泥铜版印成《玉堂杂记》一书。

元成宗大德二年（公元 1298 年），安徽旌德县尹王祯，制造 3 万余木活字，排印 6 万余字《旌德县志》百部。

明神宗万历二年（公元 1574 年），铜活字排印《太平御览》1000 卷。明代用木活字排印的印刷物包括《璧水群英待问会元》《四友斋丛说》《唐诗类苑》等。明代铜活字本包括《宋诸臣奏议》《渭南文集》《石湖居士集》等。

清世宗雍正四年（公元 1726 年），内府用铜活字排印 64 套《古今图书集成》，共万余卷。清乾隆三十八年（1773 年），乾隆诏令制 25 万余木刻活字，排印 2416 卷《武英殿聚珍版丛书》。现存清代活字刊本还有《常州府志》《近台记闻》《红楼梦》《万历野获编》《续资治通鉴长编》《学海类编》《音学五书》等。

四、经典故事

故事 1

蔡侯纸

蔡伦名垂青史，为后世所敬仰，最本质的内因在于蔡侯纸的发明与传承。无论是崔寔等人编纂的《东观汉记·蔡伦传》，还是范晔撰写的《后汉书·蔡伦传》，两者均对蔡伦造纸一事作出过详尽记载。客观上，蔡伦造纸的原因是"自古书契多编以竹简，其用缣帛者谓之为纸。缣贵而简重，并不便于人"。蔡伦造纸的方式是"伦乃造意，用树肤、麻头及敝布、鱼网以为纸"。

蔡伦改良造纸术以前，纸张的生产效率极低，且价比金贵，使用范围仅限于上流贵族阶层。其时的文字书写普遍依附于竹简，但竹简沉重且不易携带，不利于文化传播和读书人使用。蔡伦以此为契机，凭借自身积累的专业知识，选用树皮、废旧麻布、渔网作为原材料，通过改进工艺流程，生产出的纸光洁度高、平滑性好，极大地提高了文字书写效率和便捷度。元兴元年（公元 105 年），蔡伦造纸一事被官方大加赞赏。汉和帝刘肇高度评价蔡伦造纸的成就，此后各地纷纷推广，天下咸称蔡侯纸。

故事 2

地图的传承与创新

印刷术的应用，使得地图的绘制摆脱了摹绘、抄写的随意性，为后世的学者提供了统一的、标准化的地图模型，由此地图的传承也有了统一的标准。后世也有一些作者以留存的地图为基础进行创新，即在旧地图的基础上通过添加新的内容或者进行大规模的修改来创作新的地图，由此推动了中国古地图的大规模发展。典型的例子是以明代罗洪先所绘《广舆图》中的"舆地总图"为基础，以创新的方式创作的三类新地图。

五、名篇佳句

1. 臣心一片磁针石，不指南方不肯休。——《扬子江》

【赏析】文天祥以"磁针石"比喻忠于宋朝的一片丹心，表明自己一定要战胜重重困难，回到南方，再兴义师，重整山河的决心。"臣心一片磁针石，不指南方不肯休"，表现了他不辞千难万险，赶到南方去保卫南宋政权的决心。

2. 会当凌绝顶，一览众山小。——《望岳》

【赏析】"会当"是唐人口语，意即"一定要"。如果把"会当"解作"应当"，便欠准确，神气索然。此句将众山的小和高大的泰山进行对比，表现出诗人不怕困难、敢于攀登绝顶、俯视一切的雄心和气概。

3. 丈夫为志，穷当益坚，老当益壮。——《后汉书·马援列传》

【赏析】此句充满着激励之情，君子立志不畏艰难和困苦，表现出顽强不屈的豪迈气概，体现出生命不息、奋斗不止的坚韧精神。

六、体验与实践

1. 请你谈谈中国古代四大发明对世界发展的影响。
2. 请你谈谈关于丝绸之路的历史故事。
3. 请制作一份以"文化自信"为主题的手抄报。

古代建筑技艺

一、导语

关于古经略台真武阁的传闻

民间有一个关于鲁班一夜造阁的民谣："容县有座真武阁，柱脚悬空永不落，相传圣手鲁班造，一夜工夫众人作。"这个民谣中的真武阁指的就是位于广西容县的一座神奇的三层阁楼——古经略台真武阁。它建于明代万历元年（公元1573年），至今已有450多年的历史。真武阁全阁楼采用榫卯结构，没有用一根铁钉，位于阁楼第二层的四根大内柱，承担上层楼板、梁架、配柱和阁瓦、脊饰的千钧重量，但神奇的是四根柱脚并不着地，悬在距离地面两三厘米的空中。中国古建筑学家梁思成先生曾到访真武阁，称真武阁乃中国古建筑奇迹。真武阁在建筑学上的"杰作"之处，在于巧妙地运用了"杠杆原理"，这样的建筑结构"像一把天平一样，是'活'的而不是'死'的，是动的而不是静的"。祖国大地上类似真武阁这样的古建筑比比皆是，它们展现了中华上下五千年的辉煌历史，也见证着劳动人民的智慧，是中华民族的骄傲。

二、概述

人类对建筑最原始的要求是源于实际需要，需要遮蔽风雨和避免毒蛇猛兽的侵害，所以最早的建筑就是一个安全的睡觉地方。但是随着生产工具的改进和生活水平的提高，人类对建筑的要求也在不断地提高和变化，对生活、学习、工作和娱乐等都采用了不同的建筑。中华民族五千年的沉淀与辉煌，造就了无数经典的古建筑，这些建筑不仅体现了中国古代人们的智慧和艺术，还融入了丰富的历史和文化内涵。梁思成先生曾说过："中国建筑之个性乃我民族之性格。"因此，中国传统建筑具有深厚的历史文化底蕴和独特的艺术魅力。它们不仅是居住和使用的空间，更是中国传统文化、哲学思想和审美观念的载体。

中国传统建筑丰富多样，从类型上看，包括宫殿、坛庙、寺观、佛塔、民居和园林建筑等，这些建筑类型各具特色，充分展现了中华民族在建筑艺术上的创造力和智慧。在文化内涵方面，中国传统建筑深受阴阳五行思想、尊重自然、贴近人性及艺术表现等理念的影响。这些理念贯穿在建筑的规划、设计、施工和装饰等各个环节，使得中国传统建筑既具有实用性，又富有审美价值。此外，中国传统建筑在材料、结构、装饰等方面也独具特色，木结构是中国传统建筑的主要特点之一，保留了建筑各个构件的原生材质，还能适应地震等自然灾害。屋顶形式也是中国传统建筑的重要特征，歇山顶、悬山顶等屋顶形式独具特色，而脊兽装饰则寓意着祥瑞和保护居住者。在装饰艺术方面，中国传统建筑同样展现了极高的艺术成就。雕花、彩绘、砖雕、木雕和壁画等装饰手法丰富多样，使得建筑更加美观和富有内涵。中国古代的建筑见证了中华民族的发展历程，有着鲜明的地域性与民族性，体现了中华民族的聪明才智，成为了中华民族传统文化的重要组成部分。

三、探寻中国古代建筑的类型及技艺

中国古代建筑类型丰富多样，从最早的穴居、巢居，到后来的宫殿、庙宇、园林、民居等建筑，每一座建筑都有其独特的风格与鲜明的特点，同时在建筑的结构和布局上，也融入了许多独特的文化元素。

（一）宫殿建筑

早在商周时期，中国就开始有了宫殿建筑，当时还处于奴隶社会，生产力比较低下，所以宫殿建筑并不十分讲究。商代宫殿的遗址位于河南安阳市，在安阳的殷墟博物馆，可以看到商代的宫殿具有"茅茨土阶"的特点。在古代，还没有用木材建造房屋的时候，人们就用茅草堆砌成屋顶，把素土夯实成高高的方方的高台，再在其上建筑。到了周代，宫殿建筑体现了"尊王论道"的思想，注重规模宏大、富丽堂皇的建筑风格。周代宫殿通常坐落在广阔的园林之中，以宏伟的门楼为入口。进入宫殿内部，可以看到宽敞而高大的大殿，大殿中央通常会竖立有王座，周围有供奉神像的神龛。宫殿还采用了飞檐斗拱、宝顶翘角等装饰，使得宫殿显得神秘和庄严。秦代、汉代时，生产力有了发展。宫殿的建筑规模宏大，使用了多种材料，如砖、石、木等，装饰精美。宫殿内部设有殿堂、厢房、阁楼、花园等多种空间，宫殿的布局一般呈现正方形或长方形，以严肃而庄重的形式展现。主殿往往位于中心，周边围绕着内院、外院和附属建筑，形成完整而有序的结构，这种布局体现了当时政治制度的严密和中央集权的特点。

唐代是中国古代社会建造的鼎盛时期，在长安城外的大明宫是一组规模很大的建筑群，主要建筑沿着中央轴线布置。其中的主殿称为含元殿，建造在一个地势略高的台地上，前面有很长的坡道直达殿前。主殿的两侧还有向前延伸的配殿，形成三面环抱的格局，气魄雄伟，反映了唐代强盛的国力。在规划严整的长安城内，宫殿建筑集中在宫城和皇城，位于城市的北部。宋代迁都到河南开封后，宫城居于都城的中心区域。宫城内主要宫殿也是沿着中央轴线布置，城的四面设有城门，四角建有角楼。13世纪，元朝统一中国后，在大都城建造了规模很大的宫殿建筑群，宫殿建筑组成的皇城位于全城的中心。

从历代皇朝的宫殿建筑上，我们可以总结出以下特点：第一，建筑材料方面，宫殿多采用天然石材、木材和砖瓦等。其中，优质的木材（如紫檀木）常被用于贵重的建筑构件和家具中。这些材料不仅坚固耐用，而且具有良好的装饰效果，能够彰显宫殿的华丽与尊贵。第二，建筑布局方面，宫殿建筑通常遵循中轴线对称的布局方式，主体结构和景观元素在中轴线上呈现对称的形式，注重层次感和空间布局，通过设置不同高度的台阶、建筑物和亭台楼阁等，形成丰富的层次感，以追求整体的和谐与统一。第三，功能分区方面，宫殿通常分为前朝和后寝两部分。前朝是皇帝办公、处理政务、举行大典的地方，后寝则是皇帝和后妃们生活居住的区域，这种布局方式既满足了皇帝的政治需求，也保证了其生活的私密性和舒适性。这种"前朝后寝"的形式已经成为一种固定的格式，为历代皇朝所沿用。

（二）园林建筑

商代的"苑"是中国园林的雏形，苑是选择一块山林之地，在里面放养一些野兽，专供帝王狩猎行乐。到了魏晋南北朝时期，连年战争使一些文人士大夫远离世事，崇尚玄理，喜好清谈。他们隐逸江湖，寄情山水，这就兴起和发展了追求自然情趣的山水园林。这个时期可以说是中国山水园林的奠基时期。随着时代的变化，国家相对安定，经济得到发展，文化上诗文、绘画、工艺都呈现出繁荣景象，建筑更是得到大规模的发展，从贵族到平民，造园的地区和规模都显著扩大，至今给我们留下了不少著名的园林，使我们能够亲身领略到古代园林的风采。

1. 皇家园林

至今举世无双的皇家园林当属圆明园和颐和园。

圆明园始建于清康熙年间，完成于乾隆时期。圆明园有三个特点。其一，圆明园是平地造园，以水为主。其小型水面数量多，山前房后，再加一塘清水；中型水面长宽二三百米，形成湖面，隔湖观赏对岸景色；大型的水面如福海，宽达 600 米，处在全园的中心，湖中建有众多岛屿，还有循环回流不断的小溪小河，像纽带一样，将大小水面串联成一个完整的水系，形成了特色鲜明的水景园林。其二，圆明园是园中造园的布局。它是用小型园林布满全园的，小园或是以建筑为中心，配以山水树木，点缀各式建筑，围以墙垣，形成一个个既独立又相互联系的小园。其三，圆明园的建筑形式多种多样，极富变化。屋顶灵活地采用歇山、庑殿、硬山、卷棚、悬山等，建筑平面除正方体和长方形外，还有工字、田字、井字、口字、曲尺、扇面等多种形状；亭子有四角、八角、圆形、十字形、六角形等，还有特殊的"流水亭"；廊子也有直廊、曲廊、爬山廊和高低跌落廊等多种样式。

2. 私家园林

南方私家园林主要集中在今天的江苏、浙江一带，尤其是苏州、扬州、杭州等城市。江南一带，江流纵横，河网密布，水源丰富。在园林堆山方面，除土以外，不可缺石，江浙地区的黄石和湖石历来为堆山的上品。同时江浙地区属温带气候，冬季无严寒，空气湿度大，适宜生长常青树木，植物花卉品种多，这些都给造园提供了充分的条件。下面以苏州园林为例，介绍私家园林。

苏州园林是中国古典园林建筑的杰出代表，在建筑艺术中独树一帜。它以私家园林为主，其中沧浪亭、狮子林、拙政园和留园并称苏州四大名园，代表着宋、元、明、清四个朝代的艺术风格。苏州园林注重淡雅幽静，景致通常小而精致。通过借景、对景等手法，使得园林空间层次丰富，达到小中见大的艺术风格。园内布局自然，建筑和装饰都追求秀丽庄重，营造出一种淡雅幽静的氛围。园林图景模仿自然，以自然山水为主题，因地制宜地利用人工去仿造自然景致，通过堆叠山石形成假山，洼地挖池，引水入园，再配合亭台楼阁、花草树木等形成优美的园林景观，体现出诗情画意的造园艺术。园中把古代建筑、绘画、书法、诗文等艺术手法综合在一起，使得景中有诗，诗中有画，充满了浓郁的文化气息。

（三）民居建筑

民居建筑是在各类建筑中出现最早、数量最多的类型。我国比较典型的民居有北京的四合院、陕西的窑洞，还有江南水乡依水而建的民居、广西的"杆栏式"、福建一带的土楼、傣族的竹楼等。

四合院是北方最基本的住宅形式，其中以北京的四合院最为典型。四合院一般由几幢单体建筑组成，分别放在东南西北四面，主要建筑是正房，坐北朝南；两边东西向的房屋是厢房；建筑之间用廊子连接组成一个方形院落，所以称为四合院。四合院的正房为主人房，东西厢房为儿女辈使用，前院可供客人使用，后罩房一般作为库房、厨房，有时在正房两侧加建称为耳房的小屋，用作厨房或者厕所。

窑洞通常依山而建，通常选择合适的土质、方向，通过堑面掘洞建造。在建造时窑体垂直崖壁，顶部呈半圆形或抛物线形，可以并列 3～5 孔，或各自开门，或在侧壁开通道形成套间。窑洞一般为拱顶，这种设计不仅保证了稳固性，还使窑洞在结构上具有良好的承重能力，窑洞的材料主要取自当地的土壤，如红胶土、白胶土、黑垆土和黄绵土等。由于其特殊的结构和材料，窑洞具有冬暖夏凉的特点。在寒冷的冬季，窑洞内的温度可以保持在较高的水平，而在炎热的夏季，由于土壤具有良好的保温性能，窑洞内又能保持凉爽。此外，窑洞还具有造价低廉、防火防震等优点，使得它成为许多地区居民的理想住所。

土楼是以土为主要建筑材料建造的集体建筑，其规模宏大，形状丰富多样，包括圆形、方形、半圆形、四角形、五角形、交椅形、畚箕形等。楼的结构布局非常巧妙，尤其是圆楼，它们通常以一个圆心出发，依照不同的半径，一层层向外展开，如同湖中的水波，环环相套，其最中心处为家族祠院，向外依次为祖堂、围廊，最外一环则用于居住。土楼不仅是居住空间，更是家族聚居地，蕴含着深厚的文化内涵。同姓家族聚族而居，代代相传，体现了血缘凝聚力和家族伦理制度。在土楼的建造过程中，也融入了天人合一的哲学理念等。

竹楼，顾名思义就是以竹子为建筑主要材料所造的楼。竹子具有坚固耐用、冬暖夏凉的特点，其耐腐性、吸水性及低导热性使得竹楼能够在各种环境中保持良好的使用状态。竹楼在结构上分为楼体、屋架和楼层板三部分。楼体由立柱和横梁构成，屋架则由木制或石制的柱子支撑，用木杆和麻绳等材料连接以承受屋顶荷载，楼层板则作为围护部分。这种结构设计不仅稳固，而且赋予了竹楼独特的形态。竹楼的建造过程不使用水泥石灰之类的黏合剂，而是采用火蒸法、刨花法和涂漆法等技术，将材料烘烤、锯截、刨光和涂漆，使其达到理想的形状和效果。同时，竹楼的四方形设计和四面通风的特点，使其在夏天凉爽，冬天暖和。竹楼的网格结构设计也增强了其稳定性和强度，使其能够经受自然灾害的考验。

（四）坛庙建筑

坛庙建筑是中华民族祭祀天地、日月山川、祖先社稷的建筑，充分体现了中华民族文化的特点。它们源于祭祀，出现的时间大约在旧石器后期。坛庙建筑主要有三类：第一类是祭祀自然神的，如天坛、地坛、日坛、月坛、先农坛、社稷坛等；第二类是祭祀祖先的，如太庙、祠堂或家庙；第三类则是先贤祠庙，如孔庙、关公庙、武侯祠等。在建筑形式上，坛庙建筑的布局与构建原构与宫殿建筑一致，但建筑体制略有简化，色彩上也不能多用金黄色。例如，天坛的主要建筑圜丘与祈年殿，在设计和构建上都充分运用了象征手法。圜丘是皇帝举行祭天大典的场所，又称祭天坛。圜丘坐北朝南，其所用石料数目，都与"九"有关，以应"九重天"，强调天的至高无上的地位。

四、经典故事

故事 1

探索岳阳楼的背后故事——范仲淹的家国情怀

范仲淹从小勤奋刻苦，并怀有远大志向，做秀才时，就"以天下为己任"。终于，27岁的范仲淹考中进士，并被授以正九品的官职。后来北宋进入了内忧外患的一段时期，内部阶级矛盾日益突出，外部则面临着契丹和西夏的威胁。为了巩固政权，改善这一困境，以范仲淹为首的政治集团开始进行改革，史称"庆历新政"。然而，这一改革并未取得预期的成功，范仲淹因得罪了宰相吕夷简而被贬谪。滕子京和范仲淹是同年进士，也是好友，但由于滕子京才华出众，被权贵所嫉，贬谪到岳阳做太守，适逢岳阳楼重修，他为范仲淹送去了一幅《洞庭晚秋图》，并邀请范仲淹为岳阳楼作记。《洞庭晚秋图》画中的洞庭湖烟波浩渺，远处的堤岸芳草遍野，一座写着"岳阳楼"三个字的建筑矗立在那里。范仲淹凭借着此画和丰富的想象力，写下了千古名篇《岳阳楼记》。《岳阳楼记》不仅描绘了岳阳楼的壮丽景色，更抒发了作者深沉的人生感悟，承载了范仲淹对家国的思考和感悟，见证了范仲淹的忧国忧民和才华横溢。

那范仲淹笔下的岳阳楼真实中的面貌是什么样的呢？岳阳楼始建于东汉建安二十年（公元 215 年），历经多次修缮，现存建筑沿袭清光绪六年（公元 1880 年）重建时的形制与格局。因其历史悠久和文化底蕴深厚，岳阳楼被誉为"洞庭天下水，岳阳天下楼"，与黄鹤楼、滕王阁并称为"江南三大名楼"，是"中国十大历史文化名楼"、古代四大名楼之一，世称"天下第一楼"。它以木材、砖瓦为主要建筑材料，采用木构架结构，体现了古代建筑的独特韵味。其主体建筑由楼阁、亭台、廊道等组成，错落有致地分布在水池周围，给人一种优雅而宁静的感觉。楼阁为三层，屋顶呈歇山式，檐角飞翘，线条流畅，呈现出一种稳重而典雅的风格。岳阳楼地理位置优越，位于湖南省岳阳市岳阳楼区洞庭北路，地处岳阳古城西门城墙之上，紧靠洞庭湖畔，下瞰洞庭，前望君山。这种独特的地理位置使得岳阳楼成为了观赏洞庭湖美景的绝佳地点，每当远眺洞庭湖，感受湖光山色的壮丽景色，都令人心旷神怡。岳阳楼既是湖湘文化的象征，也是中国古代文化的瑰宝之一。楼内保存了大量的历史文物和文献，这些文物和文献反映了中国古代文化的博大精深。此外，岳阳楼还与许多文人墨客有着密切的联系，他们在此留下了大量的诗词和书画作品，进一步丰富了岳阳楼的文化内涵。

故事 2

古人发明的"黑科技"——榫卯结构

1973 年，考古学家在距离宁波市区约 20 千米的余姚市河姆渡镇发现了距今六七千年的新石器文化遗址，人们称之为河姆渡遗址。在遗址中人们发现了大量榫卯结构的木质构件，古人用凿、斧、锯、尺等工具，把一块或者多块木板不用一颗钉子，就能够把它们天衣无缝地衔接在一起。榫卯结构中凸出来的部分称为"榫"，凹进去的部分叫作"卯"。我国古建筑以木材、砖瓦为主要建筑材料，以木构架结构为主要的结构方式，由立柱、横梁、顺檩等主要构件建造而成，各个构件之间的结点以榫卯相吻合，构成富有弹性的框架，榫卯结构应用于房屋建筑后，虽然每个构件都比较单薄，但是它整体上能承受巨大的压力，这种结构不在于个体的强大，而是互相结合，互相支撑，这种结构成了后代建筑和中式家具的基本模式。榫卯工艺堪称一绝，不仅外形精致唯美，而且遵循力学原理，实用性强，经久耐用。这一工艺充满了中国古人"阴阳互补，盈亏共生"的智慧。我国榫卯结构建筑的典型代表作为：紫禁城，天坛祈年殿，大观园，山西悬空寺，应县木塔等。

故事 3

百年巨匠——梁思成先生

1949 年 10 月，中华人民共和国中央人民政府成立后，在清华大学成立了以系主任梁思成先生为首的国徽设计小组。最后的定稿图就是以清华大学设计组的方案为主。国徽采用金红两色，富有中国特色。红的底色配上五颗金星，正是一面布满天空的五星红旗，这是国徽主题的最大创意。后来，梁思成先生还参与了人民英雄纪念碑的设计工作。最后的方案是梁思成先生制定的，他设计形成了纪念碑的雏形。

梁思成先生有一双巧手，擅长画画，会缝补衣服。他 20 多岁时去美国读书，觉得学建筑很适合自己。他读书很勤奋，常常沉迷于藏书丰富的图书馆看书画图。有时候中国留学生外出郊游，无论怎么游说，他都不去，说要画图。当时，哈佛大学图书馆是世界上藏书最多、规模最大的大学图书馆。在那里，梁思成除了阅读大量的西方建筑书籍，还四处寻找有关建筑的中文书籍，然而每次都失望而归，因为这方面的藏书太少了。

回国后梁思成先生觉得，中国有着不计其数的宫殿、庙宇、塔楼、园林，却没有人进行系统研究和整理，也没有一部建筑史，实在是一大缺憾。因此，他立志研究中国的古典建筑。他决定从事古建筑研究之后，就开始有计划、有系统地调查、拍摄、测绘我国的古建筑，进行"抢救"。调查工作一点也不轻松，很大一部分时间，梁思成的工作不仅惊险，而且艰辛，经常佝偻着身子进入古建筑里面、爬到房梁上长时间仰头测量，而古建筑里面往往满是蝙蝠、虫子，环境十分恶劣。

佛官寺释迦塔，又称应县木塔。它是世界上现存最高大、最古老的纯木结构楼阁式建筑，与意大利比萨斜塔、巴黎埃菲尔铁塔并称"世界三大奇塔"。

1933 年 9 月中旬，山西省应县木塔来了一群"不速之客"，其中最兴奋的是梁思成。梁思成在木塔前后左右、里里外外高兴地走来走去，然后蹬腿一爬，抓着铁链子，三两下就爬到木塔的顶端，不顾一切地开始进行测绘。在测量木塔时，突然天响惊雷，梁思成猝

中华传统文化

不及防，差一点在高空中松开手中紧握的铁链掉下来。测绘完毕，梁思成不由自主感叹："这塔真是一件独一无二的伟大作品。"

于是，建于 11 世纪的应县木塔神秘的面纱被揭开了。

20 世纪的中国，几乎没有建筑师这个职业，学校里也没有这样的专业。1928 年，梁思成从美国毕业，一回国就投身于我国的建筑教育事业，在沈阳的东北大学创办建筑学系并任教。这是中国现代教育史上第一个建筑学系。1946 年，他又在清华大学创办了建筑学系。大学里建筑学系的开设，为我国培养了一批又一批这方面的人才。抗战时期，为了保护在各地调研考察收集得到的资料，梁思成把近 2000 张手绘的图册存放到天津某银行地下室。可是没想到，天津某日暴雨成灾，他精心保存的资料几乎全被毁掉，他因此大哭一场。资料被毁，梁思成先生只好重新整理资料，重新绘画考察过的古建筑。因工作量大，梁思成先生常常需要在晚上赶图、赶稿子。他身体很差，背脊椎软组织硬化，常年要靠穿着用棉布缠裹的"铁马甲"支撑身体。有时候，他被颈椎病折磨得抬不起头，就在画板上放一个小花瓶撑住下巴，绘制精美的插图。那时家里没有电灯，他只能在菜籽油灯下，艰难地完成了我国第一部《中国建筑史》和英文版《图像中国建筑史》的图文资料。

五、名篇佳句

1. 五步一楼，十步一阁；廊腰缦回，檐牙高啄；各抱地势，钩心斗角。——唐·杜牧《阿房宫赋》

【赏析】这句诗描绘了古代建筑的宏伟与精巧，通过"五步一楼，十步一阁"展现了建筑的密集与规模，而"廊腰缦回，檐牙高啄"则形象地描绘了建筑的曲线美与动感。

2. 层峦耸翠，上出重霄；飞阁流丹，下临无地。——唐·王勃《滕王阁序》

【赏析】这句诗以夸张的手法描绘了滕王阁的高耸与雄伟，通过"层峦耸翠，上出重霄"和"飞阁流丹，下临无地"的描绘，展现了古代建筑的雄伟气势与超凡脱俗之美。

3. 小阁重帘有燕过，晚花红片落庭莎。——宋·晏殊《浣溪沙·小阁重帘有燕过》

【赏析】这句诗以细腻的笔触描绘了古代建筑周围的自然环境。楼阁侧畔，帘幕之外，燕子飞过。诗人通过对自然与建筑的和谐描绘，展现了古代建筑的宁静与优雅。

六、体验与实践

1. 请你谈谈你的家乡有哪些传统建筑。
2. 请你说说我国传统建筑的种类，谈谈你最喜欢的传统建筑及其原因。
3. 请制作一份以"家乡传统建筑"为主题的手抄报。

单元四

古代陶瓷技艺

一、导语

中国叫 China 的由来

大家知道 China 这个英文除了是表示中国的意思，还有什么别的意思吗？China 这个词除了表示我们中国，还用来表示中国的瓷器。其实中国的英文名来源有很多种，其中一种较为主流的说法是"China"一词源于瓷器一词。在东汉时期，古人就在昌南（今江西景德镇）建造窑坊，烧制陶瓷。到了唐朝，青白瓷晶莹温润，有假玉器的美称，并大量出口欧洲。在欧洲，昌南瓷器是十分受人珍爱的贵重物品，欧洲人就以昌南作为瓷器 china 和生产瓷器的中国 China 的代称。还有一种说法是，景德镇在宋代以前叫昌南镇，在宋真宗景德元年因为烧制出了非常精美的青白瓷，所以宋真宗改昌南镇为景德镇。在唐代就能烧制精美的瓷器，而外国人见到这种瓷器如此精美，简直不敢相信，所以称"昌南"，音译后英文就变成了"china"，所以 China 即瓷器之国。

由此可见，我国作为陶瓷之乡，拥有悠久的陶瓷制作历史，通过陶瓷承载的历史信息，可以更加深入了解中华文明的历史和文化内涵。

二、概述

古代陶瓷技艺是中国古代文化的重要组成部分，其历史可追溯至数千年前。这些技艺不仅体现了古人的智慧和艺术创造力，也为我们留下了丰富多样的陶瓷艺术品。传统陶瓷技艺涉及多个环节，包括原料的选取、成型、装饰和烧制等。

原料方面，陶瓷主要使用黏土和瓷石、高岭土等自然材料。黏土是陶器制作的基础，如白陶土、赤陶土、黑陶土等。而瓷器的原材料是石英或者高岭土，它们都属于硅铝酸盐类矿物，主要成分都是硅氧化物和铝氧化物，能够提高陶瓷的质地和光泽度。

在成型环节，传统陶瓷技艺采用了多种制作方法，如拉坯成型、注浆成型和塑型等。拉坯成型是通过手工将黏土拉延成所需形状的技艺，而注浆成型则是利用石膏或其他铸模，将泥浆注入其中形成陶瓷坯体。塑型则是用手或工具对黏土进行塑造，形成各种形状的陶瓷器。

装饰是陶瓷制作中的重要环节，包括刀坯刻花、釉上绘画等多种技法。刀坯刻花是在陶瓷坯体上雕刻出各种花纹或图案，以增加其审美和艺术价值。釉上绘画则是在陶瓷表面施以色彩和纹饰，形成丰富多彩的图案。

最后，烧制是陶瓷制作中的关键步骤。经过精细的装饰和上釉后，陶瓷器会被放入窑中进行高温烧制。这个过程使陶瓷变得坚硬、通体如玉，具有独特的光泽和质感。

除了以上提到的技艺，传统陶瓷制作还涉及其他辅助工艺和技巧，如选泥、过浆、揉泥、制坯、刻花、上釉、熏窑、闭窑和检验等。这些技艺和环节的完美结合，使得中国传统陶瓷技艺达到了极高的艺术水平。此外，不同地区的陶瓷技艺也各具特色，形成了丰富多彩的陶瓷艺术风格。例如，宋代的青瓷、白瓷和黑瓷以其独特的釉色和造型成为中国陶瓷工艺的杰作；明清时期的瓷窑则以其精美的装饰和细腻的质地著称。

总的来说，传统陶瓷技艺是中国古代文化的瑰宝，其独特的魅力和艺术价值使得陶瓷艺术品成为收藏家和艺术爱好者的珍品。这些技艺的传承和发展不仅有助于我们了解和欣赏古代文化，也为现代陶瓷艺术的发展提供了宝贵的启示和借鉴。

三、走进古老的陶瓷制作技艺

（一）陶瓷的发展过程

旧石器时代，人类利用自然界提供的石块打制工具，也利用植物茎蔓枝条等原始材料，编制简单的生活用品。这些简单的工具和制品，为我们揭开了早期手工艺劳作的序幕。从新石器时代早期烧造最原始的陶器开始，到发明瓷器并普遍应用，技术和艺术都在不断进步。

新石器时代，人类掌握了生火的技能后，偶然间发现在优质的黏土上烧火，黏土会变得坚硬，这就是陶瓷的起源。自此以后人们开始使用由黏土制成的陶器，主要通过自然干燥或简单的烧制工艺完成。这些陶器主要用于贮存食物和水，满足人类基本生活需求。

到了商代，随着人类文明的进步，陶器的制作工艺、造型、纹饰、用途逐渐发展，人们开始使用陶轮来制作陶器，使得陶器的形状更加规整。同时，釉料的制作和应用也被探索出来，使得陶瓷表面具有光滑的质感，并增加了装饰性。商代陶器种类繁多，包括鼎、豆、壶、罐、盘、碗、瓶等，其中许多器物的形状模仿了同时期的青铜器。这些陶器的制作技术虽然相对落后，但器物的表面处理和装饰却具有鲜明的商代特色。纹饰主要以几何图案、动物图案、人物图案等为主，尤其是几何纹饰，具有浓郁的宗教色彩和商代文化特色。

在色彩上，商代陶器一般为灰、黑、红等色调，其中以灰色陶器最为常见。这些颜色是由不同的烧制工艺和材料决定的，反映了当时人们对色彩运用的独特审美。在制作工艺方面，商朝陶瓷工艺主要分为手工成型和轮盘成型两种。手工成型是最早的一种陶器成型工艺，制作流程相对简单，而轮盘成型则更为复杂，通过旋转的轮盘和手的配合来成型，使得陶器的几何形状更加规整，提高了生产效率。

两汉时期，釉陶大量替代铜制日用品，从而使陶器得到迅速发展。

魏晋时期，这一阶段不仅继承了前代的陶瓷工艺，还在技术和艺术上有所创新，成功实现了用高火度烧制胎质坚实的瓷器，为后来的陶瓷艺术发展奠定了基础。魏晋时期的陶瓷在胎质和釉色方面有着显著的特点，其胎质通常白中泛灰，釉层较薄，釉色淡青且透明度高，有时会出现细小开片，易脱落。青釉是这一时期的特色釉，代表了青瓷系统的典型风格，与北方地区的白瓷形成了鲜明的对比。同时，褐彩也被广泛用于装饰瓷器，不仅打破了单一的青釉色彩，还为瓷器增添了活泼的气息。在器型方面也十分丰富。圆器多采用拉坯成型法，而琢器则使用模印、镂雕、捏塑等多种方法制作，所制成的器物造型规整，胎体薄厚一致，具有鲜明的时代特色。例如，把杯、熏炉等，不仅样式优美，而且经济实用，充分体现了艺术之美。在装饰手法上，其装饰多沿用汉代传统纹饰，如弦纹、水波纹、叶脉纹等，同时也有创新，如印纹、划花、堆贴等技法在瓷器装饰中广泛应用。

到了唐代，陶瓷工艺得到了极大的发展，特别是在青瓷和白瓷方面，取得了显著的成就。越窑的青瓷和邢窑的白瓷，成为了当时最为著名的瓷窑，所生产的瓷器品质上乘，广受赞誉。此外，唐代还创烧了成熟的黑、黄、花瓷，以及中外闻名的唐三彩和釉下彩，极大地丰富了陶瓷的色彩和装饰手法。唐代陶瓷的器型多样，从碗、盘、壶、罐、瓶等日常生活用品，到瓷砚等文具用品，应有尽有。这些陶瓷器的造型往往给人一种浑圆丰满稳重的感觉，体现了唐代文化的开放与包容。同时，唐代陶瓷的装饰手法也独具特色，如刻划花、模印贴花、釉下彩等技术的运用，使得陶瓷器的装饰效果更加丰富多彩。

宋代的陶瓷艺术得到了蓬勃发展，并开始向欧洲及南洋诸国大量输出。以钧、汝、官、哥、定等窑为代表的众多名窑兴起，产品的色品种日趋丰富。宋代陶瓷在造型上，追求古朴厚重，风格古雅典雅，许多作品崇尚自然，以山水、花卉、动物等为主题，强调细节表现和造型的平衡美；在色彩上，宋代陶瓷釉色鲜艳，品种繁多。青瓷、白瓷、黑瓷等都是宋代陶瓷的代表，其中青瓷尤为著名。例如，官窑青瓷质量较高，而民窑青瓷则种类繁多，各有特色。钧窑青瓷釉色浓艳多变，具有很高的艺术价值。白瓷则如临安白瓷、邢窑白瓷等，釉色洁白如玉，极富观赏价值；在器形上，宋代陶瓷器形多样，不仅有常见的葫芦、瓶、碗、盘等器物，还有各种动植物、像人像物的造型。这些陶瓷器不仅具有实用性，更体现了宋代人民对生活的热爱和对艺术的追求；在工艺上，宋代陶瓷采用高岭土作为主要原料，经过多次烧制，以达到最佳效果，其独特的釉料配方和分段式烧制技术，使得瓷器具有更高的透明度和坚韧性。同时，宋代陶瓷的雕刻技术也十分精湛，常常使用刻画、浮雕、雕刻等技法，刻画出精美的花纹和图案。

明清时期，陶瓷在制坯、装饰、施釉到烧成等方面，实现了更为显著的飞跃和创新，形成了独特而丰富的艺术风格和特点。在明代，陶瓷工艺达到了新的高峰，特别是青花瓷的烧制工艺，堪称中国青花瓷发展的顶峰。景德镇的瓷器以青花为主，其色泽青翠艳丽，层次分明，线条流畅，具有极高的艺术价值。此外，明代陶瓷的器型多样，胎体厚重，釉面肥厚滋润，装饰图案丰富多样，包括人物、故事、山水、花鸟、诗文等题材，展现出前所未有的艺术风貌。在清代，陶瓷艺术继续发展并创新。青花瓷仍然是瓷器中的主要产品，同时，康熙时期又创新了珐琅彩、粉彩和釉下三彩等新品种，使得陶瓷色彩更为丰富多样。此外，清代瓷器的装饰艺术纹饰、内容、手法也更为多样，既有传统的吉祥如意图案，也有反映当时社会生活的各种场景。乾隆时期的瓷器更是以其精湛的工艺和丰富的文化内涵，成为清代陶瓷艺术的代表。

随着科技的进步，近代陶瓷工艺得到了显著的改进和创新。新的工艺技术和材料的引入，使得陶瓷作品在造型、色彩、质感等方面都有了新的突破。例如，现代陶瓷制作中广泛使用的电窑、气窑等新型烧制设备，使得陶瓷的烧制过程更为精确和高效。同时，近代陶瓷艺术风格多样，既有对传统风格的继承和发展，也有对现代艺术的借鉴和创新。许多陶瓷艺术家在创作过程中，融入了现代设计理念，创作出具有现代感和时尚感的作品。同时，一些艺术家也致力于挖掘传统文化的精髓，创作出具有民族特色和地域特色的陶瓷作品。总的来说，近代陶瓷艺术在继承传统的基础上，不断追求创新与发展，形成了丰富多彩的艺术风格和特色。这些作品不仅展示了陶瓷艺术的魅力，也为人们提供了欣赏和收藏的艺术佳品。

（二）陶器与瓷器

人们经常说陶瓷，其实陶是陶，瓷是瓷，他们在本质上是有区别的，在古代皇家用瓷，而老百姓只能用陶。那陶和瓷究竟有哪些区别呢？

1. 原料不同：陶器的原料主要是黏土，对取材没有特定要求。而瓷器则必须使用瓷土或者高岭土，作为制坯的主要原料。

2. 烧制温度不同：陶器的烧制温度通常在700～1100摄氏度，如果温度过高，陶器可能会部分熔化成玻璃质。相比之下，瓷器的烧制温度要高得多，通常在1200摄氏度以上，有时甚至达到1280～1400摄氏度。

3. 硬度不同：由于烧制温度的差异，陶器的坯体并未完全烧结，胎体硬度较差，甚至可以用钢刀划出沟痕。而瓷器则由于高温烧制，其胎体基本烧结，硬度较高，用一般钢刀很难在表面划出沟痕。

4. 透明度不同：陶器无论其坯体厚薄，都不具备半透明的特点。然而，瓷器无论其胎体厚薄，都具备半透明的特性，有些甚至能达到"白如纸，明如镜，声如磬"的效果。

5. 密度不同：陶器密度低，透气性比较好，吸水性较强，制成的茶壶很适合泡有年份的茶；瓷器密度高，制成的茶杯能更好地散发茶叶的香气，呈现茶汤的色泽。

6. 釉料与施釉不同：陶器通常不施釉或只施低温釉，而瓷器则表面施有高温釉，胎釉结合牢固，厚薄均匀，使得瓷器更为光洁美观。

7. 用途与性能：陶器因其材质疏松、透气性好，常用于烹饪和盛放食物，如泡茶等。而瓷器则因其表面光滑、不透水，更多地用于装饰和艺术品制作。

（三）陶瓷的制作工艺

陶瓷制作是一个复杂而精细的过程，涉及多个环节和步骤，每个步骤都需要精细的操作和严格的控制，以确保最终的产品质量和艺术效果。

原料加工：首先将原料进行粗碎，然后经过长期的风吹、日晒、雨淋、冰冻等过程，以改善原料性能。之后按照不同种类进行配料，并装入球磨机中打磨成符合质量要求的泥料或釉料。

成型：成型方法包括手拉坯、模压、手工雕刻等。手拉坯是将陶土揉捏成圆柱形或球形，放在轮盘上，手拉成各种形状的器物。模压则是制作成型模具，将陶土放入模具中压制成各种形状的器物。

素烧：素烧是将经过修整后的成型坯体不上釉先烧一次，温度通常在900℃～950℃，持续约5小时。

上釉：上釉的方法有涮釉、浸釉、浇釉、刷釉、喷釉等，使素胎表面附着一层具有合适厚度的釉浆。

釉烧：釉烧是将经过上釉的釉坯入窑进行烧成，温度一般在1280℃~1350℃之间，整个过程在13小时左右。

装饰：除了基本的成型和烧制过程，陶瓷制作还包括各种装饰手法，如彩绘、镶嵌、釉下彩等，以增加陶瓷的艺术效果。

四、经典故事

故事 1

《鬼谷子下山》元青花大罐

《鬼谷子下山》元青花大罐是全球仅存的八件元青花人物故事瓷之一，该故事出自《战国策》。它描述了孙膑的师傅鬼谷子在齐国使节苏代的再三请求下，答应下山搭救被燕国陷阵的齐国名将孙膑和独孤陈的故事。鬼谷子是中国古代著名的谋略家，他学识渊博，具有政治、军事、外交、天文、地理、数术等多种才能，既是一位隐士，又是一位政治思想家、谋略家和教育家。他不仅智慧超群，更为人诚恳真挚，对徒弟孙膑关爱有加，将自己毕生绝学倾囊相授，而孙膑也不负师父所望，下山后成为齐国的重要谋士。在燕国和齐国交战时，齐国名将孙膑为敌方所擒，鬼谷子得知此事后，毅然决定下山营救他的爱徒。他率领众人，乘坐由狮虎共拉的两轮车，身后跟着两个骑马的人，其中一个穿着武官衣服，手持写有"鬼谷"两字的旗帜，一行人浩浩荡荡地前往营救。鬼谷子下山后，成功救出了被俘的孙膑，并带着他返回山中。

故事 2

《三娘教子》清中期故事罐

这个故事罐展现的是二娘教了的故事，讲的是明代有一儒生薛广，往镇江营业。家中有妻张氏，妾刘氏、王氏。刘氏生一子，乳名倚哥，又有老仆薛保。薛广在镇江，恰好遇到一位乡人，托付他给自己家中的妻儿带去白银五百两。不料其人吞没白银，购一空棺，停厝荒郊，以为薛广灵柩，回乡报知张氏等，举室号啕，命薛保运回灵柩安葬。后来薛家日渐衰落，张、刘不能耐贫，先后改嫁。三娘王氏十分鄙视她们，发誓要与薛保茹苦含辛，抚养倚哥，送他去学堂，自己则靠着织布维持家中生计。倚哥在学堂被同学讥为无母之儿，气愤回家，遂不认三娘为母，语语顶撞。薛广在镇江生意衰败，后从军，官至兵部尚书。十几年后薛倚金榜题名，高中新科状元。父子相认团圆一家，荣归故里。而此时薛倚的大妈、亲妈又丢弃自己的家都来认丈夫和状元儿子，三娘劝张氏回家照顾老伴，劝刘氏也回家照顾老伴和几岁的孩子，并告诉她们：欲尝甜瓜自己种，自种苦瓜自己尝。

五、名篇佳句

1. 大邑烧瓷轻且坚，扣如哀玉锦城传。——唐·杜甫《又于韦处乞大邑瓷碗》

【赏析】大邑县烧成的瓷碗又轻巧又坚实，扣打它如同敲击磬玉，哀婉的声音传遍了全城。上句言瓷碗质量极佳，下句言瓷碗声音极美。

2.

陶 歌

[清] 龚轼

白釉青花一火成，花从釉里透分明。

可参造化先天妙，无极由来太极生。

【赏析】诗中描述了陶瓷的工艺特点，展现了作者对陶瓷艺术的深刻理解和赞美。

3. 青如天，明如镜，薄如纸，声如磬。——明·张应文《清秘藏》

【赏析】这四个词分别描绘了瓷器的色泽青翠如天、表面光滑明亮如镜、胎体轻薄如纸，以及敲击时声音清脆如磬的特点。

六、体验与实践

1. 请你谈一谈陶与瓷的区别。

2. 请你走进家乡的博物馆，参观陶瓷的收藏。

3. 请你参加一次陶瓷制作活动。

中国古代演艺与书画

单元一

民族音乐与舞蹈

一、导语

思考：你了解傣族舞蹈吗？

傣族舞是傣族古老的民间舞，也是傣族人民最喜爱的舞蹈。它流行于整个傣族地区，以瑞丽市和耿马县孟定的孔雀舞为代表，而且有不少以跳孔雀舞为生的职业艺人，他们模仿孔雀：飞跑下山、漫步森林、饮泉戏水、追逐嬉戏、拖翅、抖翅、展翅、蹬枝、歇枝、开屏、飞翔……跳出丰富多彩的舞蹈动作和富于雕塑性的舞姿造型。他们的舞蹈有严格的程式和要求，有固定的步法和地位，甚至每个动作都有固定的鼓语伴奏。

二、概述

民族音乐指具有鲜明中华民族文化属性的音乐，民族音乐的演奏形式一般为使用中国的传统乐器来独奏或合奏。中国民族音乐的历史悠久，既包括了中国 56 个民族固有的传统音乐，也包括在这些传统音乐基础上创作的音乐作品。中国传统民族音乐因时代变迁而呈现出不同特点，如西周至春秋战国时期出现了著名的古琴曲《高山》《流水》，秦汉时期盛行鼓吹乐，魏晋时期以清商乐为代表，隋唐时期的琵琶音乐，宋代的细乐、清乐，元明时期的十番锣鼓、弦索等。近代中国民族音乐，即便表现形式或音乐形态有了一定程度的变化，仍极具鲜明的民族特色风格。如小提琴协奏曲《梁祝》、钢琴作品《翻身的日子》、混声合唱《远方的客人请你留下来》等。中国民族音乐源远流长，既反映了人民生活，也表达了人民的思想感情，一直以来在中华传统文化中占据着重要地位。

中国传统舞蹈艺术在中华文化长河中世代生息演进，流传至今。丰富多彩的中国传统舞蹈作为中华民族文化的象征之一，获得了来自中国各民族人民和世界各国友人的赞誉。中国传统舞蹈艺术被誉为世界舞蹈宝藏中的瑰丽之花。经典舞蹈有傣族的孔雀舞、维吾尔族的手鼓舞、藏族的锅庄舞等。

三、走进民族音乐与舞蹈

（一）民族音乐起源与发展

1. 夏商周时期的民族音乐

中国是世界上音乐文化发展最早的国家之一，贾湖骨笛的考古发现证明了我国音乐文化已经有 8000 年可考的历史。在使用甲骨文进行文字记录的商朝，则发现了可供研究的音乐文化史料。商朝的音乐作为享乐及祭祀的工具，被统治阶级掌控。它的音乐文化已发展到较高水平。根据甲骨文记载，商朝手工艺水平和青铜制造水平的提高，为制造出精美的演奏乐器提供了可能。西周初期周公建立礼乐制度，此制度为巩固等级制社会服务，促进了音乐的发展。但它又使乐成了礼的附庸，使音乐成为以礼为中心的模式音乐，并逐渐趋于僵化。到春秋末期时，因社会巨变，形成了礼崩乐坏的局面，音乐的思想表达发生了改变，娱乐性较强的、不受礼束缚的新乐，逐渐代替了"古乐"，并在社会生活中占重要地位。"古乐"（亦称"雅乐"）的衰微，"新乐"（亦称"俗乐"）的兴起，是春秋末期至战国时期音乐发展的主要特征。

2. 秦汉魏晋南北朝时期的民族音乐

秦汉时期，音乐文化的发展进入了新的历史时期。乐府机构历史悠久，兴盛是在汉代，它是一个以改编民间音乐为主的音乐机构。乐府收集了大量的民间歌曲并改编，深受统治者喜爱。乐府中重要的音乐家李延年，改编了域外传进中原的音乐作品，丰富了中原音乐的多样性。至秦汉末期，乐府机构随王朝的没落而衰败，这一时期的乐府也被引申出了新的含义，从机关名称转变为一种带有音乐性质的诗体名称。三国、两晋、南北朝时期则是中国音乐文化上承秦、汉，下启隋、唐的重要时期。政权的更迭及局部政权的稳定都为音乐文化的发展创造了一定的条件。特别是由于局部战争造成的民族迁徙和融合，使得中原文化在并未中断的情况下进一步吸收外来文化，得到新的继承和发展。秦汉时期流行的相和歌经过南迁北移形成了新的音乐体裁"清商乐"。清商乐是东晋南北朝时期，承袭汉、魏相和诸曲，吸收当时民间音乐发展而成的俗乐总称。早在三国时期，魏国的曹操、曹丕、曹植便创作了大量清商曲辞，还设立了清商署的机构，专门管理清商乐。清商乐使用的乐器有节鼓、琴、瑟、筝、筑、琵琶、箜篌、笙、笛等。

魏晋南北朝时期，由于受佛教思想的深入影响，玄学研究浪潮兴起，因此这一时期的音乐思想也受到影响。如三国时期音乐家嵇康所作《声无哀乐论》就表达了"音乐是客观存在的，而哀乐是人们的精神被触动后产生的感情，两者并无因果关系"的观点。

3. 隋唐五代时期的民族音乐

隋朝继承了魏晋南北朝以来各方面的音乐文化成果，以法令的形式颁布了"七部乐"的燕乐体制，即国伎、清商伎、高丽伎、天竺伎、安国伎、龟兹伎、文康伎。隋炀帝时，增加了康国伎、疏勒伎两个乐部，发展成为"九部乐"的宫廷燕乐体制。燕乐，又称宴乐，即宴饮之乐，是天子及诸侯宴饮宾客时所用的音乐。隋代的"七部乐""九部乐"是汉族歌舞与西域歌舞的结合，具有浓郁的民族情调和乡土气息。法曲也是隋唐宫廷燕乐中的一种重要形式。法曲，又名法乐，多用于佛教法会，因此称法乐，至隋称为法曲。

唐朝是一个开放包容的朝代，长安作为国都是当时世界的经济、政治、文化中心，唐代陆海"丝绸之路"联结亚欧两洲，亚欧两洲及国内各民族的歌舞汇集于此。因此，唐代宫廷音乐的规模与水平极高，并在国内外各民族音乐文化长期交流融合的基础上创造出崭新风格的唐朝音乐。唐朝音乐文化的发展也有统治者对音乐的爱好与提倡的原因，这种爱好与提倡使全国上下普遍对音乐有较高的好感度。如贵族与文人的宴席，歌舞是不可缺少的，这使得音乐文化从业者的需求量大，大批劳动者从事歌舞行业。而高质量的音乐机构，如"教坊"，其创立为培养高水平的宫廷燕乐表演人才提供了重要保证。同时，民间俗乐中的"曲子"和"变文"开始盛行，促进了歌唱艺术的发展与说唱形式的兴起。《霓裳羽衣曲》《秦王破阵乐》是唐代著名的民族音乐，《霓裳羽衣曲》相传由唐玄宗李隆基根据印度《婆罗门》改编，这是一部非常富有浪漫主义色彩的音乐作品。《秦王破阵乐》是唐代宫廷燕乐中的一部著名歌舞，创作于初唐时期。在这一时期，法曲在燕乐中也保持极高的地位，这与统治者对于佛教文化的认同有关。

隋唐时期产生了一种民间歌曲叫曲子。曲子是由民间歌手或乐工利用现成积累下来的汉族传统音乐和西域音乐曲调填词歌唱的，它是一种可以填入歌词、百唱不厌的新颖的民间歌曲形式，即集"胡夷里巷之曲"之大成。

4. 宋元时期的民族音乐

宋朝时期，曲子的发展进入空前繁荣阶段。宋代瓦子、勾栏等组织为曲子的流传提供了重要平台，促进了曲子在民间的繁荣发展，对社会音乐生活产生了深刻影响。音乐从业者们和广大市民都积极参与唱曲填词活动。《宋史·乐志》载："太平兴国中（公元976年—公元984年）……民间作新声者甚众。"民间曲子的广泛传播直接影响到宫廷及仕宦府第的音乐文化。宋朝众多文人墨客，如晏殊、欧阳修、范仲淹、王安石、苏轼，以及宫廷大晟府乐官周邦彦等，都是著名的作词家。宋代曲子的来源主要是继承了隋唐以来的民歌、曲子或大曲、法曲的片段，其创作方法多为依乐填词，主要表演方式有手持拍板击拍而演唱慢曲、引、近等类型的"小唱"，专门演唱根据民间各种歌吟和卖物之声创作的"吟叫"，击鼓演唱令曲并加以变奏的"嘌唱"三种形式。

元朝时期，一种新的歌曲形式——散曲开始兴起。散曲的音乐主要吸收了唐宋大曲、曲子和宋元说唱音乐、少数民族音乐等，同时也包含一定数量的创作曲调。散曲所表现的内容很广泛，涉及元代社会生活的方方面面，但数量最多的是歌颂山林隐逸生活和描写男女风情的作品，因而深受文人士大夫的推崇。如马致远的《天净沙·秋思》就属于散曲中小令形式的代表作。散曲的演唱不用锣鼓，只用琵琶、筝、笙、笛、箫、拍板等乐器伴奏。散曲的流行对明清时期的小曲有着重要的影响。

5. 明清时期的民族音乐

明清时期属于我国封建社会末期，社会结构发生改变，在此时期，伴随着城市人口增加，戏曲和说唱艺术这些适于市民生活的民族音乐得到了进一步的发展。同时，反对封建礼教，揭露阶级矛盾的民歌蓬勃兴起，一些地方志的记载也说明了当时民歌的盛况。如"歌谣，农人有插秧歌，丁民有扯炉歌，皆以节劳，余则牧童唱山歌。庆元宵，有采茶歌及川调、贵调之属，其词俚俗，操土音，盛此熙皋之一微也。"明清民歌演唱形式有独唱、对唱、合唱等，内容纯真、自然，较为自由和丰富。这一时期，不少反抗剥削和压迫、歌颂农民起义的民歌纷纷出现，如《长工苦》《江南百姓苦愁愁》《凤阳花鼓》等。在鸦片战争后，欧洲的音乐体系进入我国，对封建文化造成冲击，学堂乐歌的音乐体裁自此兴起，它对我国新式音乐的形成具有启蒙意义。

（二）丰富多彩的民族舞蹈

中华文化博大精深，我国丰富多样的传统民族舞蹈有着独特的风格和无穷的魅力。在我国悠久的历史里，民族舞蹈的发展是不断吸收民族文化内涵的过程，这一过程使其本身彰显出鲜明的民族艺术风格，对中国社会的发展产生了深远的影响。传统民族舞蹈是具有民族特性的舞蹈。各个民族的代表性舞蹈逐渐具有了地方特色，表现了本民族的价值观和世界观，这就是民族舞蹈的民族特征。

56 个民族的舞蹈以汉族、藏族、蒙古族、维吾尔族、朝鲜族五大民族的舞蹈为代表，还有众多具有鲜明个性的民族舞蹈，如苗族、土家族、傣族的舞蹈，还有一些地域舞蹈如海阳大秧歌、敦煌舞等，这些舞蹈都表现了所在地区的地域风情和所属民族的文化气质。

1. 海阳大秧歌

海阳大秧歌是我国传统的民间艺术，其艺术风格独特，内容灵活多样，是集歌、舞、乐、戏于一体的表演艺术，是海阳劳动人民集体智慧和创造精神的完美结合。海阳大秧歌起源于山东省海阳市，海阳大秧歌据《海阳县志》记载有五百多年的历史，广泛流传于山东半岛南部地区，是民间社火中的舞蹈部分，是我国民间文化艺术的优秀代表。纵观其发展历史，海阳大秧歌的形式和内容在不断变化，但始终受人们喜爱。2006 年 5 月，海阳大秧歌经中华人民共和国国务院批准列入第一批国家级非物质文化遗产名录。

海阳大秧歌表演形式独特，表演内容丰富，历史文化底蕴深厚，群众基础好，具有鲜明的地域特色，表现形式粗犷热烈，表演风格风趣幽默、感情充沛，几百年来不断地吸收各种外来艺术的精华，逐步发展、日趋成熟，具有较高的民俗价值，是齐鲁文化的典型代表，同时也是中华民族不可多得的传统艺术瑰宝。

2. 敦煌舞

敦煌舞是中国古典舞流派之一，起源可以追溯到魏晋南北朝时期，主要包括天宫乐舞、壁画的民俗歌舞场面及胡旋、胡腾、柘枝、霓裳羽衣舞等民族舞蹈形象。敦煌舞作为中国传统舞蹈的重要组成部分，是中国传统舞蹈的珍贵瑰宝，其中蕴含着悠久的历史文化。敦煌作为丝绸之路上的一个重要节点，其独特的地理位置、历史背景及多元文化的融合，为敦煌舞的形成和发展产生了深远的影响，为敦煌舞的风格注入了多样性和包容性。在敦煌文化的滋养下，敦煌舞得以传承与发展，展现出独特的魅力和价值。多种宗教文化影响了敦煌舞的主题和情感表达。敦煌舞通过典雅的姿态、华丽的服饰、细腻的舞步，不仅彰显了中华民族的审美情趣，更承载着千百年来的历史记忆与情感。代表作品有舞剧《丝路花雨》《大梦敦煌》，舞蹈《飞天》《千手观音》等。

四、经典故事

故事 1

高山流水的典故

春秋时代，有个叫俞伯牙的人，精通音律，琴艺高超，是当时著名的琴师。俞伯牙年轻的时候聪颖好学，曾拜高人为师，但他总觉得自己还不能出神入化地表现对各种事物的感受。俞伯牙的老师知道他的想法后，就带他乘船到东海的蓬莱岛上，让他欣赏大自然的景色，倾听大海的波涛声。俞伯牙举目眺望，只见波浪汹涌，浪花激溅；海鸟翻飞，鸣声入耳；山林树木，郁郁葱葱，如入仙境一般。一种奇妙的感觉油然而生，耳边仿佛响起了大自然那和谐动听的音乐。他情不自禁地取琴弹奏，音随意转，把大自然的美妙融进了琴声，俞伯牙体验到一种前所未有的境界。老师告诉他："你已经学会了。"

一夜，俞伯牙乘船游览。面对清风明月，他思绪万千，于是又弹起琴来，琴声悠扬，渐入佳境。忽听岸上有人叫绝。俞伯牙闻声走出船来，只见一个樵夫站在岸边，他知道此人是知音，当即请樵夫上船，兴致勃勃地为他演奏。俞伯牙弹起赞美高山的曲调，樵夫说道："真好！雄伟而庄重，好像高耸入云的泰山一样！"当他弹奏表现奔腾澎湃的波涛时，樵夫又说："真好！宽广浩荡，好像看见滚滚的流水、无边的大海一般！"俞伯牙兴奋极了，激动地说："知音！你真是我的知音。"这个樵夫就是钟子期。从此二人成了非常要好的朋友。

两人分别时约定，明年的此时此刻还在这里相会。可是第二年俞伯牙来会钟子期时，得知钟子期不久前因病去世。俞伯牙悲恸欲绝，来到钟子期的坟前，凄楚地弹起了《高山流水》。曲毕，他因痛失知音，摔琴绝弦，终身不弹。

故事 2

唐代著名音乐家李龟年

李龟年是唐玄宗时代著名的音乐家，他擅长唱歌，又会演奏筚篥、羯鼓、琵琶等多种乐器。唐玄宗的弟弟岐王李范，风流儒雅，很喜欢音乐，家中常常是诗人、音乐家高朋满座。

有一次，李龟年也应邀到岐王府中作客。客人到达之后，家乐们开始演奏音乐，乐声刚起，李龟年立即说："这是秦音的慢板。"隔了一会儿，他又说："现在正演奏楚音的流水板。"懂得音乐的岐王在一旁点头称是。音乐结束后，岐王为了表示对李龟年的敬重，特地赠以珍贵的丝织品。李龟年感兴趣的却不是这些，他放下这些东西，径自掀起隔开宾客与乐人的帷幕，把擅长弹奏秦音的乐人沈妍手中的琵琶拿了过来，尽情地拨弄起来，看起来他喜爱音乐的程度已经到了目中无人的地步。大约岐王李范也不会怪罪他，因为岐王向来对音乐家是十分尊重的。

"安史之乱"后，唐宫中的乐人四处逃散，流落异乡。李龟年也流落到了民间，安史之乱过后约十年，杜甫在湖南潭州遇到了李龟年，那时他们都已不再年轻。故人相聚，自然是感慨万分，杜甫因此即席赋诗一首：

岐王宅里寻常见，崔九堂前几度闻。

正是江南好风景，落花时节又逢君。

故事 3

孔雀舞

孔雀舞，是中国傣族民间舞中最负盛名的传统表演性舞蹈，流布于云南省德宏傣族景颇族自治州的瑞丽、芒市及西双版纳、孟定、孟连、景谷、沧源等傣族聚居区，其中以云南西部瑞丽市的孔雀舞（傣语为"嘎洛勇"）最具代表性。相传一千多年前傣族领袖召麻栗杰数模仿孔雀的优美姿态而学舞，后经历代民间艺人加工成形，流传下来，形成孔雀舞。

孔雀舞有严格的程式和要求，有规范化的地位图和步法，每个动作有相应的鼓语伴奏。孔雀舞的内容多为表现孔雀飞跑下山、漫步森林、饮泉戏水、追逐嬉戏、拖翅、晒翅、展翅、抖翅、亮翅、点水、蹬枝、歇枝、开屏、飞翔等等。孔雀舞感情内在含蓄、舞蹈语汇丰富，舞姿富于雕塑性，舞蹈动作多保持在半蹲姿态上均匀地颤动，身体及手臂的每个关节都有弯曲，形成了特有的"三道弯"舞姿造型，手形动作也较多，同一个舞姿和步伐，不同的手形动作就有不同的美感和意境。

五、名篇佳句

1.

霓裳羽衣舞歌（节选）

[唐] 白居易

我昔元和侍宪皇，曾陪内宴宴昭阳。千歌百舞不可数，就中最爱霓裳舞。
舞时寒食春风天，玉钩栏下香案前。案前舞者颜如玉，不著人家俗衣服。
虹裳霞帔步摇冠，钿璎累累佩珊珊。娉婷似不任罗绮，顾听乐悬行复止。
磬箫筝笛递相搀，击恹弹吹声逦迤。散序六奏未动衣，阳台宿云慵不飞。
中序擘騞初入拍，秋竹竿裂春冰坼。飘然转旋回雪轻，嫣然纵送游龙惊。
小垂手后柳无力，斜曳裾时云欲生。螾蛾敛略不胜态，风袖低昂如有情。
上元点鬟招萼绿，王母挥袂别飞琼。繁音急节十二遍，跳珠撼玉何铿铮！
翔鸾舞了却收翅，唳鹤曲终长引声。当时乍见惊心目，凝视谛听殊未足。

【赏析】《霓裳羽衣舞歌》是唐代诗人白居易所作的一首长篇歌行。这首诗描绘了唐朝宫廷乐舞《霓裳羽衣舞》的表演场景和美感，表达了诗人对艺术的热爱和追求。在诗歌的主体部分，诗人用生动的语言描绘了舞蹈的场景和美感。"千歌百舞不可数，就中最爱霓裳舞"，表达了诗人对《霓裳羽衣舞》的喜爱之情。"案前舞者颜如玉，不著人家俗衣服"，描绘了舞者的美丽和与众不同的装扮。诗人接着用"磬箫筝笛递相搀，击恹弹吹声逦迤"，描绘了舞蹈的节奏和韵律，"飘然转旋回雪轻，嫣然纵送游龙惊"，描绘了舞蹈的动作和姿态，这些诗句使读者仿佛能够看到舞蹈的全貌，感受到舞蹈的美感和动感。

2. "乐府声诗并著，最盛于唐。"——李清照《词论》

【赏析】词是乐曲和歌辞并重的，在唐代最为兴盛。李清照的这篇词论系统地总结了唐、五代、北宋词的发展情况，她非常强调词的音乐性，认为词必须能配乐歌唱，提出了"词别是一家"的主张。

六、体验与实践

1. 隋唐时期有哪些音乐机构？它们担负着什么样的职能？
2. 请出一期以"中国传统音乐"为主题的海报。

单元二

民族戏曲与曲艺

一、导语

思考：你了解京剧吗？

京剧，又称平剧、京戏等，中国国粹之一，是中国影响力最大的戏曲剧种，分布地以北京为中心，遍及全国各地。

京剧的角色分为生、旦、净、丑、杂、武、流等行当，后三行已不再立专行。京剧现在的角色分为生、旦、净、丑四种。各行当都有一套表演形式。唱、念、做、打的技艺各具特色。京剧以历史故事为主要演出内容，传统剧目约有一千三百多个，常演的在三四百个以上。

二、概述

中国戏曲与曲艺源远流长、博大精深，具有鲜明的民族特色、独特的魅力和深厚的观众基础，在宋代时，戏曲和曲艺艺术蓬勃发展，标志着我国民族传统艺术步入一个新的阶段，并向普及面更广、综合性更强的艺术形式发展，是我国音乐文化发展史上的又一高峰。它们是传承和发展中华优秀传统文化的重要载体之一，是中华民族丰富珍贵的精神文化遗产，对赓续中华文脉具有重要意义。

中国戏曲与希腊悲剧和喜剧、印度梵剧并称为世界三大古老戏剧文化，至今仍充满活力，成为世界文化艺术宝库中具有东方特色和中国韵味的艺术样式。传统戏曲自诞生起便广泛汲取与吸纳其他艺术门类的精华，是集文学、音乐、舞蹈、美术、武术、杂技等为一体的高度综合性艺术。

中国曲艺兼有审美、娱乐、教育、认知的功能，丰富人们的精神生活，也影响人们的精神世界。所以，曲艺人不仅是在表演和传承传统艺术，更要观照现实、反映现实。

三、走进民族戏曲与曲艺

（一）民族戏曲起源与发展

我国的戏曲艺术渊源甚久，远在先秦时期即已萌芽。在宋、元市民文艺的滚滚大潮中，孕育了千余年的戏曲艺术终于脱胎而出，杂剧和南戏是这一时期戏曲的两大体系。元代末期，杂剧和南戏没落，转而出现了新的戏曲体系——四大声腔，即海盐腔、余姚腔、弋阳腔和昆山腔，其中昆山腔因流传范围广，汲取南北戏曲精华，逐渐成为集南、北曲大成的优秀戏曲声腔。清朝中期时，昆山腔没落，乾隆皇帝召集了戏曲大家四大徽班齐聚北京，一起交流研究，制作出了现今享誉世界的戏曲表现体系——京剧。京剧面世后迅速在全国范围内流行起来，各地音乐家在京剧的基础上融入当地特色，使京剧的表现形式丰富了起来。近代新思想的传入和社会结构的巨大变化，使传统戏曲在一定程度上受到社会层面的批判，但也有部分艺术家注重学习和革新，为传统音乐的保存和发展作出了重要的贡献，如梅兰芳、程砚秋、周信芳等。近代至今，戏曲因地区文化特色的不同，演变出了多种类型的戏曲，流传最广的五种戏曲是：京剧、豫剧、评剧、越剧和黄梅戏。

1. 京剧

京剧的角色分为生、旦、净、丑、杂、武、流等行当，分类主要是按人物的性格特征来分类，各行当都有一套表演形式。而根据所扮演角色的性别、性格、年龄、职业及社会地位等的不同，又把京剧角色分为生、旦、净、丑四种。生是除花脸及丑角以外的男性正面角色的统称；旦是女性正面角色的统称；净大多是扮演性格、气质或相貌上有些特异的男性人物，化妆用脸谱，音色洪亮，风格粗犷；丑是喜剧角色，因在鼻梁上抹一小块白粉，俗称小花脸。

京剧的唱腔主要分为"西皮"与"二黄"两大类，杨延辉在京剧《四郎探母》里唱的"未开言不由人泪流满面"就是老生的"西皮导板"。京剧的发音技巧有：真嗓，假嗓，左嗓，吊嗓，喊嗓，丹田音，云遮月，塌中，脑后音，荒腔，冒调，走板，不搭调，气口，换气，偷气，嘎调等。各角色根据角色需求不同运用不同的发声技巧来更完美地展现角色魅力。

在京剧中，脸谱是其特色之一，观众可以根据不同脸谱特点去了解辨认角色的不同。脸谱的主要以颜色来区分不同，红脸含有褒义，代表忠勇；黑脸为中性，代表猛智；蓝脸和绿脸也为中性，代表草莽英雄；黄脸和白脸含贬义，代表奸诈凶恶；金脸和银脸是神秘，代表神妖。京剧以历史故事为主要演出内容，常演的剧目有三四百个，代表剧集有《霸王别姬》《智取威虎山》《定军山》《四郎探母》等。

2. 豫剧

豫剧，是中国五大戏曲剧种之一，主要流行于河南省、河北省、山东省，是流传中国各地的传统戏剧，国家级非物质文化遗产之一。豫剧又与京剧、越剧同为中国戏曲三鼎甲。豫剧在生成和发展时期，汲取了昆腔、吹腔、皮黄及其他梆子声腔剧种的艺术因素，同时广泛吸收河南民间流行的音乐、曲艺说唱和俗曲小令，形成了朴直淳厚、丰富细腻、富于乡土气息的剧种特色。豫剧被西方人称赞是"东方咏叹调""中国歌剧"等。

清朝乾隆年间，豫剧已经流行。有文献记载，当时梆子戏已在开封、杞县一带盛行，并曾与罗戏、卷戏合班演出，称为"梆罗卷"。

豫剧最早的传授者为蒋门、许门两家，蒋门在朱仙镇，许门在清河集，开办科班授业。清末民初的天兴班，原是封丘办的科班，曾不断到开封演出，且不少豫剧名演员出自该班。辛亥革命后，河南梆子更多地进入城市演出。豫剧进入茶社演唱之后，与早已进入茶社的二黄（京剧）形成了相互竞争的局面。

1927 年，冯玉祥主政河南，由河南省教育厅在开封成立河南游艺训练班，审编剧目，对数百名演员进行"高台教化""服务社会"的教育，被名家称为"河南梆剧改革的第一声"。

20世纪30年代，豫剧出现了大批名角，如陈素真、王润枝、马双枝、司凤英、常香玉等。这一时期的豫剧表演流派林立，异彩纷呈，其中常派影响最大。常香玉的舞台表演风格刚柔相济、质朴清新，她的唱腔吸收了豫东调、河北梆子等艺术营养，舒展奔放，吐字清晰。豫剧的代表剧目有《花木兰》《穆桂英挂帅》《朝阳沟》等。

1948年，豫剧历史上第一所学校"私立新光豫剧学校"创立，这是最早使用"豫剧"名称的组织机构。1990年，豫剧艺术站上国际舞台。1993年之后，两岸的豫剧交流频繁起来。

3. 越剧

越剧发源于浙江嵊州，发祥于上海，繁荣于全国，流传于世界，在发展中汲取了昆曲、话剧、绍剧等特色剧种之大成，有"第二国剧"之称。越剧长于抒情，以唱为主，声音优美动听，表演真切动人，唯美典雅，极具江南灵秀之气，题材多以"才子佳人"为主。

1852年，嵊县西乡马塘村农民金其柄创"落地唱书"，并演变为在农村草台演出的戏曲形式，艺人初始均为半农半艺的男性农民，故称男班。1906年3月27日，嵊县东王村香火堂前，由落地唱书艺人袁福生、李茂正、高炳火、李世泉等借用四只稻桶垫底，铺上门板，演出小戏《十件头》《倪凤煽茶》和大戏《双金花》（后半本）。这是中国越剧第一次登台试演，越剧（当时称"小歌班"）从此诞生，该日被称为越剧诞生日。

20世纪20年代后，"丝弦正调"成了主腔，并借鉴绍兴大班的板式，初步建立起板腔体的音乐框架。1923年7月，由二十余位女孩组成的越剧女班建立；翌年1月14日，该女班在上海升平歌舞台演出，称"髦儿小歌班"。

1925年9月17日，上海《申报》广告中首次用"越剧"称之。从1938年开始，多数戏班、剧团称"越剧"。1942年10月，袁雪芬以话剧为榜样，在大来剧场开始改革；此后，进入"新越剧"改革发展时期，历经众多越剧人的努力，越剧的面貌在短短几年中发生了巨大变化。

20世纪50至60年代前期是越剧的黄金时期，诞生了一批有重大影响的艺术精品，如《梁山伯与祝英台》《西厢记》《红楼梦》《祥林嫂》等，在国内外都获得巨大声誉。

到20世纪60年代初，越剧已流布到二十多个省市，影响日益扩大。改革开放后，越剧复兴，越剧在改革开放的新时期的一个突出特点是：艺术思想更加解放，艺术观念更加开放；在创作演出上，题材、风格更加多样化，二度创作更致力于吸收现代艺术的成果，进行大胆的探索。

2006年5月20日，越剧经中华人民共和国国务院批准列入第一批国家级非物质文化遗产名录。

4. 评剧

评剧习称"蹦蹦戏"或"落子戏"，又有"平腔梆子戏""唐山落子""奉天落子""平戏""评戏"等称谓，但最终以"评剧"之名闻名全国。评剧是汉族传统戏曲剧种之一，早在19世纪末，河北唐山一带的贫苦农民于农闲时以唱"莲花落"谋生，1890年前后就逐渐出现了专业的莲花落艺人。莲花落即称"落子"，是一种长期流行在民间的说唱艺术，评剧就是在莲花落的基础上发展起来的。评剧的艺术特点是以唱功见长，吐字清楚，唱词浅显易懂，演唱明白如诉，表演生活气息浓厚。它的表演形式活泼、自由，最善于表现当代人民生活。评剧代表剧目有《花为媒》《秦香莲》等。

5. 黄梅戏

黄梅戏是由山歌、秧歌、茶歌、采茶灯、花鼓调，先于农村，后入城市，逐步形成发展起来的一个剧种。它吸收了汉剧、楚剧、高腔、采茶戏、京剧等众多剧种的因素，逐渐形成了自己的艺术特点。黄梅戏代表剧目有《天仙配》《牛郎织女》《女驸马》等。

（二）民族曲艺的表演方式及种类

曲艺是中华民族各种"说唱艺术"的统称，它是由民间口头文学和歌唱艺术经过长期发展演变形成的一种独特的艺术形式。它作为一门表演艺术，是用"口语说唱"来叙述故事、塑造人物、表达思想感情并反映社会生活的，正如戏曲艺术的本质特点是"以歌舞演故事"，曲艺艺术的本质特征当是"以口语说唱故事"。曲艺的种类十分丰富，如京津地区的京韵大鼓、二人转、天津快板；北方地区的山东快书、河南坠子、河洛大鼓（洛阳）；南方地区的苏州评弹（苏州弹词）、扬州清曲、广西文场、南宁大鼓、壮族末伦、粤语讲古、凤阳花鼓；说唱类的相声、快板书、评书、独角戏等都属于曲艺，它们都具有鲜明的民间性、群众性。

1. 京韵大鼓

京韵大鼓亦称京音大鼓，主要流行于包括北京、天津在内的华北及东北地区，是中国北方说唱音乐中艺术成就较高的曲种，形成于京津两地。京韵大鼓由河北省沧州、河间一带流行的木板大鼓发展而来，与子弟书相结合，并不断吸收京剧、梆子腔等声腔发展而成，具有半说半唱的特色，唱中有说，说中有唱，曲调流畅明亮，跌宕起伏有致，强调字正腔圆。它以北京话作为标准语言，伴奏除三弦外增加四胡，吸收戏曲唱腔，进一步丰富了说唱艺术。京韵大鼓的代表人物是刘宝全，他的嗓音清脆明亮，高亢挺拔，行腔自如，对发展和丰富京韵大鼓作出了卓越贡献。京韵大鼓传统曲目有《单刀会》《战长沙》《博望坡》等。

2. 河南坠子

河南坠子是由河南的道情与莺歌柳、三弦书等结合而成，有一百多年历史。因主要伴奏乐器为"坠子弦"（今称坠胡），且用河南语音演唱，故称之为河南坠子。河南坠子以坠胡为主要伴奏乐器，唱腔有起腔、平腔、送腔、尾腔等，其曲目内容富有生活气息。20世纪初传入京津沪一带，至20世纪三四十年代，已遍及全国许多大城市，它是近代流传最广的说唱曲种之一。河南坠子是歌唱性较强的说唱曲种。辛亥革命后，随着男女平等思想的不断深入人心，河南坠子表演开始出现了女性艺人，女性艺人在河南坠子发展过程中作出了重要的贡献。20世纪30年代河南坠子进入了全盛期，形成了以乔清秀为代表的唱腔悠扬婉转、节奏流畅、吐字清脆的"乔派"和以董桂芝为代表的唱腔含蓄深沉、板眼规整的"董派"。河南坠子代表曲目有《梁祝下山》《偷石榴》等。

3. 快板书

快板书吸收了评书、相声、山东快书、西河大鼓等曲种之长，形成了有人、有事、有趣、有劲的一个独立的曲艺曲种，流行于中国北方。快板书的表演方式是由一个人表演，以说为主，表现特定主题。演员的右手使用大板，左手用击节子（小板），双手相互配合，打出各种板点。用一定的节奏按照情节的发展表演叙述故事。经典曲目有《孙悟空三打白骨精》《两万五千里长征》《武松打店》等。

四、经典故事

故事 1

梅兰芳

梅兰芳的京剧表演虽然很早就蜚声海内外，但直到16岁他才起了"梅兰芳"这个艺名。1908年秋天的一个早晨，叶春善（喜连成的班主）与筹资组建喜连成的开明绅士牛子厚在吉林北山散步，闲谈之时忽然看见小树林里有人练剑，那剑被舞得寒光闪闪，舞剑之人动作敏捷、体态轻盈。

牛子厚向来钟爱京剧，也见识过许多武术高手的表演，但此番绝伦剑技还真是不多见，于是不禁连连拍手叫好。正因如此，牛子厚认定了眼前这个气度潇洒、举止端庄、仪表堂堂的年轻人将来必成大器，是个挑大梁的料子，便问他可曾有艺名，得知未有，牛子厚心想这孩子相貌出众、举止脱俗，沉吟良久道出"梅兰芳"三字，叶春善也欣然应同，就此"梅兰芳"这一艺名伴其一生，享誉海内外。

1937年淞沪战事爆发，日寇占领上海不久，得知蜚声世界的京剧第一名旦梅兰芳住在上海，就派人请梅兰芳到电台讲话，让其表示愿为日本的"皇道乐土"服务。梅兰芳洞察到日本人的阴谋伎俩后，便决定尽快离沪赴港，摆脱日寇纠缠。

时隔四年，日军侵占香港，梅兰芳苦不堪言，担心日本人再来找他演戏，在与妻子商量后，决心采取一项大胆举措：留蓄胡子，罢歌罢舞，不为日本人和汉奸卖国贼演出。他对友人说："别瞧我这一撮胡子，将来可有用处。日本人要是蛮不讲理，硬要我出来唱戏，那么，坐牢、杀头，也只好由他了。"

梅兰芳蓄须明志，不为敌人演出的故事广为中华儿女传颂，深深地鼓舞了中国人民抵御侵略、奋勇抗战的坚定决心。梅兰芳后来回忆这段沧桑的人生历程，苦涩忧闷地吐露心声："一个演员在表演力旺盛之际，却因抵抗恶劣的社会环境，必须蓄须谢绝舞台演出，甚至连嗓子都不敢吊，对于一名京剧艺术者来说，这是一种无法言喻的痛苦。"后因梅夫人献计，梅兰芳得以逃脱劫难。

故事 2

《桃花扇》

明思宗崇祯末年，"明末四公子"之一的侯方域来南京参加科举考试，落第未归，寓居莫愁湖畔，经杨龙友介绍结识李香君，两人情好日密。订婚之日，侯方域题诗扇为信物以赠香君。

当时隐居南京的魏忠贤余党阮大铖正为复社士子所不容，得知侯方域手头拮据，遂以重金置办妆奁，托其结拜兄弟杨龙友送去以笼络侯方域，意欲借以缓和与复社的关系，被李香君看破端倪，义形于色，退回妆奁，阮大铖因此怀恨在心。

李自成攻占北京，马士英、阮大铖在南京拥立福王登基，改元弘光，擅权乱政，排挤东林、复社士子。时镇守武昌的宁南侯左良玉以"清君侧"为名兵逼南京，弘光小朝廷恐慌。因左良玉曾得侯方域之父提拔，侯方域遂写信劝阻，却被阮大铖诬陷为暗通叛军，侯方域为避害只身逃往扬州，投奔督师史可法，参赞军务。阮大铖等逼迫李香君嫁给漕抚田仰，李香君以死相抗，血溅定情诗扇。后杨龙友将扇面血痕点染成桃花图，这就是贯穿全剧的桃花扇的来历。

阮大铖邀马士英在赏心亭赏雪选妓，被李香君趁机痛骂以泄恨，但仍被选入宫中教戏。李香君托苏昆生将桃花扇带给侯方域，侯方域回南京探望，却被阮大铖逮捕入狱。

清军渡江，弘光君臣逃亡，侯方域方得出狱，避难栖霞山，在白云庵相遇李香君，在张道士点醒之下，二人双双出家。

故事 3

《牡丹亭还魂记》

官家千金杜丽娘长得天生丽质而又多情善感。她到了豆蔻年华，正是情窦初开的怀春时节，却为家中的封建礼教所禁锢，不能得到自由和爱情。有一日，她那当太守的父亲杜宝聘请一位老儒陈最良来给她教学授课，这位迂腐的老先生第一次讲解《诗经》的"关关雎鸠"时，即把杜丽娘心中的情丝触动了。数日后，杜丽娘到后花园踏春归来，困乏后倒头睡在了床上。不一会见一书生拿着柳枝来请她作诗，接着又和她至牡丹亭谈情说爱。待她一觉醒来，方知是南柯一梦。此后她又为寻梦到牡丹亭，却未见那书生，心中好不忧闷。渐渐地这思恋成了心头病，最后药石无功竟然死去了。其父这时升任淮扬安抚使，临行将女儿葬在后花园梅树下，并修成"梅花庵观"一座，嘱一老道姑看守。而杜丽娘死后，游魂来到地府，判官问明她致死情由，查明婚姻簿上，有她和新科状元柳梦梅结亲之事，便准许放她回返人间。

此时书生柳梦梅赴京应试，途中感风寒，卧病住进梅花庵中。病愈后他在庵里与杜丽娘的游魂相遇，二人恩恩爱爱，如胶似漆。不久，此事为老道姑察觉，柳梦梅与她道破私情，和她密议请人掘了杜丽娘坟墓，杜丽娘得以重见天日，并且复生如初。两人随即做了真夫妻，一起来到京都，柳梦梅参加了进士考试。考完后柳梦梅来到淮扬，找到杜府时被杜巡抚盘问审讯，柳梦梅自称是杜家女婿，杜巡抚怒不可遏，认为这儒生简直在说梦话，因他女儿三年前就死了，如何现在能复生，且又听说女儿杜丽娘的墓被这儒生挖掘，因而判了他斩刑。在审讯吊打之时，朝廷派人伴着柳梦梅的家属找到杜府上，报知柳梦梅中了状元，柳梦梅这才得以脱身。但杜巡抚还是不信女儿会复活，并且怀疑这状元郎也是妖精，于是写了奏本让皇上公断，皇帝传杜丽娘来到公堂，在"照妖镜"前验明，果然是真人身。于是下旨让这父女夫妻都相认，并着归第成亲。一段生而复死、死而复生的姻缘故事就这样以大团圆作了结局。

五、名篇佳句

1. 芍药开牡丹放花红一片，艳阳天春光好百鸟声喧。——《四郎探母》

【赏析】这是《四郎探母》里铁镜公主的一个唱段。西皮散板，每句十个字，十分整齐。第一句由三个主谓词组构成，第二句由一个状语和两个主谓词组成，"开""放""片"和"天""好""喧"，前者声调是平仄仄，后者是平仄平，节奏起伏，音节相间，两两相对。唱词既体现了单句的音节结构美，又顾及了复句的对称美。而"花红一片"是静写，"百鸟声喧"是动写，做到了动静结合。

2. 一家人闻边报雄心振奋，穆桂英为保国再度出征。二十年抛甲胄未临战阵，哎，难道说我无有为国为民一片忠心，猛听得金鼓响画角声震，唤起我破天门壮志凌云。想当年桃花马上威风凛凛，敌血飞溅石榴裙。有生之日责当尽，寸土怎能够属于他人。——《穆桂英挂帅》

【赏析】这是《穆桂英挂帅》里的经典唱段部分，融合了青衣与刀马旦的表演，借鉴吸收了大武生的身段动作，生动地塑造了"穆桂英"这位巾帼英雄形象，歌颂了这位以国家大局为重、不计个人得失、具有高尚爱国情操的杨门女将，将梅派艺术推到了一个新的高峰。

六、体验与实践

1. 请你谈谈民族戏曲与曲艺。
2. 请你思考民族戏曲与曲艺的发展经历的阶段。

单元三

国画与书法艺术

一、导语

思考：你知道将军崖岩画和甲骨文吗？

将军崖岩画与商代甲骨文，是中国绘画与书法的萌芽。

国画与书法是中国独特的艺术形式，它们虽然分属于两个不同的艺术门类，但都源于线条，有着密切的联系，在中国美术史上，许多画家也是书法家。国画与书法历史源远流长，国画最早可追溯到距今几千年的新石器时期，古人们最初在陶器、地面和岩壁上作画，逐渐发展到画在墙壁、绢和纸上；基于汉字而形成的书法艺术则已有三千多年的历史，其渊源为商代刻在龟甲上的甲骨文。

二、概述

（一）国画

国画是中国传统的绘画形式。从广义的角度，国画指在中国本土产生、凝聚着劳动人民智慧、受中国传统文脉影响而形成的绘画艺术形式，包括彩陶、岩画、帛画、壁画、绢画及宫廷绘画、文人绘画、宗教绘画、市民绘画和民间绘画等。从狭义的角度，国画指用毛笔蘸水、墨、彩在宣纸或绢上作画的传统绘画形式。在画面内容上，国画可分为花鸟、人物、山水三大科；在用笔技巧上，国画可分为工笔、写意和兼工带写。无论是哪种类型，国画都显现出以下几点艺术特征。

1. 以形写神，形神兼备。受道家"道法自然"的思想影响，国画注重对自然物象的观察和体悟，在形似的基础上追求物象独特的神韵和意境，通过表现自然景观或人物形象来传达对人生、历史和自然的感悟和理解。东晋画家顾恺之提出著名的"以形写神"的观点，他认为，作为一个优秀的画家，不能停留在形的描摹上，必须上升到神，以神统形。如顾恺之在画一位有名的将军画像时，特别强调在人物面部画出胡须，是为了要表达人物英武的神情；当他画一位风流诗人的形象时，则为他加上了山水背景，这些都是出于写"神"的考虑。

2. 以线造型，以书入画。线是国画的主要艺术表现技法。传统国画线条讲究线条力度、节奏与笔墨的浓淡、干湿、疏密，作画时要有与书写相似的气质、表象和行笔运笔，力求通过美感十足的线条展现物象与神韵。

3. 散点透视，适当留白。在构图上，不同于西洋画中固定视点的焦点透视，国画讲究散点透视，它使画家不受固定视域局限，可以上下、左右、远近移动视点来观察景物，将不同角度的景物完美地融合在一个画面中。除观物的视点之外，画家还尤其重视画面中的虚空之处的安排，他们通常会精心考虑和设计留白，突出画面中的主体，弱化次要的物体和景象，以营造画面的空间感和层次感，使画面更加灵动。

4．随类赋彩，主客统一。"随类赋彩"是国画用色的基本原则，它要求画家重视物体本身的固有色，以客观现实为依据，根据物象的类别来着色。如人物画中把人物的面部、手等分为一类，山水画中草本、木本等分为一类，每类物象按同种色调处理。其次，"随类赋彩"也体现了画家的主观创造力和意象思维，画家不仅要根据客观物象的固有色来着色，还可以根据个人情感和艺术表现的需要，创造性地使用色彩。如墨竹、墨荷、朱砂梅花等，都不是物象本身的固有色，而是画家的主观联想创作出来的。

5．诗书画印，综合艺术。中国传统中的诗歌、书法、绘画和篆刻本为四种独立的艺术表现形式，经由晋唐而至宋元之后，文人逐渐在画中题字、题诗、用印，这四种艺术形式被完全结合到了一起。"诗书画印"的结合不仅丰富了中国画的内容和表现形式，还扩大了其审美境界，形成了独特的东方艺术风格。

国画历史悠久，具有鲜明的民族形式和风格。在思想内容和艺术创作上，国画反映了中华民族的社会意识和审美情趣，集中体现了中国人对自然、社会及与之相关联的政治、哲学、宗教、道德、文艺等方面的认识。几千年来中国的祖先创造了许多传世名画，这是一份宝贵的文化遗产，需要我们不断继承和发扬。

（二）书法

中国书法艺术是中国独特的艺术形式之一，它是由中国劳动人民创造的，是汉字在长期的书写过程中逐渐形成的共同的法则和要求，有着独特的审美标准和创作方法，是中国文化艺术中不可或缺的一部分。传统的书法艺术使用毛笔书写汉字，充分发挥毛笔的特殊性能，通过点线的变化运动，按照一定的笔法、结构、章体要求，形成独具美感的艺术作品，展现出作者的审美观念、精神气质与品德修养。

书法艺术是我们中华民族文化遗产中的瑰宝。它有着源远流长的历史。自商代中后期出现的甲骨文和金文，到秦统一中国，汉字演变的总趋势是由繁到简。秦统一中国后，将小篆作为标准字通行全国，自此，书法艺术经历了篆书—隶书—草书—楷书—行书的发展演变过程。

三、走进国画与书法艺术

（一）国画的起源与发展

1. 先秦

新石器时期绘画艺术主要体现在陶器、彩陶、岩画及墓室装饰上，特点是绘画与实用相结合。如人面鱼纹彩陶盆、鹳鱼石斧图彩陶缸。

先秦绘画艺术主要体现在青铜器绘画、帛画与漆画上。北京故宫博物院馆藏的战国宴乐渔猎攻战纹图壶便是这一时期青铜器绘画的代表作,其壶身纹饰刻画有狩猎、采桑、乐舞、攻战等场景。帛画有出土的战国时期帛画《人物龙凤图》《人物御龙图》,这两幅画是我国现存最早的绘画实物,人物比例匀称,仪态肃穆,线条流畅,设色平涂与渲染兼用,工笔人物画的雏形已具。漆器的纹饰随着工艺的发展也越发精美,画面内容更加丰富,代表作品有湖北江陵马山楚墓出土的漆盒。

2. 秦代

秦统一六国后建立了中国历史上第一个中央集权制的封建帝国,国家的统一为民族绘画艺术的发展奠定了基础。绘画艺术主要体现为内容丰富、色彩绚丽的壁画,寓意伏虎消灾的木版画,造型洗练、线条自然的画像砖,简朴生动的瓦当样纹等。

3. 汉代

结束楚汉争霸的动荡之后,汉的统一、稳定与繁荣再一次为绘画艺术的发展提供了良好的环境。政治上汉承秦制,而文化上汉代的绘画艺术也承袭了秦代的一部分特点。这时期的绘画,内容丰富、题材广阔,有描写日常生活的,有反映升天和祭祀的,还有描绘历史故事和神怪的,绘画水准也在不断地提高。这些主要体现在汉代的壁画、帛画、画像石、画像砖与装饰性绘画上。

4. 魏晋南北朝

魏晋南北朝时期国家动乱,政权更迭频繁,民不聊生。而这样的乱世却是中国美术史上一段特殊的时期。这一时期大规模的人口迁徙促进了民族与地域之间的文化交流与融合,汉代以来儒家思想的统治地位被打破,道家思想得到发挥,玄学兴起,士大夫阶级壮大,士族文化发展,佛教思想传入,为逃避现实,兴建寺院和造佛像的蔚然成风,佛教画成为新的风尚,佛教壁画艺术得到长足的发展。这一时期各类思想的碰撞极大地丰富了各种艺术的发展,促使了第一批有历史记载的画家(曹不兴、卫协、顾恺之、陆探微、张僧繇、曹仲达、萧绎、杨子华)的出现,这批画家的作品多以人物画为主,山水往往作为人物画的背景,其中以顾恺之的《洛神赋图》最负盛名。这一时期也是山水画和花鸟画的萌芽阶段。出现了专门的绘画理论著作,如顾恺之的《论画》和《画云台山记》,谢赫的《画品》,宗炳的《画山水序》,王微的《叙画》。

5. 隋唐

隋朝的建立结束了魏晋南北朝几百年的战乱,使国家得到安定和统一,文化艺术进一步发展,绘画融合了南北朝以来各种表现方法,为唐代绘画的繁荣奠定基础。这一时期主要的绘画艺术是宗教壁画和卷轴画。

唐代是中国封建社会的鼎盛时期,社会稳定,开放包容,民族交融与中外交流不断加深,思想文化活跃,极大促进了艺术的繁荣,自魏晋南北朝以来不断发展的中国美术,至此全面走向成熟,题材方面人物、山水、花鸟都已经独立成科。艺术总体逐渐走向世俗化,表现生活的真实。

唐代人物画在这一时期最为鼎盛,继承了魏晋南北朝时期"传神"的标准,驾驭人物形象的能力提高;题材内容更为丰富,出现了描述历史事件的史实性绘画和表现宫女题材的仕女画,在反映现实生活题材及宗教题材上,也都有重大突破和成就。代表性画家有唐代阎立本、吴道子、张萱、周昉。传存至今的代表性作品有阎立本《步辇图》、吴道子《送子天王图》、张萱《捣练图》《虢国夫人游春图》、周昉《簪花仕女图》《挥扇仕女图》《调琴啜茗图》。

山水画在南北朝时期已出现独立分科，从唐代开始作为独立画科进入实质性发展阶段，涌现出一批专门画山水画的大家。展子虔的《游春图》是传存至今最早的山水画，以青绿山水的风貌开创了我国山水画的端绪，并初步探讨了"咫尺千里"的透视观。王维、张璪等人则首创了不赋色彩，以水墨表现景物的水墨山水画，与青绿山水形成风格迥异的两种流派。传存至今的代表性作品有李思训的《江帆楼阁图》、李昭道的《明皇幸蜀图》。

花鸟画在唐代开始成为独立的画科，这一时期的花鸟画题材广泛，勾画精工，赋色浓丽，专擅花鸟的画家有薛稷、边鸾。还有擅长鞍马画的画家，如曹霸、韩干、韩滉。传存至今的代表性作品有韩干的《牧马图》。

唐代的石窟、寺观、墓室壁画作品极多，题材丰富。其中石窟壁画以敦煌莫高窟为代表。

6. 五代十国

"五代"指在黄河流域先后建立的后梁、后唐、后晋、后汉、后周几个朝代，"十国"指在长江中下游地区先后出现的前蜀、后蜀、南吴、南唐、吴越、闽国、南楚、南汉、荆南（南平）、北汉十个割据政权。五代十国时期，中原地区战火四起，这一时期虽短暂，却继承了唐代的传统，山水画与花鸟画都有了新的突破，在绘画史上留下了不可磨灭的影响。

南唐和西蜀的统治者尤爱书画，开设宫廷画院，为来自各地的画家提供了一个高水平的绘画交流平台。南唐画院待诏画家中，人物画代表有周文矩的《重屏会棋图》《宫中图》和顾闳中的《韩熙载夜宴图》。

山水画家承上启下，形成了以荆浩、关仝为代表的北方重峦峻岭，和以董源、巨然为代表的江南温润秀雅风光，这两种不同的风格和画派，体现了五代山水画的巨大成就。代表作品有荆浩的《匡庐图》，关仝的《关山行旅图》，董源的《潇湘图》，巨然的《万壑松风图》。

花鸟画出现了"徐黄异体"。"徐"指徐熙，"黄"指黄荃，"异体"指他们有不同绘画风格。徐熙终身与田园相伴，独创"落墨"法，以墨为主，色彩为辅，用笔不求工细，随性而为。黄荃是典型的宫廷画家，所画多为宫廷中的奇禽名花，画风精工富丽，情态生动逼真，具有精谨艳丽的富贵气象。他们的不同风格被人称为"黄家富贵，徐熙野逸"。

7. 两宋

宋代是我国古代绘画的黄金时期，各类绘画都发展到了高度成熟的阶段。不仅继承了宫廷画风，院画空前兴盛，而且士大夫绘画潮流开始形成，绘画的题材风格也更加多样和专门化，手法更加精致。传统绘画出现了雅俗分流的格局，进入了一个崭新的创作时期。

宋代人物画较前代有更多的创新，画家们自立新意，开一代人物画新风格。主要成就有武宗元为代表的宗教画、李公麟为代表的白描人物画、梁楷为代表的水墨简笔人物画及张择端为代表的历史风俗画等。张择端的《清明上河图》代表了宋代风俗画发展的最高水平。该图以全景式构图，严谨精细的笔法，描绘了清明时节北宋首都汴京东角楼部分街区和郊外汴河沿岸一角繁荣热闹的都市风貌和景物风光。它见证了汴京的繁荣，反映了宋代城市社会生活的方方面面，展现了北宋农业、手工业、交通运输、商业贸易的兴盛。它是中国古代绘画史上一幅伟大的杰作，且具有高度的历史文献价值。

北宋山水画，继五代之后更为兴盛，人们寄情于山水，从山水中获得情感上的满足。此时名家辈出，风格多样，代表人物有李成、范宽、巨然、郭熙、王希孟等。李成师法荆浩、关仝，以画雪景寒林著称，所画山水"烟云远近""木石瘦硬"，在北宋被誉为"古今第一"，代表作有《寒林平野图》《晴峦萧寺图》等。范宽学习荆浩、李成，在前人的基础上"自立家法"，擅画雪景与千岩万壑。其山水画气势雄伟，抢笔俱匀，代表作有《溪山行旅图》《雪山萧寺图》等。宋人评李成、范宽是"一文一武"，世称"李范"。

南宋山水画代表则有"南宋四家"，分别为李唐、刘松年、马远、夏圭。马远祖上即是画院的画家，家学深厚，喜画奇峭坚实的山石峰峦，代表作有《踏歌图》。夏圭用笔苍劲，水墨淋漓，点景人物笔简神全。马、夏山水由于大胆剪裁，突破全景式而画边角之景，因而被称为"马一角""夏半边"。

花鸟画，宋代是花鸟画历代以来最为繁荣的时期。北宋前期花鸟画画风与五代相近，北宋中后期开始逐渐变化，画家们不再满足于模仿古人的画稿，重视从实际观察中提炼花鸟的形态。赵昌、崔白、吴元瑜是此时的大家。南宋花鸟画则摆脱北宋花鸟画在布局、形象上过分写实的要求，工笔与写意结合，兼工带写，空间灵活。吴炳、马麟、李迪等是这一时期的代表。

文人画在宋代形成了独特体系，文人画专以水墨写意画梅、兰、竹、菊等，文人们借画抒情，状物言志，以表现高洁品格。文人画赋了梅兰竹菊以道德品格，号称"四君子画"。文同精通诗词书画，爱画墨竹，开创了"湖州竹派"；扬补之的墨梅成就最高；郑思肖以画墨兰著名。法常擅水墨写意花鸟，用笔恣肆而形神兼备，对明清水墨写意画产生重大影响。

8. 元

元代各民族间互相交流融合，艺术的某些方面带有民族的地方色彩。侍奉于朝廷的北派文人画家与隐于江南的南派"遗民画家"占据画坛主流，代表画家有高克恭、赵孟頫、钱选等。他们的创作比较自由，多表现自身的生活环境、情趣和理想。山水、枯木、竹石、梅兰等题材大量出现，作品强调文学性和笔墨韵味，重视以书法用笔入画和诗、书、画的结合。

元代山水画取得了巨大发展，开始摆脱宋代院体画的影响，不再重视工细刻画，转而强调笔墨效果和简淡意境，在山水画中注入文人画的元素，其中以赵孟頫、"元季四家"为代表。赵孟頫在绘画、书法、诗文、音律方面均有所成就，尤其精通书画。他绘画功底深厚，山水、人物、竹石、鞍马等无不擅长。赵孟頫在艺术上主张"古意"与"书画同法"，认为作画贵在重视神韵，追求清雅朴素的画风。他又强调书法与绘画的关系，将书法用笔进一步引进绘画之中，加强艺术表现力。其传世作品《鹊华秋色图》，画的是山东济南郊外鹊山和华不注山的秋景，画境清旷恬淡，恬静悠闲。赵孟頫去世后，南派山水画家成为画坛主流，最为突出的是并称"元季四家"的黄公望、吴镇、倪瓒、王蒙。黄公望长居山中，十分熟悉常熟虞山、浙江富春山一带风景。他取法荆浩、董源诸家，加以融合，以水墨或浅绛设色作画，苍润浑厚，颇具境界，代表作有《富春山居图》。

花鸟画则是在南宋画家的梅兰竹画与写意新体的基础上发生剧烈变化，墨花、墨禽兴起，出现以墨代色的工笔花鸟画，以梅兰竹菊为题材的"君子画"兼具写实与传神，较前代更上一层楼。

人物画因为受到社会政治的影响，大多数画家消极避世，反映社会生活的人物画减少。

9. 明

明代社会稳定，山水画、花鸟画成为绘画主流，人物画、宗教画进一步衰落。此外，明代画坛画派林立，宫廷画院派以边景昭、孙隆等为代表，多画山水、花鸟，人物画取材比较狭窄。浙江画派以戴进、吴伟为代表，画艺精湛，技法全面，山水、人物都很擅长，山水画成就尤为突出。"吴门四家"以沈周、文徵明、仇英、唐寅为代表，他们继承宋元文人画传统，以山水画见长，作品注重笔情墨趣，讲究诗、书、画的有机结合，题材和趣味较适应城市民众的要求，具有雅俗共赏的艺术效果。

明代后期，花鸟、山水、人物画领域都有长足的发展。花鸟画写意之风渐盛，陈淳、徐渭、周之冕、孙克弘等人使写意花鸟画的笔墨达到了遗形取神的境界。徐渭画风狂放，他的《墨葡萄图》以泼墨写意法画葡萄枝，葡萄晶莹剔透，藤条交杂错落，墨法不落俗套，摹形遗貌取韵。徐渭泼墨写意的花鸟画风对清代及近现代的花鸟画发展产生了深远影响。人物画方面，既有追求拙丑趣味的变形人物画风，又有精到传神的肖像画派。前者以陈洪绶、崔子忠、丁云鹏、吴彬等人为代表，后者以曾鲸为首的波臣派为代表。山水画方面，以董其昌为首的松江派，强调摹古，注重笔墨，追求"士气"。

10. 清

清代初期，涌现了一大批杰出的艺术家，是中国绘画史上又一繁荣时期。他们中有"四王"（王时敏、王鉴、王原祁、王翚）、"四僧"（石涛、朱耷、髡残、弘仁）、"金陵八家"（龚贤、樊圻、高岑、邹喆、吴宏、叶欣、胡慥、谢荪）。这批画家或拟古，或摒弃正统、追求个性，或发扬地域特色，百花齐放，造就了清初画坛山水画的璀璨景象。清代中期，扬州出现了继承发扬清初"四僧"传统的"扬州八怪"（金农、郑燮、黄慎、李鱓、李方膺、汪士慎、罗聘、高翔）。他们发展了重视生活感受、强烈抒发性灵的阔笔写意画。他们的绘画在一定程度上挣脱了宫廷提倡的正宗保守艺术的羁绊，形成反映时代变化的新风貌。清代中期，画家们继承前人传统的同时师法造化，开始重视山水写生。人物画方面，因欧洲传教士画家供职宫廷，而融入了部分西洋画法。清后期，出现了适应市俗审美趣味的肖像与仕女画家改琦、费丹旭等人。他们在笔墨技法上各有所长，对近世仕女图和民间年画的创作均有深远影响。

晚清时期，鸦片战争后，上海成为中国近代第一商埠，吸引了许多画家在这里侨居，形成"上海画派"。海派画家以赵之谦、虚谷、张熊等为代表，作品商业气息浓厚，他们吸收西方绘画元素，变革传统，形成了新的面貌。

（二）书法的起源与发展

1. 先秦时期

先秦时期的文字主要有殷商的甲骨文、西周的金文和春秋战国的石鼓文，其中金文和石鼓文属于大篆，甲骨文则是大篆、小篆的前身。

甲骨文是殷商时期刻写在龟骨、兽骨、人骨上记载占卜和祭祀等活动的文字，其风格豪放，字形大小错落，生动有致，各尽其态，富有变化而又自然潇洒。此时的甲骨文已具备了中国书法的三个基本要素：笔法，结构，章法。

金文是殷商与周朝时期刻铸于青铜器上的铭文，因古代称铜为金，所以这些文字又被称为"金文"。青铜器的种类繁多，由于当时的礼器以鼎为代表，乐器以钟为代表，因而也把这种文字称为"钟鼎文"。金文属于大篆，字形流畅，结构严谨，笔画古拙，线条稳重，十分典雅庄重。大盂鼎铭文是西周早期金文书法的代表作，其书法体势严谨，字形、布局都十分质朴平实，用笔方圆兼备，具有端严凝重的艺术效果。到了西周晚期的宣王时期，金文已发展到极其成熟的境地，该时期的金文代表毛公鼎铭文结构匀称准确，线条遒劲稳健，布局妥帖，充满了理性色彩。

石鼓文是春秋战国时期的刻石文字，因其所刻之石外形似鼓而得名。石鼓文发现于唐初，共计十枚，高约三尺，径约二尺，分别刻有大篆四言诗一首，共十首，计七百一十八字，其内容为记述秦王游猎之事，故石鼓又称为猎碣。石鼓上的字虽与金文有所不同，但就其格局体势来看，仍与大篆同属一个体系，但已初现秦篆的端倪，对后来秦朝小篆的出现有很大影响。

2. 秦

《说文解字序》说："秦书有八体，一曰大篆，二曰小篆，三曰刻符，四曰虫书，五曰摹印，六曰署书，七曰殳书，八曰隶书。"秦统一后，推行"书同文，车同轨"的政策，将全国文字统一为上述八种字体。为了厘清春秋战国以来混乱的文字，李斯、赵高、胡毋敬在大篆的基础上进行修改，使文字更易书写和传播，写成《仓颉篇》《爰历篇》《博学篇》，其中文字为秦篆，又叫小篆，是秦的官方实用标准字体。秦代是继承与创新的变革时期。小篆笔画首尾匀圆，并呈长方形，线条圆润流畅，给人以刚柔并济，圆浑挺健、端庄稳重的感觉。篆书代表作品有李斯的《泰山刻石》，唐张怀瑾称颂李斯的小篆："画如铁石，字若飞动""骨气丰匀，方圆妙绝"。

3. 汉

汉代是汉字书法发展史上空前繁荣的时期，大篆、小篆仍在使用，隶书大盛，成为这一时代的代表性字体。草书应运而生，行书、楷书也开始萌芽。汉代隶书是由篆书发展而来，是汉代的通用字体。隶书笔法日臻纯熟，突破了单一的中锋运笔，讲究字形扁方，起笔蚕头，收笔雁尾。隶书的变革为以后各种书体流派奠定了基础。隶书左右分展，而且书体风格多样。汉隶的代表作品有《乙瑛碑》《礼器碑》《马王堆帛书》《曹全碑》等，不仅字体饱满有力，且富含艺术美感，反映了汉代社会的繁荣与文化自信。同时，汉隶的标准化也促进了书法艺术的传播，为后世楷书的形成奠定了基础。

4. 魏晋南北朝

在这个时代，是篆隶真行草诸书体皆备且日臻完善的时期，书法艺术经历了从隶书向楷书的转变，楷书的笔画形态趋于定型，线条流畅、结构严谨，楷书逐渐确立为官方正统字体。书法家钟繇，他以曹喜、蔡邕、刘德升为师，博采众长，兼善各体，尤精小楷。其书法结构朴实严谨，笔势自然，开创了由隶书到楷书的新貌。钟繇的真迹早已失传，宋代以来法帖中所刻的小楷《宣示表》《荐季直表》等都是晋唐人摹本。同时，书法艺术开始注重个性表达，出现了行书的雏形，预示着书法风格的多元化趋势。王羲之十二岁时经父亲传授笔法论，"语以大纲"，即有所悟。他小时候就从当时著名的女书法家卫夫人学习书法，最终达到了"贵越群品，古今莫二"的高度。其行书代表作《兰亭序》兼具行楷之美，章法布局疏朗有致，用笔变化多端，线条遒劲，字体圆融中和。在草书领域，书法家们规范整理了汉代章草，卫瓘、陆机、王羲之等人大大地推动了今草的发展。王羲之的《十七帖》便是今草的典范。魏晋南北朝的书法家们，不仅在技法上精益求精，更在思想上追求自由与创新。他们将个人情感与生活体验融入笔墨之间，使书法作品不仅仅是文字的书写，更是精神世界的体现。这一时期的楷书，既有规矩方圆的秩序感，又有挥洒自如的艺术张力，形成了独特的审美价值。总的来说，魏晋南北朝是中国书法史上的重要阶段，楷书在此期间完成了从隶书到成熟的过渡，奠定了后世书法的基础，同时也开启了行书、草书等新体式的探索，为书法艺术的繁荣多元奠定了基石。此外，碑刻书法的发展，使得楷书在实用性与艺术性上达到了更高的融合，如《龙门二十品》，上承汉隶，下开唐楷，笔势方峻雄强，颇多变化，端庄大方，刚健质朴，就是这一时期魏碑的杰出之作。

5. 唐

书法至初唐而极盛，唐是书法艺术的巅峰时期，楷、行、草三体并驾齐驱，共同铸就了中国书法史上的辉煌篇章。楷书在此时达到了前所未有的规范化境地，楷书四大家中的三位便诞生在这个时代，四大家分别是唐朝欧阳询（欧体）、唐朝颜真卿（颜体）、唐朝柳公权（柳体）、元朝赵孟頫（赵体）。欧阳询的欧体笔力险峻，结构独异，代表作《九成宫醴泉铭》是由魏徵撰文、欧阳询书。此碑用笔方正，且能于整齐中见险绝，字画的安排紧凑、匀称，间架开阔稳健，世称"天下第一楷书"。颜真卿的楷书端庄雄伟，气势开张，代表作《颜勤礼碑》的笔法藏头护尾，结体横细竖粗，突出表现了颜楷体的笔画特点，是学习颜体的最好范本。颜真卿的《多宝塔碑》以其雄浑磅礴的格调独领风骚，字形端庄，结构稳固，奠定了后世楷书的典范。柳公权楷书清健遒劲，结体严谨，笔法精妙，笔力挺拔，代表作《玄秘塔碑》原碑现存陕西西安碑林，是历来影响最大的楷书范本之一；《神策军碑》结体布局平稳匀整，左紧右舒，也是较好的临写范本。褚遂良是欧阳询、颜真卿、柳公权外唐代楷书的代表性书法家。《雁塔圣教序》是最能代表褚遂良楷书风格的作品，字体清丽刚劲，笔法娴熟老成。在字的结体上，他改变了欧阳询、虞世南的长形字，创造了看似纤瘦，实则劲秀饱满的字体。在运笔上，他则采用方圆兼施，逆起逆止；横画竖入，竖画横起，首尾之间皆有起伏顿挫，提按使转以及回锋出锋也都有一定的规矩。

行书在唐代更是璀璨夺目，李世民大力推崇王羲之的书法，对学王者皆加以提拔，又亲自书写了《晋祠铭》《温泉铭》等碑文，开创了行书入碑的先例。颜真卿的行草《祭侄文稿》写得神采飞动，笔势雄奇，姿态横生，得自然之妙。元代书法家鲜于枢评此帖为"天下第二行书"。

草书领域，有张旭与怀素等巨匠的创新。张旭的草书《十五日帖》《肚痛帖》似怪而不怪，点画用笔符合传统规矩，通过传统技法表现自己的个性，纵逸豪放之处，远远超过了前代书法家的作品，具有强烈的盛唐气象。随着佛教的兴盛，僧侣书法也崭露头角，如怀素的草书，其《自叙帖》《小草千字文》等作品线条狂放、气势磅礴，以狂继癫，继承和发展了张旭的草书。

唐朝书法的全面发展并非仅限于个别艺术家的杰出贡献，而是深深植根于社会文化的整体繁荣之中，它反映了唐朝盛世的精神风貌和艺术高度。这是一段书法艺术与社会生活相互交融，共同提升的黄金时代。

6. 宋

宋代社会发展、技术进步为书法艺术发展提供了有利条件，帝王对书法的喜好与大兴刻帖，极大地推动了书法的普及与发展。宋代的书法家们在遵循传统的基础上，大胆创新，以"尚意"为主导，强调内在精神的表达，推崇自然流畅、意境深远的笔墨。

楷书方面，蔡襄的书法学习王羲之、颜真卿、柳公权，浑厚端庄，雄伟遒丽，代表作《蔡襄尺牍》字字端雅，雍容大度，一笔不苟，似乎全用颜法，只是结体略扁。宋徽宗赵佶政治上昏庸，生活上荒唐，艺术上聪颖。他广泛收集民间文物，特别是金石书画。他的书法，早年学薛稷、黄庭坚，参以褚遂良诸家，融会贯通，形成自己的风格，号"瘦金体"。其特点是瘦直挺拔，横画收笔带钩，竖画收笔带点，撇如匕首，捺如切刀，竖钩细长，已近行书，其代表作品有《草书团扇》《牡丹诗册》。

行书领域，苏轼、黄庭坚等人的作品以豪放洒脱、韵律生动见长。苏轼的书法从"二王"、颜真卿、柳公权、褚遂良等各家汲取营养，在继承传统的基础上努力革新。其作品《黄州寒食帖》内容为自己创作的两首五言诗，一首写被贬黄州的艰苦生活，一首写屋漏偏逢连夜雨的遭遇和孤苦心境。其中书法用笔以侧锋为主，布局疏密有度，笔画丰满，由细渐粗，字体由小渐大，全帖越写越奔放洒脱，与诗歌内容相得益彰，代表了苏轼行书的最高成就。黄庭坚书法取法怀素、颜真卿，风格自成一派。在《松风阁诗帖》中黄庭坚以七言诗的形式写下了松风阁的美景，表达了自己对自然的热爱和对人生的思考。这篇诗帖字体大如小拳，笔画如长枪大戟，结体上长波大撇，舒展丰润，展现了黄庭坚独特的艺术风格，是黄庭坚成熟时期的代表作。

草书则以米芾的狂放不羁为典型，展现了高度的艺术自由。米芾的草书追求"稳不俗、险不怪、老不枯、润不肥"，既要求在变化中达到统一，又把裹与藏、肥与瘦、疏与密、简与繁等对立因素融合起来。章法上，重视整体气韵，兼顾细节的完美，成竹在胸，书写过程中随遇而变，独出机巧。其代表作有《蜀素帖》《紫金砚帖》等。

宋代的书法展览和交流活动频繁，如翰林图画院就是一个重要的平台，众多书法家在此切磋技艺，交流心得，推动了书法艺术的繁荣。同时，宋代还注重书法教育，书法理论的丰富和完善，出现了许多著名的书法教材，如宋徽宗命文臣编撰的《宣和书谱》等，这些著作不仅记载了当时的书法流派和技法，也对书法理论进行了深入探讨，为后世提供了宝贵的参考。宋代书法的影响力远远超出了艺术领域，它渗透到了社会生活的各个方面，成为了一种文化符号，代表着士人的修养和品位。这种风气一直延续至明清，甚至影响了日本、韩国等周边国家的书法艺术发展。

7. 元

元代蒙古族入主中原带来了文化交融的机遇。元初书法崇尚复古，宗法晋、唐。元文

中华传统文化

宗天历初建奎章阁，专掌秘玩古物，书法一度出现兴盛局面。赵孟頫、鲜于枢等名家，是这一时期书法的代表。他们主张书画同法，注重结字的体态。赵孟頫善篆、隶、楷、行、草书，尤以楷、行书著称于世。《元史》记载，"孟頫篆籀分隶真行草无不冠绝古今，遂以书名天下。"赵孟頫以王羲之、王献之为宗，书法外形圆润而筋骨内涵，点画华滋遒劲，结体宽绰秀美。代表作有《千字文》《洛神赋》《胆巴碑》《归去来兮辞》《兰亭十三跋》《赤壁赋》等。鲜于枢与赵孟頫二人书法在当时并称"二妙"。鲜于枢的功力很扎实，悬腕作字，笔力遒健，代表作有《唐诗草书卷》《临神仙起居帖》。元代还有诸如高克恭、康里巎巎等书法家，他们的作品各具特色，展现了元代书法的多元化和繁荣景象。总的来说，元代书法环境的变革，既是对前朝艺术传统的继承和发展，又是对新文化的接纳和融合，它以其独特的艺术魅力和深厚的文化内涵，在中国书法史上留下了浓墨重彩的一笔。

8. 明

明代书法艺术在继承前朝传统的同时，展现出鲜明的时代特征。这一时期，书法风格趋于稳健与精细，朝野士大夫重视帖学，皆喜欢姿态雅丽的楷书，行书，几乎完全继承了赵孟頫的格调。行书领域，董其昌提倡"南北宗论"主张以自然为宗，强调笔墨的韵味与空间布局的疏密有致，使行书艺术更加注重情感表达和个人风格的展现。在其作品中，如对《兰亭序》的经典临摹以及山水画的题跋书法中，深度融入了他的艺术主张，展现了独特的个人风格。草书方面，虽然不像楷书那样受到严格规范，如徐渭的狂草，以奔放不羁的笔触表达内心世界的热烈与激情，在《青天歌卷》《咏墨磁轴》《题画诗》等作品中，他用的笔法并不复杂，但整体气势骇人，所有的才情、悲愤、苦闷都郁结在笔画中了。明代书法还深受绘画的影响，许多书法家同时也是画家，他们在创作中追求"书画同源"，将书法的线条美与绘画的意境美相结合，形成了一种独特的艺术风貌。总的来说，明代书法以其深厚的文化底蕴，严谨与灵动并存的风格，以及个性化的追求，不仅丰富了中国书法的艺术内涵，也对后世产生了深远影响，成为了中国书法史上的重要篇章。

9. 清

清代书法在近几百年的发展历史上，经历了一场艰难的蜕变，它突破了宋、元、明以来帖学的樊笼，开创了碑学，特别是在篆书、隶书和北魏碑体书法方面的成就，可以与唐代楷书、宋代行书、明代草书相媲美，形成了雄浑的书风。碑学书法家借古开今的精神和表现个性的书法创作，使得书坛显得十分活跃，流派纷呈，一派兴盛局面。清代初期书法继承明代的余绪，书法家以王铎、傅山、朱耷、归庄、宋曹、冒襄等为代表。他们均擅长行草书，而以王铎、傅山的影响最大。王铎行草浑雄恣肆，一时独步。朱耷的行草藏头护尾，其点画及其转折中蕴涵着一种国破家亡的惨痛的心情，和他的画有同一机杼。书法家如赵之谦、翁同龢等，推崇碑帖结合，力图恢复汉魏古朴气象，形成了一种刚劲雄浑的"北派"风格。总的来说，清代书法如同一幅多彩的文化地图，各地方的特色鲜明，既有传统的继承，又有创新的尝试，共同构建了清代书法的瑰丽画卷，成为中国书法史上的璀璨明珠。

四、经典故事

故事 1

点睛募捐

顾恺之早年丧母，但他对母亲的记忆深深刻在心中。从八岁起，他以想象为笔，将母亲形象绘于画纸，不断请教父亲并修改，直至画像生动传神。一次，他展示母亲的肖像给父亲，父亲惊讶地问："妻子你怎么回来了？"可见顾恺之画艺精湛。

晋哀帝时期，建康瓦棺寺募捐修缮，贵族捐款不足。顾恺之决心以画艺筹集资金，他自信满满地提出能募得一百万文钱。和尚初听不信，他提出条件：为他粉刷一面墙壁，画完后按日计捐。顾恺之作画一个月，最终在维摩诘居士肖像上点睛，引来大量观众参观捐赠，成功募得一百万文钱。

这次事件使顾恺之名声大噪，被誉为画坛新星，连诗圣杜甫都赞其画技"虎头金粟影，神妙独难忘"。从此，他凭借画作和名气，成功助力瓦棺寺建设。

故事 2

阎立本与狄仁杰

永徽年间，阎立本晋升为河南道黜陟使，相较于早年的"画坛才子"之称，他此刻的权力与影响力更为显著。尽管在任期间他的政绩并非格外耀眼，然而一次不经意的选择，却对大唐未来的轨迹产生了深远影响。

在履行官员考核职责的过程中，阎立本邂逅了一位初出茅庐的基层官员。那是个年轻的面孔，尽管地位不高，年纪轻轻，然而他眼中流露出的那份深邃与沉稳，仿佛藏着无尽的潜力，让阎立本瞬间为之倾倒。他赞叹道："在画家的眼中，世人皆有两面，一类是我心中的画作，一类则是被我忽视的存在。而你，无疑属于前者，你的形象让我渴望用画笔捕捉。"

阎立本不仅给予了这位年轻人极高的评价，更是在考核结束后极力推崇。他将这名青年带回京城，如同珍宝般向朝中各界力荐。事实证明，阎立本的眼光犀利无比，他发掘的这位年轻人，正是狄仁杰。

故事 3

洗砚池

在王羲之的日复一日的艺术修炼中，他始终坚持书法创作后的严谨洗笔仪式。他的书房内，有一个特别的水池，每当他挥毫泼墨后，都会将砚台和毛笔洗涤其中。年深日久，那清澈见底的池水竟被墨色染得深沉，仿佛沉淀了他对艺术的执着与热爱。这个承载着他辛勤汗水的池塘，被后人尊称为"洗砚池"。它是王羲之勤奋刻苦，对书法艺术精益求精精神的生动写照。"临池学书，池水尽黑"，这一传奇故事流传至今，成为了无数学子追求卓越，持之以恒学习的典范，象征着坚韧不拔的精神风貌和对知识的无尽渴望。

五、名篇佳句

1.《洛神赋图》顾恺之

【赏析】《洛神赋图》是北京故宫博物院馆藏珍品。绢本设色，纵27.1厘米，横572.8厘米。该作品是东晋著名画家顾恺之绘制（宋摹）。这幅画是根据曹植著名的《洛神赋》而作，为顾恺之传世精品。此卷宋摹本在一定程度上保留了顾恺之艺术的若干特点，可遥窥其笔墨神情。

2.《步辇图》阎立本

【赏析】《步辇图》，绢本设色，纵38.5厘米，横129厘米，收藏于故宫博物院。描绘了唐贞观十五年（公元641年）唐太宗李世民接见来迎娶文成公主的吐蕃使者禄东赞的情景。

3.《冯摹兰亭序》冯承素

【赏析】《冯摹兰亭序》卷，唐，冯承素摹，纸本，行书，纵24.5厘米，横69.9厘米。此本用楮纸两幅拼接，纸质光洁精细。因卷首有唐中宗李显神龙年号小印，故称"神龙本"。后纸明项元汴题记："唐中宗朝冯承素奉勒摹晋右军将军王羲之兰亭禊帖"，遂定为冯承素摹本。

六、体验与实践

1. 传统笔墨体验：墨韵初探

实践内容：学生先了解毛笔的基本构造和使用方法，然后分发宣纸和各种国画颜料。指导学生尝试用毛笔蘸取墨汁，通过简单的线条练习如描摹花瓣、山石等，感受笔触和墨色的变化。

2. 主题创作：山水诗意图

实践内容：选择一首描绘山水的古诗，比如王维的《山居秋暝》。学生小组合作，一人负责读诗，一人或几人负责画出诗中的意境。通过团队协作，学习将文字转化为画面的方式。

3. 传统节日主题绘画：岁时风俗画

实践内容：以春节、端午节或其他中国传统节日为主题，让学生研究相关的民俗活动和象征元素，然后创作一幅节日主题的国画。可以是热闹的庙会，也可以是家家户户的装饰。

4. 笔墨之旅体验活动

（1）笔墨探索：了解各种书法工具，如毛笔、宣纸、墨汁等。

（2）基本笔画练习：学习楷书的基本笔画，如横、竖、撇、捺、点等，并在老师的指导下进行临摹，体验每一笔的运笔技巧。

（3）创作主题字：根据老师设置的主题（如"学"字），学生尝试独立创作，通过实践来提高对笔画结构的理解和把控。

（4）作品分享与讨论：学生展示并分享自己的作品，互相点评，教师引导他们关注书法的审美和构图。

单元四

版画与剪纸艺术

一、导语

　　中国，这个历史悠久的文明古国，以其深厚的底蕴孕育了众多非物质文化遗产，其中，版画与剪纸艺术就如同两颗璀璨的明珠，闪耀在民间艺术的星河之中。版画，以其独特的雕版工艺，将中国画的神韵和哲学思想刻于木板或石板之上，每一道线条都蕴含着深厚的文化内涵。而剪纸，则凭借简单的剪刀和纸张，展现出民俗生活的生动画面，无论是窗花的吉祥寓意，还是故事人物的传神刻画，都凝聚着匠人的智慧与情感。这一单元将带领你穿越时空，领略这两项艺术的魅力，感受它们如何以无声的语言讲述中国的故事，激发你的艺术灵感与对传统文化的敬仰。

二、概述

（一）版画

　　什么是版画？版画是绘画艺术的一个重要门类，中国是版画的发源国之一。在中国，现存最早的版画，有款刻年月的是唐代的《金刚般若波罗蜜经》卷首图。古代版画通常指木刻版画，此外也有少数的铜刻版画和石刻版画，这些版画通常是由作者们用刀或笔等工具，在木、铜、石等材料上刻制、拓印而成。如今，随着版画的发展，版画的种类逐渐丰富。从印制上分，版画可分为黑白木刻、套色木刻、水印木刻；从类型上分，有凸版版画、凹版版画、平版版画、孔版版画；从材料上分，可分为木刻、石刻、砖刻、纸刻等。版画具有"一版多印"的特点，只要将原版保存完好，制作者就能无限量地复制版画。版画在我国有悠久的历史，承载着中华民族的文明，是中华人民的劳动成果与智慧结晶，深刻地反映了广大人民的思想感情与对美好生活的追求。

（二）剪纸

　　剪纸，这门源远流长的民间艺术，其历史可追溯至几百万年前的原始社会。那时，人类已以刻画图案的方式在兽皮衣物和贝壳饰品上展现生活痕迹，这种早期的镂空工艺预示了剪纸艺术的萌芽。随着陶器和玉器的兴起，其表面的纹饰图案已与后来剪纸的样式相仿。

剪纸艺术的内容包罗万象，紧密贴近日常生活，无论是生动的自然元素，如飞禽走兽、繁花绿植，还是丰富的神话传说、戏曲故事，无一不在剪纸中得以体现。它如同一面反映生活的镜子，深入人心。

剪纸的魅力在于其普遍易得的材料——轻巧的纸张和剪刀，使得这项艺术得以在寻常百姓家流传开来。每逢传统佳节，剪纸的身影不可或缺，它们既是节日氛围的点缀，又是深层次文化意蕴的承载者。如春节期间，红火的剪纸象征吉祥喜庆；元宵节的灯笼上则挂满了色彩斑斓的剪纸图案；而寒食节时，白色的剪纸寄托着人们的哀思，无声诉说着历史的沧桑。

三、走进版画与剪纸艺术

（一）版画的起源与发展

1. 萌芽时期——商、周、汉

中华文明源远流长，绘画史可以追溯到远古时期，版画艺术也不例外。《辞海》里将"版画"解释为"将绘画复制于木、竹等版面上，或由木刻、拓制之画，皆称版画"，即说明只要在"版"上拓出来的画都可以称为"版画"。按这个定义来说，只要用刀等尖锐物在版面上镌刻出画，都属于版画，所以可以追溯到原始社会的岩画。到了商周时期，随着文字创造，开始在甲骨、青铜器、陶器、砖石上进行雕刻。随后古代人民又创造了毛笔和纸，在改进制纸的同时又智慧地发明了雕版印刷术。

2. 成形时期——隋、唐、五代

隋唐五代时期，中国社会经济繁荣，与周边国家的文化交流日益密切。这一时期，外来文化艺术的传入对中国版画艺术的发展产生了深远影响。特别值得注意的是佛教文化的传播对版画艺术的推动作用。公元 629 年，唐代高僧玄奘西行取经，虽然目前尚无确凿证据证明其带回雕版印刷品，但佛经的大规模传播无疑为雕版印刷技术的发展提供了重要契机。随后，唐代僧人义净从印度引入的雕版佛画制作工艺，确实极大地促进了中国雕版佛画技艺的提升。

这一时期的版画作品以佛教题材为主，主要包括木刻经卷扉画和单幅佛像画。代表性作品如《大圣毗沙门天王图》《救苦观世音菩萨图》《金刚般若波罗密经》扉页插画等，不仅在构图和技法上独具特色，更以其鲜明的木刻质感和精湛的技艺展现了时代风貌。这些作品既蕴含深厚的宗教内涵，又体现了高雅的艺术风格，是中国版画艺术发展的重要里程碑。

值得注意的是，尽管这些雕版佛画以宗教为主题，但其中融入了大量世俗生活元素，生动反映了当时的社会风貌和民众生活，具有浓厚的民族特色。隋唐五代时期，正是在经济繁荣和文化交流的背景下，通过与印度佛教艺术的交融，中国雕版佛画艺术实现了质的飞跃，不仅推动了印刷技术的发展，也成为这一时期文化艺术成就的重要代表。

3. 兴盛时期——宋、元

在宋元时期，佛教版画在唐朝和五代艺术的深厚积淀之上，实现了更为精湛的创新与发展。刻本的布局与构图愈发精致，展现出更为成熟的章法技巧。令人瞩目的是，经卷之中开始融入山水等自然元素，增添了艺术的生动性和丰富性。此外，版画的题材也日益多元化，包括科技知识详尽的书籍和文艺领域的图文集，都通过精美的雕印得以呈现。

这个时期，中国的版刻艺术中心如雨后春笋般涌现，北宋的汴京以其繁华独领风骚，南宋的临安、绍兴、湖州、苏州等地也相继成为艺术重镇，眉山、成都等地同样名声大噪。值得一提的是，辽代的套色漏印彩色版《南无释迦牟尼佛像》堪称我国早期彩色套印版画的瑰宝，它的存在不仅见证了我国印刷技术的卓越，而且在全球文化史上占据了无可替代的重要位置。

为了满足日常生活的实用性需求，宋代时期铜版印刷技术应运而生，主要应用于纸币的印制及各类广告，极大地便利了人们的经济交流与信息传播。而元代的"平话"刻本，则成为我国连环版画的前身。

4. 盛极而衰——明、清

明代初期的版画艺术承袭了宋元的精髓，线条粗犷而生动，展现出自然与奔放的气息，尽管画工与刻工往往由一人身兼，但作品如戏曲插图《娇红记》仍体现出古朴且构图巧妙的特点，充分体现了宋画的韵味。

进入明代中期，造纸技术和刻印工艺的进步催生了版画技艺的深化。名画家与刻工的分工合作使得版画艺术达到了新的高度，无论是品质还是艺术水准都有显著提升。套印技术在此阶段迅速发展，各地纷纷涌现以朱墨两色或多色印刷的通俗读物和戏曲小说插图，丰富了文化市场。

明代后期，版画艺术达到了巅峰，形成了金陵、徽州、吴兴、武林、建安等诸多流派，佳作纷呈。《西厢记》插图本便有多样版本，展示了多元的艺术风貌和精湛的刻制技艺。

画谱版画作为中国古代美术史上的瑰宝，尤其在《十竹斋书画谱》《十竹斋笺谱》《集雅斋画谱》等作品中得以体现。这些画谱不仅是绘画艺术的高度结晶，其版刻和印刷技术亦精妙绝伦，是明代彩色套印版画的典范。胡正言辑印的金陵作品以其卓越的艺术水准，堪称诗书画刻四绝的完美融合。

明末清初，版画艺术进入了一个高峰，画家与刻工的默契合作创造出无数珍品。郑振铎的评价揭示了那时画与刻的和谐交融，陈洪绶的《九歌图》与萧云从的《离骚图》以屈原诗歌为题材，成为我国插图版画的杰出代表，象征着那个时代的繁荣。

然而，清朝后期，随着近代印刷术的引入，传统雕版印刷和版画艺术逐渐被边缘化，步入了衰落的历程。这标志着一个时代的结束，也预示着中国版画艺术的新篇章即将开启。

5. 新兴时期——民国、中华人民共和国成立以来

在 20 世纪 30 年代，鲁迅先生以其独特的洞察力，将海外的木刻版画艺术引入中国，并积极倡导，这无疑为中国版画艺术的发展注入了新的活力。自此以后，我国版画艺术经

历了前所未有的繁荣期。随着时代的发展，其表现形式和艺术手法如同百花齐放，涌现出了众多才华横溢的版画家，他们的创作风格丰富多样，开创了一个崭新的局面，极大地推动了原创版画的发展。

中华人民共和国成立以来，我国版画艺术在之前美术成果的基础上，犹如破土而出的新芽，不断壮大。四川版画、北大荒版画、江苏版画等各具特色的流派相继崭露头角，其他地区版画也取得了显著的进步。新兴版画在题材选择和艺术体裁上实现了突破，具有个性化的表达和多元化的风格。诸如四川的牛文、江苏的黄丕谟、北大荒的晁楣、云南的李忠翔与李秀，以及浙江的赵宗藻、赵延年，上海的盛增祥、广东的肖映川等杰出艺术家，为新兴版画的发展做出了不可磨灭的贡献。

近年来，工业版画、农民版画和儿童版画等领域捷报频传，充分证明了版画并非小众艺术，而是我国艺术成就的重要象征。现代新兴版画与古典复制版画在制作技术、艺术内涵和现实意义方面形成了鲜明对比。

版画家们以艺术家兼革命家的双重身份活跃在中国历史的舞台上，他们用艺术作为斗争的利器，在思想教育领域发挥着至关重要的作用，他们的作品不仅是视觉艺术的瑰宝，更是时代精神的生动写照。

（二）剪纸的起源与发展

在中国传统文化的璀璨星河中，剪纸犹如一颗璀璨明珠，深深植根于民间，深受广大人民群众的喜爱。我国最早的剪纸作品发现，是新疆吐鲁番火焰山附近出土的北朝时期五幅团花剪纸。

唐宋时期，剪纸艺术达到了鼎盛，宫廷贵族竞相效仿，金箔银箔剪裁的精美图案成为皇家赐予大臣的珍贵礼品。李商隐的诗句"镂金作胜传荆俗，翦彩为人起晋风"正是那个时代的生动写照。进入宋元，纸张的普及使得民间剪纸业兴起，名家辈出，剪纸艺术开始深入寻常百姓生活。

明清时期，剪纸艺术不再仅仅是节日装饰，而是融入了生活的方方面面，从节庆挂饰到日常礼品，甚至祭祀仪式，它与刺绣、蓝花布印染、蜡染、陶瓷和硬木雕刻等民间艺术紧密相连，展现了丰富的文化内涵。

中华人民共和国成立后为剪纸艺人提供了更大的舞台，他们的技艺得到了官方的认可，被誉为民间工艺美术师、剪纸艺术家等，剪纸艺术表现形式日新月异。20 世纪 50 年代，上海电影制片公司的剪纸动画片《猪八戒吃西瓜》更是将中国剪纸推向世界，赢得了国际美术界的赞誉。

随着时代的发展，剪纸艺术以其独特的魅力和深厚的文化底蕴，焕发出前所未有的活力。2006 年，剪纸艺术被列为首批国家级非物质文化遗产，2009 年更进一步入选"人类非物质文化遗产代表作名录"，标志着这一艺术瑰宝在全球范围内得到了高度认可和珍视。

四、经典故事

故事 1

鲁迅与版画

1927 年 11 月，鲁迅在上海与现代版画发生了第一次亲密接触，他从内山书店（现四川北路 2050 号）购得日本艺术家永濑义郎所著《给学版画的人》一书，深受触动，于是在《奔流》的后记中写道："原先不过志在给《奔流》找插图而搜求的新书，因了所见一多，引起爱好，因了一种认识，觉得木刻不应局限于书籍的插图而已，在艺术界所赋的使命很大，唯其觉得使命之大，就更有借助他山之意。"

鲁迅对现代版画这种艺术形式的偏爱，反映出二者相似的社会批判意识。现代版画中表现底层人民群众生命力量的部分，透过刚健分明的线条与鲁迅对民族的忧患意识产生了共振，并且西方表现主义绘画风格与鲁迅人格特质也达到了某种契合。

故事 2

桐叶封弟

在西周时期，年轻的周武王姬发统治期间，他的幼子姬诵继承王位，即历史上的周成王。因年幼，成王的治理主要依赖于其叔父姬旦，一位严谨且忠诚的辅政者。

一日，成王与弟叔虞在宫中嬉戏，成王随手捡起一片桐叶，巧妙地模仿玉圭的形状，那是象征权力与信誉的神器，诸侯和大臣们在朝会和祭祀中必携之物。他随口对叔虞说："此乃我赐予你的玉圭，你将成为'唐'地的诸侯。"

叔虞欣喜若狂，奔去告知姬旦。姬旦闻言，询问成王此言当真，成王起初以为只是玩笑。然而，姬旦严肃地指出，作为天子，每一言一行都关乎国体，承诺必须兑现，以赢得臣民的信任。面对叔父的教诲，成王不得不履行诺言，正式册封叔虞为唐地诸侯，此事自此成为一段关于诚信与责任的历史佳话。

这个故事的本意是告诫人们做人一定要讲求诚信、要履行诺言。研究剪纸的专家却从中发现这也许就是剪纸的起源，所以这个故事也被称为"剪桐封弟"。至于当时周成王是用何种工具制作出树叶"玉圭"的，今天看来已不是那么重要了，因为在这个故事中，周成王用一片普通的树叶做出了一个形象具体的"圭"，这个过程和创作一幅剪纸作品的过程已经很接近了。

故事 3

抓髻娃娃

在中国的陕西、山西、甘肃等地，一种独特的剪纸艺术形式脱颖而出，那就是寓意吉祥的抓髻娃娃。这种剪纸巧妙地融合了孩童的形象与鸡的元素，其中抓髻的设计寓意着"抓吉"，象征着好运连连。在我国的历史长河中，鸡一直被视为神圣的图腾，对其崇敬之情源远流长。早在远古时期，人们就视鸡为驱邪避凶的守护神，他们在门前绘制生动的彩鸡图案，以期庇护家人的安宁。

鸡的鸣叫象征着新一天的开始，被赋予了唤醒沉睡大地、带来光明的使命，因此，人们视其为希望与生机的使者。更为重要的是，"鸡"与"吉"同音，使得鸡成为了吉祥如意的象征。这种美好的寓意使其成为剪纸艺术中不可或缺的元素，无论是传统的民间习俗还是现代的设计创新，都常见其身影，传达着人们对美好生活的向往和祝福。

五、名篇佳句

1.《大字魁本全相西厢记》（图 4-4-1）

图 4-4-1　《大字魁本全相西厢记》

【赏析】《大字魁本全相西厢记》由北京金台岳氏于 1498 年刊刻。《大字魁本全相西厢记》为孤本。版高 25 厘米，宽 16 厘米。原书天头地脚阔大，十分爽朗，全书高 39.7 厘米，宽 24 厘米。《大字魁本全相西厢记》画风粗犷，人物造像丰满，画面中花草树木、庭院假山随意点缀，无不恰到好处。线条流畅，粗细有致，使得画面生动传神。

2.《剪花娘子》（图 4-4-2）

图 4-4-2　《剪花娘子》

【赏析】剪纸名家库淑兰以自己为创作对象，创作了神秘的剪花娘子形象，并为此编了一段歌谣："剪花娘子把言传，爬沟遛渠在外边，没有庙院实难堪。热哩来了树梢钻，冷哩来了烤暖暖。进了库淑兰家里边，清清闲闲真好看，好似庙院把景观。叫来童子把花剪，把你名誉往外传。人家剪的琴棋书画、八宝如意，我剪花娘子铰的是红纸绿圈圈。"

六、体验与实践

1. 木刻版画创作工作坊

（1）理论回顾：复习版画的历史和基本类型，如木版画、铜版画等，理解其艺术价值和制作原理。

（2）实践操作：学生分组，每组领取一块木板和雕刻工具，学习如何设计并雕刻自己的图案。教师可以提供一些基础模板或指导初学者从简单的形状开始。

（3）印刷体验：完成雕刻后，学生用油墨在刻有图案的木板上进行拓印，体验印刷的过程，感受作品从设想变为现实的乐趣。

（4）作品展示与分享：每组展示他们的作品，并简要讲解创作思路，互相交流和学习。

2. 现代与传统相结合——剪纸创新挑战

（1）剪纸艺术的演变探索：学生研究和讨论剪纸在现代设计中的应用，比如在包装设计、海报制作或者数字艺术中的可能性。

（2）设计与科技结合：提供电子剪纸软件或 3D 打印技术，让学生将剪纸图案数字化或转化为实体模型，体验科技与传统艺术的融合。最后，让学生展示和分享他们的创新作品，鼓励团队合作和互相学习。

中国传统饮食文化

单元一

传统餐食与菜系文化

一、导语

民以食为天。餐食，最初源于生命延续的需要，随着历史长河的变迁，餐食不再停留在生命延续的需要，而是成为生活智慧和生命尊严的追求。

作为世界文明古国之一，中国饮食的历史源远流长。中国餐食始于有巢氏的茹毛饮血，历经燧人氏的石烹，伏羲氏养牲充庖厨，神农氏耕而陶炊，黄帝灶烹，彭祖由"雉羹之道"入"烹饪之道"，伊尹"调和五味"，渐渐形成因地理、气候、原料、口味、宗教信仰和民族习惯、历史文化等因素影响的菜系，餐食发展与菜系文化发展同频共进。

二、概述

"治大国，若烹小鲜。"在《道德经》里，老子用"烹小鲜"比喻治国理政与烹小鲜同理，不可过度扰民，让民众休养生息才是王道。

"治大国如烹小鲜"是一个典故。典故的主人翁是伊尹，伊尹是历史上第一个以负鼎俎、调五味而佐天子治理国家的杰出美食家。他创立的"五味调和说"与"火候论"，从古至今都是中国烹饪的不变之规。他"教民五味调和，创中华割烹之术，开后世饮食之河"，开启中国传统餐食文化的养生、美食、礼仪等多方融合发展之路，形成了以"热、熟为主，兼用生、冷"的餐饮方式，以"味为本、至味为上"的美食追求，以"进食有时，一日三餐"的良好饮食习惯，以"筷进餐，实用独特"的技能餐具，以"先上酒菜，后用饭食"的就餐习俗，以"白酒当家，浅斟慢啜"的饮酒风尚，以"客来敬茶，清饮热品"的茶事传统等。

三、走近中国菜系文化

中国的菜系繁多，流派纷呈，中国菜肴的地方风味早在西周春秋战国时就已初显端倪，到唐宋时期中国烹饪风格流派已经成形。明清时期中国菜肴已经形成了众多相对稳定的风味流派，流派中其中最具特色的有宫廷风味、官府风味、地方风味、清真风味和寺观风味。在清代形成的众多地方菜肴风味流派中，最具典型性的是鲁菜、川菜、淮扬菜及粤菜。20世纪初期，各地餐馆业中出现"帮口"菜称谓，"帮口"菜兼顾行帮和地方风味，形成地方特色明显的诸如京帮、豫帮、鲁帮、扬帮、徽帮、粤帮、湘帮、苏帮、宁帮等。

到二十世纪五六十年代，兴起了"菜系"之说，出现了川菜、鲁菜、苏菜、粤菜"四大菜系"。七十年代后，又先后出现了"五大菜系""八大菜系""十大菜系""十二大菜系"等菜系类别。诸如川菜、鲁菜、粤菜、淮扬菜、湘菜、闽菜、徽菜、浙菜"八大菜系"，川菜、鲁菜、粤菜、淮扬菜、湘菜、闽菜、徽菜、浙菜、鄂菜、京菜"十大菜系"，等等。目前，被大家广为接受的是"八大菜系"。

1. 川菜

川菜的"川"，是四川的简称，顾名思义，川菜是四川菜。川菜起源于古代的巴国和蜀国。它取材广，调味多变，菜式多样，口味清鲜与醇浓并重，以麻辣调味著称，麻辣味是川菜的典型特征。川菜分为上河帮菜、小河帮菜、下河帮菜。上河帮菜主要是四川成都、乐山一带的菜式。小河帮菜主要分布在现在四川以南的自贡、宜宾和内江。下河帮菜主要是老川东地区的达州、重庆等地。川菜代表菜品有麻婆豆腐、宫保鸡丁、辣子鸡、夫妻肺片、鱼香肉丝等。

2. 鲁菜

鲁菜的"鲁"，是山东的简称。鲁菜由胶东菜、济南菜、孔府菜三个菜系融合而成。鲁菜起源于春秋战国时期，秦汉时形成独特其咸鲜的风格，明清时期被引入宫廷内厨，成为皇家菜。鲁菜讲究咸鲜纯正，善用调味食材增香。菜品以擅长爆、炒工艺闻名，菜品多样，对其他菜系影响和发展较大，北方菜品大多数都有鲁菜菜品的特点。鲁菜吃食注重礼仪排场，是其成为皇家菜的原因之一。鲁菜代表菜品有九转大肠、糖醋里脊、四喜丸子、葱烧海参、油焖大虾、爆炒腰花等。

3. 粤菜

粤菜的"粤"，是广东的简称，粤菜俗称广东菜。粤菜由广州菜、潮汕菜、客家菜组成。粤菜的历史最早可追溯到秦汉时期。早期的广东菜以海鲜为主，逐渐发展出烧腊味、面点点心等种类。广东菜在发展中将中原烹饪方法与岭南本土方法相融合，使广东菜的特色更突出。粤菜制作过程秉承了"食不厌精，脍不厌细"的理念，后代传出"吃在广州，死在柳州"的说法，指的就是粤菜的精致与美味，尤其是"老火靓汤"。鲜美、清淡、原汁原味是粤菜最大的特点。粤菜典型代表菜品有白切鸡、八宝冬瓜盅、脆皮烧猪、杂鱼煲、梅菜扣肉、猪肚鸡、咕噜肉等。

4. 淮扬菜

淮扬菜是以淮安和扬州为中心的淮扬地域性菜系，菜品主要流传在江苏的淮安、扬州、镇江一带及安徽中部。"淮"指的是淮河，代表的是淮河流域的菜系；"扬"指的是扬子江，即长江，代表的是长江流域的菜系。淮扬菜原料以鲜活为主，口味清鲜平和，季节性强，刀工精细，造型美观。淮扬菜的代表菜品有清炖蟹粉狮子头、松鼠鳜鱼、镇江水晶肴蹄、文思豆腐、大煮干丝、梁溪脆鳝等。

5. 湘菜

湘菜的"湘"是湖南的简称，湘菜就是湖南菜，由湘江流域、洞庭湖区、湘西山区三种地方风味构成。湘菜重油，口味多变，香辣、香鲜、软嫩是湘菜的主要特点。烹饪方法多用煨、炖、腊、炒等方式。湘菜代表菜品有剁椒鱼头、永州血鸭、东安鸡、湘西外婆菜、吉首酸肉等。

6. 闽菜

闽菜的"闽"是福建的简称，闽菜起源于我国东南沿海福建，最早可追溯到两晋、南北朝时期。"永嘉之乱"后，中原士族入闽，及晚唐时期王审知兄弟立"闽国"，将中原饮食文化带入闽，与当地饮食文化融合，形成了以福州菜为主，融合闽东、闽南、闽西、闽北、莆仙五地的特色菜。闽菜口味酸甜，喜用"红糟"，重刀工，重原汁原味，烹饪技法多样。闽菜代表菜品有佛跳墙、鸡茸鱼唇、福鼎肉片、涌泉三丝、荷包鱼翅、琵琶虾等。

7. 徽菜

徽菜的"徽"指的是安徽，也表明了徽菜的地域是安徽一带。徽菜起源于古徽州，现在的徽菜是以皖南菜为代表的皖南菜、皖江菜、合肥菜、淮南菜、皖北菜的总称。唐代，徽州地区作为官方驿站，官员、商贾往来，带来各地不同的食材和烹饪技术，徽州人融合各地饮食文化，结合当地气候和食材，形成地方特色菜肴——徽菜。徽菜选材强调特色、当季，烹饪口味以咸鲜为主，突出本味，偏重红烧。徽菜的代表菜品有徽州一品锅、八公山豆腐、椒盐米鸡、方腊鱼、黄山炖鸽、无为板鸭等。

8. 浙菜

浙菜的"浙"指的是浙江。浙菜历史悠久，文化底蕴厚重。浙菜以杭州菜为代表，由杭州、宁波、绍兴、温州等地方菜组成。它起源于新石器时期的河姆渡文化，汉唐时期成型，宋元时期繁荣。浙菜追求新鲜，注重时令，强调本色却又善用调味，菜品富有层次感。浙菜的代表菜品有西湖醋鱼、西湖莼菜汤、东坡肉、龙井虾仁、荷叶粉蒸肉、杭州煨鸡等。

四、经典故事

故事 1

苏东坡与红烧肉

苏轼是我国北宋时期著名的大文学家。他不但对诗文、书法造诣很深，而且堪称我国古代美食家，对烹调菜肴很有研究，尤其擅长制作红烧肉。

回赠肉便是苏轼在徐州期间创制的红烧肉。宋祖宗熙宁十年四月，苏轼赴徐州任知州。七月七日，黄河在澶州曹村埽一带决口，至八月二十一日洪水围困徐州，水位竟高达二丈八尺。苏轼身先士卒，亲荷畚锸，率领禁军武卫营，和全城百姓抗洪筑堤保城。经过七十多个昼夜的艰苦奋战，终于保住了徐州城。

全城百姓无不欢欣鼓舞，他们为感谢这位领导有方，与徐州人民同呼吸共存亡的好知州，纷纷杀猪宰羊，担酒携菜上府慰劳。苏轼推辞不掉，收下后亲自指点家人制成红烧肉，又回赠给参加抗洪的百姓。百姓食后，都觉得此肉肥而不腻、酥香味美，一致称他为"回赠肉"。此后，"回赠肉"就在徐州一带流传，并成为徐州传统名菜。

元丰三年二月一日，苏轼被贬到黄州任团练副使。他自己开荒种地，便把此地号称"东坡居士"。这就是"苏东坡"的由来。在黄州期间，他亲自动手烹饪红烧肉并将经验写入《食猪肉诗》中。苏轼在徐州及黄州时烹制的红烧肉，只是在当地有影响，在全国并没有多大的名气。真正叫得响并闻名全国的烧肉，是苏轼第二次在杭州时的"东坡肉"。

宋哲宗元祐四年一月三日，苏轼来到阔别十五年的杭州任知州。元祐五年五六月间，浙西一带大雨不止，太湖泛滥，庄稼大片被淹。由于苏轼及早采取有效措施，使浙西一带的人民度过了最困难的时期。他组织民工疏浚西湖，筑堤建桥，使西湖旧貌变新颜。杭州的老百姓很感谢苏轼做的这件好事，人人都夸他是个贤明的父母官。听说他在徐州、黄州时最喜欢吃猪肉，于是到过年的时候，大家就抬猪担酒来给他拜年。苏轼收到后，便指点家人将肉切成方块，烧得红酥酥的，然后分送给参加疏浚西湖的民工们吃，大家吃后无不称奇，把他送来的肉都亲切地称为"东坡肉"。

故事 2

咕噜肉

咕噜肉，又名古老肉，是广东的传统特色名菜，在国内外都享有较高声誉。此菜品色泽金黄，入口香脆嫩滑，酸酸甜甜，爽口开胃。

关于咕噜肉的名称由来有两种说法。第一种说法是指由于这道菜以甜酸汁烹调，上菜时香气四溢，令人禁不住咕噜咕噜地吞口水，因而得名。第二种说法是指这道菜历史悠久，故称为古老肉，后谐音转化成咕噜肉。

五、名篇佳句

1.

《蜀都赋》（节选）
[魏晋] 左思

侈侈隆富，卓郑埒名。公擅山川，货殖私庭。藏镪巨万，鈲揽兼呈。亦以财雄，翕习边城。三蜀之豪，时来时往。养交都邑，结俦附党。剧谈戏论，扼腕抵掌。出则连骑，归从百两。若其旧俗，终冬始春。吉日良辰，置酒高堂，以御嘉宾。金罍中坐，肴烟四陈。觞以清醥，鲜以紫鳞。羽爵执竞，丝竹乃发。巴姬弹弦，汉女击节。起《西音》于促柱，歌《江上》之飚厉。纡长袖而屡舞，翩跰跰以裔裔。合樽促席，引满相罚。乐饮今夕，一醉累月。

【赏析】以上节选自文学家左思所著《蜀都赋》。早在一千多年前，左思在《蜀都赋》中描述了蜀国都城富庶无比，各地财阀富豪，都蜂拥而至，结朋交党。都城富足人家，经常宾朋满座，觥筹交错。座上金罍放中间，四周摆满美味佳肴。即"金罍中坐，肴烟四陈。觞以清醥，鲜以紫鳞"。描述了川菜取材广，调味多变，菜式多样，口味清鲜，突出了餐饮的方式。

2.

《论语·乡党》（节选）
[春秋] 孔子

食不厌精，脍不厌细。食饐而餲，鱼馁而肉败，不食。色恶，不食。失饪，不食。不时，不食。割不正，不食。不得其酱，不食。肉虽多，不使胜食气。唯酒无量，不及乱。沽酒市脯，不食。不撤姜食，不多食。

【赏析】孔子在餐饮上讲究：粮食不嫌舂得精，鱼肉不嫌切得细。粮食、鱼肉变质了，不吃。食物的颜色、气味变了，不吃。烹调不当，佐料放得不当，肉切得不方正，不吃。席上的肉虽多，但吃的量不能超过米面。只有酒不限量，但不能喝醉。从市场上买来的肉干和酒，不吃。每餐必须有姜，但也不多吃。孔子的饮食理念，是健康的饮食理念。粮食不嫌舂得精和现代的精米精面不能等同，其实还是粗粮。酒的程度以不醉为限。市售肉干，添加的成分太多，远不如买鲜肉自己加工健康。菜系文化中，粤菜把"食不厌精，脍不厌细"做到极致，在菜系文化中较典型。

3.

《饭罢戏作》（节选）

[宋] 陆游

东门买彘骨，醯酱点橙薤。蒸鸡最知名，美不数鱼鳖。

【赏析】陆游在动荡的宋朝，还乐观地给我们展示美食：去东门买猪大骨，醋和酱制作的肉酱；蒸鸡是有名的美食，美味不输的鱼、虾、蟹、鳖等水产品，也不要错过。乐观的人，生活中处处是美，对美食的追求就是一种向往美，追逐美的生活态度。陆游的诗词中，展示了美食的选材及制作方法，肉要酱，鸡要蒸。

六、体验与实践

1. 你的家乡属于哪个菜系的地域范围？有哪些代表性菜品？有什么典故？
2. 你能描述你的家乡菜系的发展史吗？
3. 请制作一份以"家乡菜"为主题的手抄报。
4. "治大国如烹小鲜"告诉了我们什么道理？它在学习和工作上有什么借鉴意义？

传统酿制与饮酒文化

一、导语

酒的浓郁，热烈奔放；酒的醇厚，厚重留芳；酒的纯正甘洌，回味绵长……"酒逢知己千杯少"，酒的热烈奔放诠释品味生命、解读世界的不同方式。从古至今，酒，几乎是刻在中国人骨子里的文化，文人墨客对酒文化情有独钟。美酒，是一种艺术佳作，以其水的外形，火的性格的独特魅力，渗透在生活的角角落落，浸染人类文化的方方面面。

二、概述

中国的酒文化源远流长，有"无酒不成席"的说法，酒被赋予了灵魂，酒记载了中华几千年国人的豪迈与英气。传说自从杜康偶然发明了酒之后，酒文化也应运而生，并被流传至今。

中国甲骨文中早就出现了酒字和与酒有关的醴、尊、酉等字。从中可以佐证酒的存在。酒出现于文史中的记载更是不胜枚举，如《诗经》中有"既醉以酒，既饱以德"（《大雅·既醉》）的记载。《周易》《礼记》《左传》等典籍中，关于古代酒俗的记载更多，如"酒者可以养老也"（《礼记》）、"酒以成礼"（《左传》）等，这说明酒存在着多种用途，是当时生活习俗中必不可少的。

三、走近中国酒的传统酿制与饮酒文化

中国是最早掌握酿酒技术的国家之一，历经自然酿酒、模仿自然酿酒到有意识进行酿酒生产的过程。传统的酿酒工艺分为选料、制曲、发酵、蒸馏、原浆、勾兑、灌装几个步骤，制曲、发酵、蒸馏是核心工艺。酒曲不好，影响发酵，发酵有问题，酒的品质肯定有问题，蒸馏出来的原浆达不到预期的品质。

传统固态法酿酒工艺，将选好的大米、小米或高粱等粮食原料煮熟或蒸熟（熟而不烂），晾到不烫手时拌上准备好的酒曲（即霉菌、酵母菌等发酵菌与发酵料混合物），拌匀后装入缸内自然发酵，一周左右开始出酒，一般15天可蒸馏，蒸馏得到的酒就是原浆。头酒酒精浓度较高，勾兑可降低酒精度，变成更适宜日常饮用的酒，再灌装，就得到了成品酒了。

随着酿酒工艺、原料选择不断的发展，酒的种类增多。以香型分，可分为酱香型、浓香型、清香型、米香型、兼香型等；以酿造方式分，可分为酿造酒（发酵酒）、蒸馏酒、配制酒；以原材料分，可分为粮食酒、果酒等；以商业经营/种类分，可分为白酒、啤酒、葡

萄酒、黄酒、药酒等；以酒精含量分，可分为高度酒和低度酒两种。而酿酒工艺、盛酒的器具、饮酒的形式，在次第更新中，形成独特的广为流传的酒文化。

中国酒文化深厚独特，涵盖了酒的制作、品鉴、历史、礼仪、文学艺术、医疗卫生、政治经济等方面。不同时代、不同阶层、不同行业、不同地域有不同的酒文化。

酒令文化是最具特色的中国酒文化。酒令是汉族民间的风俗之一，是酒席上的助兴游戏。酒席上推举一人为令官，其余的人听令轮流说诗词、联词语或其他类似游戏，违令者或负者罚饮。行令的人被称为"司酒令"，席上人轮流行"司酒令"。酒令文化在西周时期萌芽，两汉魏晋南北朝时逐渐成熟，唐宋时期达到巅峰。酒令文化古代有角色扮演、口头文字、博戏、射覆等。《兰亭集序》里就记载着魏晋南北朝时期兴盛的"曲水流觞"，既清雅，又能在饮酒赋诗中抒发时代豪情壮志。《红楼梦》第三十八回里，宝玉、黛玉、湘云等人在大观园里喝酒吃蟹，以"蘅""潇""怡""湘"等为"酒令"作诗，就是酒令文化的一种方式。

酒的品鉴文化。中国古代的酒品鉴文化包括酒礼、酒德、文学艺术等。在中国古代，饮酒有着严格的规定和礼仪，酒席有严格的座次，饮酒的次序是先长辈后晚辈等。古代的酒德深受儒家文化影响，儒家强调适量饮酒，如《尚书·酒诰》中的"饮惟祀""无彝酒"。古代的文人雅客喜欢纵情诗酒，边弹琴边饮酒边赋诗。如唐朝杜甫的"白日放歌须纵酒，青春作伴好还乡"，李白的"举杯邀明月，对影成三人"。古代酒器的使用，也体现了古人对酒的文化审美及酒性的认识，如唐朝王翰的"葡萄美酒夜光杯，欲饮琵琶马上催"。酒的文化，在季节上也有体现，如唐朝王之涣的"开轩面场圃，把酒话桑麻。待到重阳日，还来就菊花。"

酒的养生文化。古代中医认为酒具有通血脉、温肠胃、助兴、排忧、壮胆、缓解疲劳、祛湿驱寒、驱虫健体、避除邪祟等功效。《汉书·食货志》里有"酒，百药之长"的记载。中国古代将酒与二十四节气民俗相结合，如春节饮用屠苏酒除瘟气，端午节饮用菖蒲酒以强身健体，饮用雄黄酒以驱虫避邪，中秋节饮用桂花酒以化痰散瘀等。古代中医理论中，酒常被用于治疗疾病。张仲景的《伤寒杂病论》中就记载有使用酒作为药引的方剂。

四、经典故事

故事 1

煮酒论英雄

刘备归附曹操后，每日在府邸里种菜，韬光养晦。刘备乃当时豪杰，虽手下将不过关张，兵不过三千，但一向"信义著于四海"。《三国志》里说刘备"盖有高祖之风，英雄之器焉！"意思是他与刘邦类似，天生就有领袖气概。刘备和刘邦一样，都不是屈居人下的将兵之才，而是领袖群伦的将将之才。曹操何等人物，遍识天下英雄，当然对刘备有很透彻的了解。他自然知道，一旦羽翼丰满，刘备将是一位非常可怕的对手。

这场酒局，远不是那种你好我好大家好的欢聚，分明是一场政治试探和政治表态的会面。一见面曹操就问刘备："你在家做的好事！"刘备当时已经暗受衣带诏，诏书中要他诛杀曹操，所以当即吓得面如土色。接着曹操拉着刘备的手走到后院，说"玄德学圃不易"，刘备才放下心来。曹操的耳目遍布朝野，刘备每天做些什么他当然清清楚楚。

二人以青梅下酒，酒正酣时，天边黑云压城，忽卷忽舒，有若龙隐龙现。曹操说："龙能大能小，能升能隐；大则兴云吐雾，小则隐介藏形；升则飞腾于宇宙之间，隐则潜伏于波涛之内。方今春深，龙乘时变化，犹人得志而纵横四海。龙之为物，可比世之英雄。玄德久历四方，必知当世英雄。"曹操实乃不世出的绝顶人物，这一番话，看似描述龙之变化，目的是说"人得志而纵横四海"。显然，这是他的一番自我剖白，借物咏志。当然他借此来试探在刘备眼里，什么人能比得上自己。刘备接连指出袁术、袁绍、刘表、孙策和刘璋等地方豪强，都被曹操一一否决。这样曹操也就认为刘备见识一般，和常人无异。接着曹操给出了当世英雄的标准，他说，"夫英雄者，胸怀大志，腹有良谋，有包藏宇宙之机，吞吐天地之志者也。"刘备继续装傻，问："谁能当之？"曹操指了指刘备，后指了下自己，说："今天下英雄，惟使君与操耳！"当时天雨将至，雷声大作。刘备装作受了惊吓的样子，筷子掉到了地上："一震之威，乃至于此。"曹操笑着说："丈夫亦畏雷乎？"刘备说："圣人迅雷风烈必变，安得不畏？"将内心的惊惶，巧妙地掩饰过去了。

此次酒局堪称双龙聚会。从曹操的"说破英雄惊杀人"到刘备"随机应变信如神"，可谓步步玄机。曹操的睥睨群雄之态，雄霸天下之志表露无遗。而刘备随机应变，进退自如，也表现出了一世豪杰所应有的技巧和城府。这一场政治交心，双方都是赢家。

故事 2

女儿红

从前，绍兴有个裁缝师傅，娶妻后一心想要儿子传宗接代。不久后，他的妻子就怀孕了。裁缝高兴极了，兴冲冲地酿了几坛酒，准备得子时摆宴庆祝，款待亲朋好友。不料，事与愿违，妻子却为他生了个女儿。

裁缝师傅因重男轻女的思想，没有心情摆宴庆祝，气呼呼地将酿就的那几坛酒埋在后院桂花树底下了。

光阴似箭，女儿渐渐长大了，她聪明伶俐，心灵手巧，不但把裁缝的手艺学得非常精通，还习得一手好绣花，裁缝店的生意也因此越来越旺。而且，裁缝逐渐转变了思想，把自己最得意的徒弟招为上门女婿，高高兴兴地给女儿办了婚事。

成亲之日摆酒请客，裁缝喝酒喝得高兴之余，忽然想起了十几年前埋在桂花树底下的几坛酒，便挖出来请客。结果，一打开酒坛，香气扑鼻，色浓味醇，极为好喝。

于是，大家就把这种酒叫作"女儿红"酒，又称"女儿酒"。

此后，隔壁邻居，远远近近的人家生了女儿时，就酿酒埋藏，嫁女时就掘酒请客，渐渐形成了风俗。

故事 3

以酒谏酒

圣贤淳于髡被称为酒伯，春秋战国时是齐威王手下任大夫。齐威王初接王位时，常效仿商纣王大兴长夜之饮。群臣忧郁长此下去会蹈商之旧辙而丧齐，但皆敢怒而不敢言。淳于髡极聪慧而善辩，觉得书谏齐王，效果可能适得其反，正在百思不得一计之时，齐威王叫他去后宫饮酒。他便决定趁此时机，规劝齐王。

齐威王说："先生能饮几何而醉？"淳于髡答曰："臣饮一斗亦醉，一石亦醉。"齐王说："你喝一斗就醉了，怎么能喝一石呢？"淳于髡说："这要看是在哪儿饮酒。大王在前，执法官在旁，御史在后，我心揣恐惧喝酒，不过一斗足矣！"齐王觉得有趣，问道："什么场合，你才饮一石呢？"淳于髡答："与故交突然相见，情意甚浓之际，可饮六七斗，仍不失其态。"齐王诧异："那你什么时候饮一石而大醉如泥呢？"淳于髡渐渐切入主题说："官府州闾之会，男女杂坐，行醉作乐，外加赌博；耳目所到之处，前有夫人坠珥，后有嫔妃遗簪，这种乱七八糟的场合，我可饮八斗。"

齐王似乎听出淳于髡弦外有音，因为在后宫饮酒，嫔妃都在他身旁陪饮，但是否是对此嘲讽，他还不能确定。因而便急切地追问道："你说了那么多，还没有说出你何时能饮一石酒呢！"淳于髡答："喝到杯盘狼藉，喝到堂上灯灭，此时淳心最欢畅，能饮一石酒矣！不过喝到这个份上，人就失了形神，君非君，臣非臣；似人非人，似鬼非鬼——那叫酒极则乱，乐极生悲，我不愿意大醉到人鬼难分，想来君王也不愿意'酒极则乱''乐极生悲'吧！我不愿饮一石而大醉如泥，想来一国之君的您，也不会为狂饮而殃国政！"齐王听罢，久久无言。

五、名篇佳句

1.

问刘十九

[唐] 白居易

绿蚁新醅酒，红泥小火炉。

晚来天欲雪，能饮一杯无？

【赏析】全诗仅仅二十字，却用意象的巧妙安排，为我们同时呈现出寒冷冬日里的温暖情谊。全诗前两句"绿蚁新醅酒，红泥小火炉"写诗人眼前之景，表明诗人所处环境，给人一种朴素但不失暖意的感觉。诗中后两句"晚来天欲雪，能饮一杯无"点出了诗人身处的大环境，此时正值严冬，将要落雪，而诗人念及友人，邀友共饮暖酒，构成一幅具有情致的画面。

2.

凉州词

[唐] 王翰

葡萄美酒夜光杯，欲饮琵琶马上催。

醉卧沙场君莫笑，古来征战几人回？

【赏析】"葡萄美酒"是以葡萄酿造成的美酒；"夜光杯"指一种光能照夜的白玉琢成的酒杯。此句以绮丽的彩笔描绘出豪华的场面，并富有西域的特色。次句"欲饮琵琶马上催"，正要开怀畅饮，忽然，铮铮淙淙的琵琶声从马上传来。三四句"醉卧沙场君莫笑，古来征战几人回"，这是在酣醉时的劝酒词，是说：醉就醉吧，醉卧在沙场上有什么呢，请不要见笑，从古至今征战的人有几个是活着回来的？

3.

清　明

[唐] 杜牧

清明时节雨纷纷，路上行人欲断魂。

借问酒家何处有？牧童遥指杏花村。

【赏析】清明时节，纷纷扬扬的细雨，路上的行人怀念亲人的神情真切，让人不免共情。询问放牛的小哥，哪有酒家呢？牧童说远处的杏花村有酒家。

4.

短歌行（节选）

[汉] 曹操

对酒当歌，人生几何！譬如朝露，去日苦多。

慨当以慷，忧思难忘。何以解忧？唯有杜康。

【赏析】曹操是一代枭雄，是著名的军事家。《短歌行》实质是"求贤歌"。曹操为缺乏人才而愁，所以才发出"何以解忧？唯有杜康"的感叹。

六、体验与实践

1. 请你谈谈你对传统酒文化的认识。
2. 你的家乡有传统的与酒有关的养生文化吗？都有哪些具体事例？
3. 请制作一份以"酒"为主题的手抄报。
4. 请调查一下你的家乡都有哪些酒的品种？与传统酒和酒文化有什么关系？

单元三

传统制茶与茶道文化

一、导语

传统制茶与茶道文化源远流长，承载着丰富的历史和文化内涵。茶叶作为一种饮品，在中国有着悠久的历史，在其制作的过程中涵盖了独特的艺术技艺。茶道则是通过泡茶的方式展现出对茶叶的敬重和对生活的态度，与个人修养息息相关。通过探索传统制茶与茶道文化，我们不仅可以感受到茶文化的魅力，更能领略到其中蕴含的智慧与哲理。

二、概述

传统制茶与茶道文化是中国独特而丰富的传统文化之一，包含了制茶工艺和茶道礼仪两个方面。在制茶方面，传统中国茶叶的制作过程包括采摘、萎凋、揉捻、发酵、烘焙等工序，展现出了丰富多彩的制茶艺术。茶道则是指在泡茶、品茶过程中展现的一种礼仪与生活态度，强调对茶叶的敬重和对待他人的礼貌。这一传统文化不仅体现在茶叶的制作和饮用过程中，更体现在茶文化对人们生活方式和人际关系的影响上。茶道强调平和雅致的生活态度，通过泡茶、品茶的过程来陶冶人的性情，达到修身养性的效果。制茶与茶道文化的传承与发展，不仅丰富着中国的文化底蕴，也对人们的心灵修养和社会关系起到积极的影响。

三、走进传统制茶与茶道文化

走进传统制茶与茶道文化是一次探索中国传统文化精髓的旅程，让我们一起体验制茶的神奇过程和茶道的深远内涵。

（一）中国茶叶的分布

中国拥有四大产茶区，它们各具特色。西南茶区历史悠久，涵盖了云南、贵州、四川及西藏东南部，茶树品种丰富多样，生产红茶、绿茶、沱茶、紧压茶和普洱茶等。华南茶区位于中国南部，茶园资源丰富，各种类型的茶树品种应有尽有，生产各种类型的茶叶，如红茶、乌龙、花茶、白茶和六堡茶等。江南茶区位于长江中下游南部，是中国茶叶的主要产区。这里的茶叶种类繁多，包括绿茶、红茶、黑茶、花茶及各种特种名茶。江北茶区主要生产绿茶，这里的茶香浓郁，口感清新。

（二）茶的种类和功效

茶的种类繁多，每一种都具有独特的效果。其中六大茶类，根据其发酵程度的不同，有绿茶、白茶、黄茶、乌龙茶、红茶和黑茶。

1. 绿茶，性寒，富含茶多酚和儿茶素，具有抗氧化、减肥、降血压、清热解毒等功效。
2. 白茶，性寒，含有更多的多酚类物质和氨基酸，其功效在于抗菌消炎、降脂减肥。
3. 黄茶，性寒，经过特殊工艺烘焙，具有清热解毒、降血压、减肥养颜等功效。
4. 乌龙茶，性平，介于绿茶和红茶之间，含有丰富的茶多酚和咖啡因，具有保健养生、降低血脂、减肥瘦身等功效。
5. 红茶，性温，富含茶氨酸和咖啡因，有助于提神醒脑、增强心肌功能、促进消化。
6. 黑茶，性温，经过长时间的发酵，含有较多的茶多酚和茶色素，其功效在于降脂减肥、调节肠胃、降低血糖。

需要注意的是，不同种类的茶对人体产生的影响各不相同，饮用时需根据自身身体状况和茶叶特性来选择。选择适合自己的茶叶，才能充分发挥其功效。

（三）不同茶的制作流程

六大茶类之间的差异最根本的是发酵程度的不同，由此表现出各不相同的独特风味。而这种不同的风味，正是通过不同的工艺来控制的。不同茶的制作流程存在显著差异，主要体现在萎凋、揉捻、发酵、烘焙等环节的时间、温度和力度等方面。

● 绿茶"炒"

当鲜嫩的茶叶被投入热锅中进行炒制时，其中的一种名为"酶"的物质会因高温而失去活性。由于酶的失活，绿茶无法进行后续的发酵过程，从而始终保持了其鲜绿的色泽。经过炒制，原本鲜叶中的青草气息逐渐消散，转而散发出绿茶特有的清新香气。有些绿茶甚至带有炒栗子的香味，令人心旷神怡。值得一提的是，除了传统的炒制方法，还有部分绿茶采用蒸汽杀青的方式进行处理。

● 白茶"晒"

白茶有一句脍炙人口的名言是"不炒不揉，自然天成"。在白茶的制作过程中，其工艺被公认为是六大茶类中程序最为简洁的一种。然而，这并不意味着制作白茶变得简单。晾晒白茶，其实是一个需要细致把握的过程。白茶需要在室内外的阳光下摊开晾晒，而日光强度、温度及摊放的厚度等因素都需要谨慎考量。待到晾晒到一定的程度，再将其烘干。这个过程中，白茶会经历微妙的自然发酵，释放出淡淡的花香和纯净的甜味，同时还会散发出日晒的香气。

● 黄茶"闷"

黄茶的制作过程与绿茶相似，但其中多了一步"闷黄"。在黄茶的干燥前或后，趁热将茶叶包裹在纱布或草纸中，让黄茶在湿热的环境下进行轻微的发酵。这种发酵过程使得制成的黄茶呈现出明显的黄色，散发出经过发酵的熟香，味道上比绿茶略显醇厚，而少了它的一丝清新。黄茶的加工过程非常讲究，闷黄的过程必须恰到好处，一旦过了头，就难以呈现出黄茶的独特风味。

● 乌龙茶"摇"

当鲜叶经过适当的摊晾变软后，便可以开始进行"摇青"的过程了。在竹筛中轻轻摇晃叶片，使其相互碰撞发酵，散发出浓郁的花香。叶片的边缘相对脆弱，因此在摇晃过程中容易发生变色，逐渐变为红色，而叶片的中心则始终保持绿色。这就是乌龙茶独特的"七分绿三分红""绿叶红镶边"的半发酵特征。除了手工摇晃竹筛，乌龙茶的摇青还可以借助类似滚筒的机器进行。这样的机械摇动不仅能提高效率，还能确保叶片摇晃的均匀度，为制茶过程创造更好的条件。

● 红茶"揉"

红茶是一种全发酵茶，相较于半发酵的乌龙茶，红茶在揉捻过程中的发酵力度更大。因此，红茶的揉捻过程就显得尤为重要。鲜叶采摘回来后，需要稍微晾一下，让叶片的水分减少、变软，这样更有利于后续的揉捻。通过揉捻，茶叶的细胞和组织会受到破坏，茶汁溢出，这样酶与茶中的内含物质就能更好地进行接触和混合，从而加快发酵的过程。在其他茶类中，也有揉捻的动作，但通常都是在发酵过程开始前进行的。这样做主要是为了整理茶叶的形状。而在红茶的制作过程中，揉捻则更注重发酵的效果。总的来说，红茶的揉捻过程不仅是为了整理茶叶的形状，更是为了促进茶叶的发酵，让红茶的香气和口感更加醇厚、自然。

● 黑茶"堆"

经过一番简单的炒制，茶叶的内在酶在高温的作用下几乎消失殆尽。随后，这些叶片被堆放在一起，这一过程被称为"渥堆"。无数沾染到了茶叶的微生物大量繁殖，代谢出大量的热量和活性极高的酶。在湿热的作用下，这个过程促进了叶片的快速发酵，使黑茶与其他茶类相比具有独特的色、香、味。黑茶的渥堆发酵过程，与酿酒、制作酱油和腐乳的原理有着异曲同工之妙，都是借助微生物的力量进行发酵。制茶的过程与烹饪有异曲同工之妙，每个工序都讲究对"火候"的精准把握。

（四）茶道的操作流程

第一道：净手和煮水。洗手可以保证卫生，而煮水则是为了获取最佳的泡茶用水。纯净水、矿泉水等软水是泡茶的首选，因为它们能够为茶汤带来更好的味道。除此之外，泡茶用水还需要煮沸，无论使用 80 摄氏度或 90 摄氏度的水冲泡，都需要先将水煮沸，然后冷却至所需的温度。

第二道：烫杯温壶。这一步的目的是清洁茶叶器具，保证卫生。同时，给茶具预热也可以让茶的味道更加香浓。将沸水倾入紫砂壶、公道杯、闻香杯、品茗杯中，这一步也称之为洁具提温。这一过程不仅有助于提高茶具的温度，也有助于激发茶叶的香气，让茶汤的味道更加醇厚。

第三道：马龙入宫。将茶叶放入茶壶中，这一过程虽然简单，但名字很美，可以适当加入花式表演，以体现茶韵。

第四道：摇香、洗茶。通过摇香醒茶，即摇动装有干茶的盖碗，唤醒茶叶，使其茶香茶韵得以更好地展现。对于好茶，头汤更是被称为"还魂汤"，大多会保留下来，最后饮用。对于一般品质的茶，头汤则可倒掉不饮。

第五道：冲泡。将沸水再次注入壶中，壶嘴"点头"三次，向客人示敬，这是冲泡过程中的一种表演，也是对茶叶的尊重。冲泡的手法和水温会根据不同的茶、不同的主泡器而有所不同。如用盖碗泡茶时，会选择定点高冲。如冲泡嫩茶时，则会选择较低温度的水，沿杯壁注水。

第六道：春风拂面。由于茶叶中含有茶皂素，所以在前几道冲泡时会出现泡沫。春风拂面则是将泡沫刮去，使茶汤更加干净。

第七道：封壶。盖上壶盖，保存茶壶里茶叶冲泡出来的香气，用沸水遍浇壶身也是这个目的。

第八道：分杯。准备喝茶开始的步骤，用茶夹将闻香杯、品茗杯分组，放在茶托上，方便加茶。

第九道：玉液回壶。轻轻将壶中茶水倒入公道杯，过滤掉茶叶和茶渣，使每个人都能品到色、香、味一致的茶，给人精神上的享受和感官上的刺激。

第十道：分壶。将公道杯中的茶分别倒入客人的杯中，注意倒茶礼仪，茶倒七分满，留下三分情。最后将闻香杯和品茗杯依次传递给每位客人。

第十一道：奉茶。把杯子双手送到客人面前注意倒茶礼仪，以茶奉客的中国古代礼仪之本。

第十二道：闻香。这个是客人开始独自感悟的步骤，客人将茶汤倒入品茶杯，轻嗅闻香杯中的余香。

第十三道：品茗。现在终于可以喝茶了，客人用三指取品茗杯，分三口轻啜慢饮。

在品茶的过程中，需要闻香、观色、品味、回味。这是对茶艺的更深层次的体验和理解。总的来说，这十三道正确泡茶的步骤，旨在提供一杯口感丰富、香气四溢的好茶。每一道步骤都需要用心去体验和感受，这样才能真正领略到茶道的魅力。

四、经典故事

故事 **1**

唐代茶圣陆羽和《茶经》

陆羽，字鸿渐，唐朝复州竟陵（今湖北省天门市）人。唐代茶学家，被誉为"茶仙"，尊为"茶圣"，祀为"茶神"。陆羽一生嗜茶，精于茶道，唐朝上元初年（760年），陆羽隐居苕溪（今浙江湖州），撰《茶经》三卷，对茶的性状、品质、产地、种植、采制、烹饮、器具等皆有论述。

《茶经》是中国乃至世界现存最早、最完整、最全面介绍茶的第一部专著，被誉为"茶叶百科全书"。

陆羽所著《茶经》共三卷十章七千余字，分别为：卷一，一之源，二之具，三之造；卷二，四之器；卷三，五之煮，六之饮，七之事，八之出，九之略，十之图。此书是唐代和唐以前有关茶叶的科学知识和实践经验的系统总结；也是陆羽躬身实践，笃行不倦，取得茶叶生产和制作的第一手资料后，又遍稽群书，广采博收茶家采制经验的结晶。

故事 2

"碧螺春"的故事

据说在清朝康熙时期，江苏太湖一带的农民发现了一种特别优质的茶树品种。这种茶树生长在山间潮湿的环境中，叶子嫩绿，芽头鲜嫩且圆润。农民们开始采摘这种茶树的芽尖，以制作茶叶。最初，这种茶叶并没有被看重，只是一种普通的茶叶。

直到有一位茶商从当地采购了这种茶叶，在回去制作后，偶然间发现这种茶叶泡水后散发出清香、嫩蕊和甘露的芳香，喝后回味无穷，茶味持久悠长。他为了纪念这次的发现，将这种茶叶命名为"碧螺春"。碧螺春以其清香甘醇，回味悠长的独特风味很快在江南地区流传开来，逐渐成为江南一带最受欢迎的名茶之一。通过精心地采摘、制作，并在适当的时节以适当的方式泡水，才能保留碧螺春茶的独特风味。

这个故事展示了传统制茶工艺中对于优质茶叶的发现和加工过程。通过农民的发现和茶商的品鉴，这种茶叶最终变成了具有代表性的名茶，也让人们更加珍惜和重视传统茶文化中的制茶技艺和传承。

五、名篇佳句

1. 坐酌泠泠水，看煎瑟瑟尘。无由持一碗，寄与爱茶人。——唐·白居易《山泉煎茶有怀》

【赏析】本诗描绘了静坐煎茶，持碗品茶的场景。以茶寄情，尽显闲适之趣。

2. 矮纸斜行闲作草，晴窗细乳戏分茶。——宋·陆游《临安春雨初霁》

【赏析】本诗写了诗人在春日细雨初晴后的怡人天气中，从容地写着草书，煮水沏茶的场面，呈现出安宁闲适的氛围。

3. 味浓香永。醉乡路，成佳境。恰如灯下，故人万里，归来对影。口不能言，心下快活自省。——宋·黄庭坚《品令·茶词》

【赏析】该词将茶味的醇厚与和故人的相逢作比，突出了茶水的韵味与美妙，以及词人在饮茶时心中的愉悦快乐。

4. 松花酿酒，春水煎茶。——元·张可久《人月圆·山中书事》

【赏析】此诗写诗人用松花酿酒，用春天的水煮茶，道出自己隐居山野时的闲适自得。

六、体验与实践

1. 学习和了解茶叶的种植、采摘、加工和制作过程。了解不同种类的茶叶，每一种茶叶背后的故事和工艺技术，体验制茶的不同过程和方法，感受制茶师傅们对茶叶的热爱和专业态度。

2. 学习茶道礼仪、茶具的使用和保养方法，了解茶道的精髓和核心价值。通过泡茶、品茶、赏茶，感受茶道带来的内心宁静、身心放松和心灵修养，体验到茶道对日常生活的积极影响。

3．参加茶艺表演、茶文化展览、茶叶品鉴活动等，与其他茶友交流互动，拓展视野和认识茶文化的多样性。通过体验和实践，可以更深入地理解和体会茶文化的博大精深，培养对茶的热爱和对生活的感悟，使生活更加丰富有趣和有意义。

中国传统医药文化

单元一

传统中医文化

一、导语

传统的中医诊疗采用独特技巧和方法，包括望、闻、问、切。人体是一个精妙的综合体，其对人和疾病的独特观点，值得去深入了解中医理念的哲学内涵。

五千年的中华文明从未间断，中医作为中国传统医学的代表，与中国传统文化的各个方面有着密切的联系。它具有丰富的理论和实践体系，注重个体化的治疗和预防，具有独特的优势。传统中医文化是中华民族优秀文化的重要组成部分，对于人类的健康和医疗保健具有重要意义。

二、概述

中医的悠久历史，从古代的《黄帝内经》到现代的中医发展历程，历经数千年，为人类健康保驾护航。在这漫长的岁月里，中医学不断地积累、发展、创新，形成了独特的理论体系和丰富的实践经验，成为世界上最具影响力的医学之一。

中医的理论体系以阴阳五行、脏腑经络为核心，强调调整人体的整体平衡和内外环境的协调。这一体系包括了中医诊断、中医治疗、中医养生和预防保健等多个方面。中医诊断依据望、闻、问、切四诊，对病情进行全面的评估。治疗方法主要包括中草药、针灸、推拿、拔罐等，注重个体化治疗和辨证施治。中医养生则强调生活方式的调整，如饮食、作息、锻炼等，以达到预防疾病、延缓衰老的目的。中医治疗具有疗效确切、副作用小等特点。中医在治疗慢性病和亚健康状态方面有独特的优势，同时，中医也面临着诸多挑战，包括中医药资源的合理开发和利用、中医药人才培养、中医药科研创新等方面。

中医的基本理论体系，包括阴阳五行、脏腑经络等核心概念。阴阳五行学说阐述万物之间的相互关系和变化规律，脏腑经络理论则揭示人体内部的生理结构和功能。这些理论在疾病诊断和治疗中发挥着关键作用。阴阳理论认为，宇宙中的一切事物都由阴阳两个相互对立、相互依存的方面组成。阴阳之间的平衡与协调是维持事物正常运行和发展的基础。五行理论则进一步阐述了五行（金、木、水、火、土）之间相生相克的关系，认为五行之间的相互作用和制约关系是调控自然界生态平衡的重要手段。

三、走进中医故事

在遥远的古代，中华民族的祖先们在与自然和疾病的斗争中，逐渐形成了独特的医学体系。这是一个蕴含着丰富智慧和经验的医学宝库，它的起源可以追溯到数千年前。在古代，人们对疾病的认识有限，往往将其视为鬼神作祟。然而，随着人们对自然界和自身认识的加深，一些具有医学智慧的人开始尝试寻找疾病的原因和治疗方法。他们通过观察、实践和总结，逐渐形成了以阴阳五行、藏象经络、诊法治则等理论为基础的中医传统。

在这个过程中，中医传统不仅关注疾病的治疗，更强调预防和保健。它提倡"治未病"的理念，认为预防比治疗更为重要。因此，中医传统注重饮食调理、运动养生、情志调摄等综合调理方法，帮助人们维持身体健康，预防疾病的发生。

（一）杏林

三国时期，有位名医叫董奉，他医道高明，技术精湛。他看病有一个特点，就是从不收取病人的报酬，但是他对找他看病的人有个要求：凡是重病被治好了，要在他的园子里栽 5 棵杏树；轻病被治好的则栽种 1 棵。

一年年过去了，经他治愈的病人数不胜数，他园子里的杏树也已聚棵成林，每到杏子成熟的季节，远远望去，一片繁枝绿叶中，累累红杏挂满枝头，煞是好看。后来，董奉又告诉人们，凡是到他的杏林来买杏的人，不要付钱，只要拿一些粮谷放在仓中，就可以去林中取杏。于是，每年董奉用杏换来的粮食堆满了仓库，他又拿这些粮食救济了无数贫民。

后来，人们在称赞有高尚医德，精湛医术的医生时，也往往用"杏林春暖""誉满杏林""杏林高手"等词句来形容。近现代的一些医药团体、杂志刊物也常以"杏林"命名。"杏林"已成为医界的别称。有关"杏林"的佳话，不仅成为民间和医界的美谈，而且也成为历代医家激励、鞭策自己要努力提高医技，解除病人痛苦的典范。

（二）张仲景

"堂"——凡是历史悠久的中药店都称作"堂"，这个典故为何而来呢？它与名医张仲景有着密不可分的关系。张仲景医术高明，深受百姓爱戴。汉献帝建安年间，他被调任长沙太守，当时正值疫病流行，百姓病亡无数，此情此景令张仲景十分痛心，但当时朝廷有"太守不得擅进民宅"的规定，无奈之下他想出了一个办法，在公堂上挂起一副"张仲景坐堂行医"的帘子，案毕即为百姓看病。张仲景首创了名医坐大堂的先例，并被传为千古佳话。后来，后人为纪念这位医圣，学习他的高尚品德，就沿用这个名称，把药店称为"堂"，把应诊医生称为"坐堂医生"，意为像张仲景那样不计名利、救死扶伤的医生。

（三）扁鹊

有一位名叫扁鹊的医生。他精通医术，擅长治疗各种疑难杂症，深受人们的尊敬和爱戴。有一次，扁鹊来到一个小村庄，发现许多村民都患上了一种奇怪的病症。他们脸色苍白，身体虚弱，甚至无法下床行走。扁鹊仔细观察了病人的症状，发现他们都是因为长期劳累过度，导致身体气血不足。于是，扁鹊决定采用针灸疗法来治疗这些病人。针灸是中国古代的一种独特的治疗方法，通过刺激人体的穴位和经络，调节气血和脏腑功能，从而达到治疗疾病的效果。扁鹊在村庄里搭建了一个简易的针灸治疗室，每天为病人施针治疗。经过一段时间的治疗，村民们的病情逐渐好转，恢复了健康。

（四）华佗

诸侯混战时，社会十分动荡不安，战争频繁，疾病流行。许多地方都暴发了瘟疫，成千上万的人因此丧生。华佗深感自己肩负着拯救苍生的重任，他毅然决定离开家乡，四处行医。在行医的过程中，华佗不断地总结实践经验，创造了许多独特的中医治疗方法。他发明了麻沸散，用于外科手术中的麻醉；他创造了五禽戏，通过模仿动物的动作来锻炼身体和内脏器官；他还研制出了一些有效的方剂和药物，用于治疗各种疾病。

华佗的医术高超，被誉为"神医"。他的治疗方法简单有效，深受人们的欢迎。他不仅治疗了许多患者的疾病，还教会了他们如何预防疾病和保持健康的方法。在华佗的帮助下，许多人重新找回了健康和幸福。

华佗的事迹也传遍了四方，成为中医历史上的一段佳话。他的中医理论和实践经验不仅为当时的人们带来了福音，也为后世的医学发展奠定了基础。

中医作为中国传统医学的代表，具有悠久的历史和独特的理论体系。通过扁鹊和华佗等中医大师的努力和实践，中医不断发展和完善，成为了人类医学史上一颗璀璨的明珠。在今天的社会中，中医仍然发挥着重要的作用，为人类的健康和医疗保健做出了巨大的贡献。

（五）神农本草经

《神农本草经》又称《本草经》或《本经》，是中医四大经典著作之一。原书已佚，其内容由于历代本草书籍的转引，得以保存。全书共载药物 365 种，以三品分类法，将药物分上、中、下三品，在用药实践中发挥了重大作用。

四、经典故事

故事 1

神农尝百草

神农是传说中的三皇之一。远古时候，百姓吃野菜、喝生水，采树上的果实充饥，吃螺蚌肉果腹，经常受到疾病和毒物的伤害。在这种情况下，神农氏遍尝百草，每天遭受无数次的毒害，辨识植物是否有毒及其药性，让百姓避开有毒的植物，并为百姓治病。后人托其名著成《神农本草经》，是我国现存最早的中药学著作。

故事 2

病入膏肓

春秋时期，晋景公患了重病，到秦国求医，秦桓公派一位叫缓的医生前去。在缓未到之前，晋景公梦见他的病变成了两个小孩，其中一个小孩说："缓是高明的医生，恐怕会伤害我们，怎么才能躲避它？"另一个小孩说："我们住在肓的上面，膏的下面，他能把我们怎么样呢？"缓到了晋国，给景公诊视了一番后，对他说："您的病没有办法医治了，因为您的病在肓的上面，膏的下面，不可以用攻法治疗，补的药物又到达不了，我也无能为力了。"缓的话与景公的梦境完全一致，这让景公又佩服又惊讶，不得不接受自己已经无药可救的现实了。

故事 3

扁鹊医术高明

有一天，扁鹊带着两个弟子经过虢国，听说虢国太子"暴亡"不到半日，还没有装验。扁鹊问明情况，判断太子并未真死，于是说自己能让太子"复活"。国君听闻，亲自出来迎接，扁鹊告诉国君，太子是得了叫"尸厥"的病，并没有死。于是扁鹊让一个弟子针刺太子的百会穴，过了一会儿太子就苏醒了，扁鹊又让另一个弟子为太子做药熨，太子竟然坐了起来。又进一步用汤剂调和阴阳，二十多天，太子的病就痊愈了。从此，天下人传言扁鹊有"起死回生"的绝技，扁鹊却说："我不是能使死人复活，这个人并没有死，我只是把他的病治好罢了。"

故事 4

华佗与五禽戏

"五禽戏"是中国流传年代最为久远的传统健身术，由东汉名医华佗根据古代导引、吐纳之术，研究虎、鹿、熊、猿、鸟的活动特点而创造。五禽戏旨在模仿五禽的动作和神韵，拉伸经筋，柔筋健骨，刺激人体脏腑、经络及穴位，通畅经络，促进气血流通，增强脏腑功能，并模仿五禽神态以养心调神，保持心神宁静，达到强身健体的功效。

五、名篇佳句

1. 春夏养阳，秋冬养阴。——《黄帝内经·素问·四气调神大论》

【赏析】四时阴阳之气是万物生存的根本，古人都会据此而在春夏养阳，秋冬补阴，以便顺应于其四时阴阳这个根本，才能与万物一起生活并且生长。如果违反了这个根本，就会损伤其本源，破坏其真气，以上这些就是四时调摄的宗旨。

2. 流水不腐，户枢不蠹，动也。形气亦然。形不动则精不流，精不流则气郁。——《吕氏春秋》

【赏析】流动的水不会腐恶发臭，转动的门轴不会生虫朽烂，这是由于不断运动的缘故。人的形体、精气也是这样。形体不活动，体内的精气就不运行，精气不运行，气就滞积。也就是人们常说的，生命在于运动。

3. 饱食即卧，乃生百病。——《备急千金要方》

【赏析】饱食即卧，食物停聚未及消化，积而淤滞，气滞不行，脾胃受伤，气血痰食积聚而致百病丛生。

4. 齿，骨之穷也，朝朝琢齿，齿不龋。——《养生要集》

【赏析】"牙齿坚完"是健康长寿的象征，叩齿术是在我国流传的一种古老的养生方术。

肾主骨，齿为肾之余，也属于骨头的一部分。

六、体验与实践

"走进传统中医文化"综合实践活动

1. 了解中医基础知识

带领学生了解中医的基本概念和理论，包括阴阳五行、脏腑经络等。通过讲解和互动讨论，对中医有初步的认识，为后续的实践活动打下基础。

2. 体验传统中医诊疗方法

通过角色扮演和模拟诊断，亲身体验中医四诊——望、闻、问、切的诊断方法。在传统器械诊疗环节，体验拔罐、刮痧等传统中医疗法。通过实践操作，了解这些传统疗法的原理和适用范围，感受中医治疗疾病的独特效果。

3. 介绍养生保健方法

介绍一些实用的中医养生保健方法，如太极拳、八段锦等。通过学习这些传统的健身方法，了解如何运用中医理论进行日常保健，提高身体素质。

4. 开展中医文化讲座

组织中医文化讲座。讲座内容涵盖中医的历史渊源、哲学思想、文化内涵等方面，帮助学生全面了解中医的文化底蕴。

单元二

传统中药文化

一、导语

中药，作为中国传统医学的重要组成部分，是中医理论体系的基石，拥有悠久的历史和丰富的文化内涵。中药不仅是治病救人的良药，更是中华民族智慧的结晶。传统中药文化，作为中华文化的重要组成部分，承载着中华民族数千年的医疗智慧。在全球化背景下，这一古老而丰富的文化传统正在世界范围内引起越来越多的关注。

二、概述

中国传统中药文化源远流长，在漫长的历史长河里，中华民族的祖先历经长期的生活实践，积累了丰富的医药知识。这些知识在《黄帝内经》《神农本草经》等经典医籍中得以保留，成为后世中医药发展的基石。

随着时间的推移，传统中药逐渐发展成为一个完整的体系。这个体系以"天人合一"的哲学思想为指导，强调整体观念和辨证论治。在这个体系中，中药材被视为大自然赋予人类的宝贵资源，而医者则通过精心炮制和配伍，将其转化为治病疗疾的药物。

中药以天然药材为主，如植物、动物和矿物等。这些药材在自然界中生长，具有纯天然的特性，又各具独特的功效和用途，对人体副作用小，既有预防和治疗疾病的作用，也有保健养生的功能。

随着现代科技的进步和人们健康观念的转变，传统中药文化正面临着新的发展机遇和挑战。现代科技为中药研究提供了新的手段和方法，推动着中药现代化和国际化。并且，随着人们对健康的关注度不断提高，中药作为绿色、天然的医疗资源，其市场需求也在不断增长。同时，传统中药文化在现代社会也面临着一些挑战：如何实现中药材生产的规范化、标准化；如何解决中药材资源短缺问题；如何让更多人了解和接受中药等。针对这些问题，政府、企业和医学界都在积极寻求解决方案，推动传统中药文化的传承与创新。

三、走进传统中药世界

（一）起源与发展

自神农氏尝百草以来，中药文化已有数千年的历史，大致可分为起源、形成、发展和繁荣四个阶段。在起源阶段，远古先民们在寻找食物的过程中，逐渐发现了许多具有药用价值的植物和动物。通过口尝、观察和经验积累，学会了利用这些天然药物来防治病。这一时期的代表性人物是神农氏，他尝百草的传说流传至今。

随着时间的推移，人们开始对药物进行分类和整理，形成了较为完整的药物体系。在这个过程中，中医理论逐渐形成和完善，产生了《黄帝内经》《神农本草经》等经典著作。

到了明清时期，中药文化的发展达到了巅峰。这个时期的中药学在理论上更加完善，药物种类更加丰富，制药技术也取得了重大突破。同时，随着中外文化交流的增多，中药文化逐渐走出国门，对世界产生了深远影响。

（二）中药的分类

纯天然的中药，大致可分为植物类药、动物类药和矿物类药三大类。植物类药的种类最为丰富，可细分为根及根茎类、皮类、茎木类、花类、叶类、果实种子类、全草类及其他类。根及根茎类植物药如甘草、黄芩、当归、防风等，具有清热解毒、补血养血、祛风解表等功效；皮类、茎木类植物药如肉桂、鸡血藤、杜仲等，具有补火助阳、舒筋活络、强健筋骨等作用。动物类药方面，包括虫类、贝壳类等。虫类药如蜈蚣、全蝎、僵蚕等，具有息风止痉、通络止痛、祛风止痛等功效；贝壳类药如牡蛎、石决明、珍珠母等，具有潜阳补阴、重镇安神、清肝明目等作用。此外，其他动物药如牛黄、麝香等，具有清心开窍、解毒、活血化瘀等功效。矿物药主要以金属元素为主，如石膏（含水硫酸钙）、磁石（四氧化三铁）、朱砂（硫化汞）等，具有清热泻火、镇惊安神、安神明目等功效。

1. 大补元气的人参

人参，又名鬼益、棒槌，性温、味甘微苦，被称为"百草之王"，具有大补元气、补脾益肺、安神益智等多种功效，常用于治疗各种虚症和神经衰弱等。

2. 补血调经话当归

当归，又名云归、全归，性温、味甘辛、无毒。由于当归在许多传统中药方剂中的使用，有"十方九归"之说，并被称为"药王"。它具有补血活血、调经止痛、润肠通便等功效。当归全身都是宝，皆可入药，但药性各不相同。当归头止血，当归身补血，当归尾行血，全当归和血。

3. 益卫固表用黄芪

黄芪，又名绵芪、绵黄芪，性微温、味甘。具有补气升阳、固表止汗、托毒生肌等功效，常用于治疗食少便溏、气虚乏力、中气下陷、久泻脱肛等。

4. 益精明目的枸杞

枸杞，又名红耳坠、枸杞子，性平、味甘。具有滋补肝肾、明目润肺之功效，常用于治疗肝肾阴虚、目昏不明、腰膝酸痛等。

（三）中药的采集、加工和存储

中药的采集、加工和储存方法对于保证药效至关重要，关系到患者的治疗效果与生命安全。

1. 中药采集

采集中药要根据药材的生长周期和时节选择最佳时机。不同的药物生长周期和生长环境有所不同，草本植物一般在生长季节的初期或中期采集，此时其有效成分含量较高；木本植物则应在果实成熟期或落叶期进行采集；矿物类药物则需要根据其矿藏情况选择合适的采集时间。遵循药物的生长周期和时节规律，有利于保证药物的药效。

2. 中药加工

加工环节对中药药效的保持至关重要，主要包括清洗、晾晒、切制等多种方式。清洗是为了去除药物表面的杂质和污垢，以免影响药效；晾晒是为了去除多余的水分，使药物达到一定的干燥程度，有利于防止霉变和保存；切制是为了使药物更容易煎煮和服用。在加工过程中，应根据药物的特性选择适当的加工方法，以最大限度地保留药物有效成分。

3. 中药储存

储存中药时注意防潮、防虫、防鼠等。潮湿环境容易导致药物霉变，影响药效；虫蛀和鼠咬则会破坏药物的完整性，降低品质。因此，储存中药应选择通风、干燥的地方，并使用密封容器。同时，还需定期检查药物的储存情况，发现问题及时处理，确保药物的品质和安全。

（四）中药的配伍

中药的配伍原则和方法是中药学的核心内容之一，是一项严谨的医学技艺。君臣佐使原则是中药配伍的基本框架，七情合和则是配伍中药物之间相互作用的关系。君药为主，臣药为辅，佐药为助，使药为引，通过合理的配伍，使药物能够相互协调，增强疗效或降低副作用。中药配伍时还需注意以下事项：一是要注意药物的毒性、副作用及相互作用。有毒药物应严格控制用量，遵循"有毒药物宜小量，效毒双全宜大量"的原则。二是要注意药物间的相互作用，避免药物作用相互抵消或产生严重副作用。三是在实际应用中需根据患者的病情、体质、年龄等因素，选用适当的药物进行配伍。儿童、孕妇、老年人等特殊人群，更应注意药物的配伍，确保安全有效。此外，根据季节、气候、地域等因素，调整药物配伍，以适应环境变化对人体健康的影响。

（五）中药经典名方

中药经典名方是指经过长期的临床实践验证，疗效确切，组方严谨，且在中医药学领域具有广泛认可度的中药方剂。这些名方通常由多种中草药经过精心配伍而成，用于治疗各种疾病，具有独特的优势。

1. 麻黄汤

麻黄汤是中医经典名方之一，由麻黄、桂枝、杏仁、甘草四味药组成。此方具有发汗解表、宣肺平喘的功效，主要用于治疗外感风寒表实证。麻黄汤的药效迅速，能够快速缓解恶寒发热、头身疼痛等症状。

2. 四物汤

四物汤是补血调经的经典名方，由当归、熟地黄、白芍、川芎四味药组成。此方具有补血养血、调经止痛的作用，普遍用于治疗血虚所致的各种症状，如面色苍白、头晕目眩、月经不调等。四物汤的补血效果显著，被广泛应用于临床。

3. 六味地黄丸

六味地黄丸是滋补肾阴的经典名方，由熟地黄、山茱萸（制）、泽泻、山药、牡丹皮、茯苓六味中药组成。此方具有滋补肝肾、益精明目的功效，常用来治疗肝肾阴虚所致的各种症状，如腰膝酸软、头晕耳鸣、遗精盗汗等。六味地黄丸的滋补作用温和持久，深受认可。

4. 小柴胡汤

小柴胡汤是源自《伤寒论》的千年古方，历经传承。它由柴胡、黄芩、人参、炙甘草、半夏、生姜、大枣组成，具有清热解毒、调和肝脾之效。在中医治疗中，小柴胡汤被誉为"和解之剂"，对于感冒、肝炎等病症有显著疗效。使用时，需注意体质差异和药物配伍，孕妇、儿童慎用。建议在专业医师的指导下使用，确保安全有效。

四、经典故事

故事 1

麻黄与华佗

相传，东汉时期的名医华佗在一次采药过程中，不慎跌入一个洞中。他发现洞中生长着许多麻黄草，散发着浓郁的药香。华佗便以这些麻黄草为引，炼制成一种能够医治疾病的神奇药水，救人无数。人们为了感激华佗，便将麻黄草称为"华佗草"。而医者仁心，救死扶伤的华佗，和同时代的董奉、张仲景并称为"建安三神医"。

故事 2

李时珍与《本草纲目》

李时珍童年时期身体瘦弱，经常咳嗽发烧，大部分时间都在药炉子边上度过。由此他对医学产生了浓厚的兴趣，在经历乡试三次均失败后，他毅然放弃科举，潜心钻研医学。在行医过程中，每经过一个地方，都虚心求教。他不满足于简单的观察和描述，而是深入实际调查，例如，为了了解白花蛇的特性，他不顾危险亲自寻找并观察这种剧毒蛇。这种深入实际调查的态度使他在《本草纲目》中对药物的描述既准确又详细。

李时珍从三十多岁开始着手编写《本草纲目》，记录了上百万字的内容。他耗尽家财，跋山涉水，长年隐居深山，尝遍百草。历经 27 年不懈努力，终于在六十多岁时完成了这部伟大著作。其成书是李时珍历经艰辛和不断求知的结果。他对医学的执着追求和实事求是的态度使他成为了一名伟大的医学家和卓越的学者。

《本草纲目》集录了众多药物的性状、功效、用法，以及药物间的相互关系，为后世的药学研究提供了宝贵资料。它不仅是一部医学巨著，也是中华文化的瑰宝，对全球医药学的发展产生了深远影响。

故事 3

屠呦呦与青蒿素

　　屠呦呦，中国药学家，中国中医科学院终身研究员兼首席研究员，也是中国首位获得诺贝尔生理学或医学奖的本土科学家。她于 1971 年成功地从青蒿中提取出了一种具有抗疟疾效果的化合物，并命名为青蒿素。这一发现为全球抗疟疾事业做出了巨大贡献。

　　20 世纪 60 年代末 70 年代初，屠呦呦接手中国抗疟疾药物研发的"523 项目"，当时科研资料的获得十分不易，在这种情况下，许多中药信息只能从全国各地学校革委会的传阅材料中收集。每当获得一些资料，她就仔细抄录，纤毫必录。历时 3 个月，她收集了包括内服、外用、植物、动物、矿物在内的 2000 多个方药，对其中 200 多种中草药、380 多种提取物进行筛查。1971 年，屠呦呦团队历经 190 多次失败后，终于获得成功，首次获得了对鼠疟原虫抑制率达 100% 的青蒿乙醚中性提取物。

　　2015 年 10 月 5 日，屠呦呦获得 2015 年诺贝尔生理学或医学奖。各大新闻媒体、网站、朋友圈都纷纷宣传。但外界热闹归热闹，她却十分地平静，她说："青蒿素的发现，是中药集体发掘的成功范例，由此获奖是中国科学事业、中医中药走向世界的一个荣誉。"

五、名篇佳句

　　1. 麦死春不雨，禾损秋早霜。岁晏无口食，田中采地黄。采之将何用？持以易糇粮。凌晨荷锄去，薄暮不盈筐。携来朱门家，卖与白面郎。与君啖肥马，可使照地光。愿易马残粟，救此苦饥肠！——白居易《采地黄者》

　　【赏析】这首诗中提及的"地黄"是一味滋阴补血的中药材，因其珍贵实用，可用来换取粮食。但地黄不易得，贫民往往操劳整日才可采得一点卖出。该诗揭示百姓采药换粮的疾苦，批判了豪门奢靡之风。

　　2.

集药名次韵
[南宋] 洪皓

独活他乡已九秋，肠肝续断更刚留。

遥知母老相思子，没药医治尽白头。

　　【赏析】洪皓，南宋著名爱国重臣、诗人。任礼部尚书时出使金国被扣荒漠十五年，坚贞不屈，后全节而归。这首诗作于被困第九年，诗中十分绝妙地将几味中药嵌入，分别为独活、续断、知母、相思子、没药、白头翁，表达了他对母亲的深切思念以及深沉的爱国情怀，令人感动万分。

　　3.

满庭芳·静夜思
[南宋] 辛弃疾

云母屏开，珍珠帘闭，防风吹散沉香。离情抑郁，金缕织硫黄。柏影桂枝交映，从容起，弄水银堂。连翘首，惊过半夏，凉透薄荷裳。

一钩藤上月，寻常山夜，梦宿沙场。早已轻粉黛，独活空房。欲续断弦未得，乌头白，最苦参商。当归也！茱萸熟，地老菊花黄。

【赏析】南宋爱国词人辛弃疾的这首中药诗词，蕴含了25种中药，这是他新婚不久，赴前线抗战杀敌，疆场闲余，写给妻子的一封家信，以表相思之情。这25味中药有云母、珍珠、防风、沉香、郁金、硫黄、柏叶、桂枝、苁蓉、水银、连翘、半夏、薄荷、钩藤、常山、缩砂、轻粉、独活、续断、乌头、苦参、当归、茱萸、熟地、菊花，堪称绝妙之极。

六、体验与实践

"走进传统中药文化"综合实践活动

1. 开展中药调研活动

通过组织参观中药材市场，详细地了解中药材的种类、来源和市场需求，分小组交流讨论，形成调研报告。

2. 阅读分享经典医籍活动

通过开设阅读小组的形式，阅读经典医籍，如《神农本草经》简本、《本草纲目》简本等，让学生分享阅读体会，达到文化熏陶的目的。

3. 体验传统中药制作过程

通过参观传统中药制作过程，观察药材的采摘、炮制、配伍等环节，体验传统中药的制作工艺，撰写心得体会。

4. 开展中药文化讲座

组织中药文化讲座，使学生深入了解中医药文化的深厚内涵。

中国传统风俗文化

单元一

传统节日风俗

一、导语

思考：请仔细观察图 7-1-1 和图 7-1-2，它们分别是什么传统节日的习俗？

图 7-1-1　插柳

图 7-1-2　吃粽子

它们分别是我国传统节日清明节的风俗"插柳"和端午节的风俗"吃粽子"。

同学们，你们知道的中国传统节日还有哪些？它们的风俗又有哪些呢？中国的传统节日风俗丰富多彩，每个节日都有其独特的庆祝方式和寓意。

二、概述

中国传统节日，是中华民族悠久历史文化的重要组成部分，形式多样、内容丰富。传统节日的形成，是一个民族或国家的历史文化长期积淀凝聚的过程。

中华民族的古老传统节日，涵盖了原始信仰、祭祀文化、天文历法、易理术数等人文与自然文化内容，蕴含着深邃丰厚的文化内涵。从远古先民时期发展而来的中华传统节日，不仅清晰地记录着中华民族先民丰富而多彩的社会生活文化内容，也积淀着博大精深的历史文化内涵。

中国是礼仪之邦，仪式表达着中国人对事物重要性、价值性的认同，没有仪式感的节日难以让人们对节日产生心理上的认同和依从，而仪式本身又是让人参与进来的重要方式。一系列依次展开的程序，代表着节日文化内涵的逐层展示，也是让心灵参与其中审美的过程。在这样一套看似烦琐的仪式里，人们的情感得到表达和宣泄，节日的文化内涵和意义也得到彰显和传承。仪式让传统节日变得庄重，富有意义，为生活增添了趣味和价值。通过举办仪式，人们可以领略到人生的美好、自然的瑰丽、人性的善良，感受到对生命的虔诚和更高层次的精神享受。仪式感让节日成为节日，能唤醒人们内心对于节日的尊重。

三、走进中国传统节日风俗

中国是一个拥有悠久历史和灿烂文化的国家，其传统节日风俗丰富多彩，体现了深厚的民族特色。这些节日不仅仅是日历上的标记，更是中华民族文化传承的重要载体。

（一）春节

春节——农历正月初一。春节是中国人一年中的第一个传统佳节。过去，春节被称为"新年"，因为按照中国历史上一直沿用的农历，这天是正月初一，为新一年的开头。据记载，中国人民过春节已有几千年的历史，由上古时代岁首祈岁祭祀演变而来。

春节时，家家贴春联、贴年画、装饰居室。春节前一夜叫"除夕"，是家庭团聚的重要时刻，全家人欢聚一起，吃一顿丰盛的"年夜饭"；许多人通宵不眠，称"守岁"。次日，大家便开始到亲朋好友家里"拜年"，相互问候，祝愿在新的一年里万事如意。春节期间，传统的文娱活动以狮子舞、龙灯舞、划旱船、踩高跷最为普遍。

（二）元宵节

元宵节——农历正月十五，又称上元节、小正月、元夕或灯节。元宵节是中国与汉字文化圈地区及海外华人的传统节日之一。正月是农历的元月，古人称"夜"为"宵"，所以把一年中第一个月圆之夜正月十五称为元宵节。过元宵节，有吃元宵和观灯的习俗。元宵以糯米粉为皮，内裹果料糖馅，圆形，是"团圆"的象征。

赏灯始于东汉明帝时期，与佛教有关。在汉文帝时，已下令将正月十五命名为元宵节，与春节相接，白昼为市，热闹非凡，夜间燃灯，蔚为壮观。特别是那精巧、多彩的灯火，更使其成为春节期间娱乐活动的高潮。至清代，又增加了舞龙、舞狮、跑旱船、踩高跷、扭秧歌等内容，于是元宵节活动便更加丰富多彩。

元宵节还有一项活动，叫"猜灯谜"。灯谜一般由三部分组成，即谜面、谜目和谜底，也称灯谜三要素。猜灯谜不仅是一项饶有趣味的文字游戏，还是一种益智的娱乐活动。

（三）寒食节

寒食节是我国民间传统节日。节日里严禁烟火，只能吃寒食。在冬至后的一百零五天或一百零六天，在清明前一二日。相传，春秋时晋公子重耳流亡在外，大臣介子推曾割股啖之。重耳做国君后，大封功臣，独未赏介子推。子推便隐居山中。重耳闻之甚愧，为逼他出山受赏，放火烧山。子推抱木不出而被烧死。重耳遂令每年此日不得生火做饭，追念子推，表示对自己过失的谴责。因寒食与清明时间相近，后人便将寒食的风俗视为清明习俗之一。

（四）清明节

清明节——清明是二十四节气之一，在每年 4 月 4 日至 4 月 6 日之间。据传，清明节始于古代帝王将相墓祭之礼，后来庶民百姓争相效仿，久而成俗，遂成为中华民族的优良传统，至今已有两千五百多年的历史了。

每到清明节，不管是"清明时节雨纷纷"还是天气晴朗、春和景明，人们大都会趁这一难得的假期，回家乡祭祖。无论老人还是小孩，每当这个时候，都会油然生出对家乡的丝丝牵挂。看望那些在地下长眠的亲人，尽一尽儿女的孝道，正是中华儿女要发扬的美德。

踏青郊游也是清明节的一个主要活动。清明时分，天气转暖，草木复萌，人们常常结伴到郊外踏青、放风筝、欣赏春光，所以清明节有时也被称作"踏青节"。

（五）端午节

端午节，为每年农历五月初五，是中国四大传统节日之一。据《荆楚岁时记》记载，因仲夏登高，顺阳在上，五月是仲夏，它的第一个午日正是登高顺阳好天气之日，故五月初五亦称为"端阳节"。又称正阳节、龙日节、午日节、五月节、龙舟节、浴兰节、天中节等。

端午节有吃粽子的习俗，是为了纪念爱国诗人屈原。传说屈原得知楚国亡国之后，投汨罗江自尽，当地人敬佩屈原的爱国精神，就纷纷划着船往江里投掷粽子喂鱼，怕鱼吃了屈原的尸体。时光荏苒，纪念爱国诗人屈原的活动作为习俗，从战国时代一直传承到今天。

对家有儿女的父母来说，端午最首要的还是守护孩子的健康平安。因为端午这天，暑气上升，五毒齐出。父母给孩子们点雄黄、挂香包、系彩绳，这都是父母对孩子的殷殷期望。

（六）七夕节

七夕节——农历七月初七，是传说中牛郎织女每年相会的日子。七夕节是我国传统节日中最具浪漫色彩的一个节日，也是过去女子最为重视的日子。在这一天晚上，女孩们对着天空的朗朗明月，摆上时令瓜果，朝天祭拜，乞求天上的神能赋予她们聪慧的心灵和灵巧的双手，让自己的针织女红技法娴熟，故七夕节又称"乞巧节""少女节"。

七夕文化歌颂了忠贞不渝的婚恋观，体现了人们对理想爱情的向往和追求，它传承发扬了中华民族优良的传统美德。七夕文化中的乞巧、祈福活动体现了中华民族勤劳智慧、自强不息、勇于创造，不断追求更加幸福美好生活的精神。

（七）中秋节

中秋节——农历八月十五，又称"团圆节"。八月十五居秋季之中，故名"中秋"。中秋节最早源于古代帝王秋天祭月的礼制。魏、晋、唐、宋以来，逐渐演变成赏月的风俗。"中秋"一词，最早见于《周礼》一书，而真正形成全国性的节日是在唐代。在古代，每逢中秋人们就用精制的糕饼祭奉月神；祭奉之后，全家人分吃，表示合家团圆欢聚。这种风俗，一直流传到今天。

（八）重阳节

重阳节——农历九月初九，是魏晋以后兴起的节日。"重阳""重九"之名，源于三国时代，主要有五种传统习俗。一是登高，此时秋高气爽、景色宜人，正是游历的好季节，既可以陶冶情趣，又有益于健康。二是插茱萸，可驱秋蚊灭虫害。三是饮酒赏菊，农历九月正是菊花盛开之时，观赏千姿万态的秋菊，喝几盅菊花酒，是重阳节的乐事。四是食重阳糕，人们把粮食制成白嫩可口的米糕，谓之重阳糕，而"糕"又与"高"谐音，食之谓可步步高升。五是开展敬老活动，从古至今重阳敬老之风绵延不绝。

（九）小年

小年——腊月二十三，是民间祭灶的日子。据说，每年腊月二十三，灶王爷都要上天向玉皇大帝禀报这家人的善恶，让玉皇大帝赏罚。因此送灶时，人们在灶王像前的桌案上供放糖果、清水、料豆、秣草；其中，后三样是为灶王升天的坐骑备料。祭灶时，还要把关东糖用火熔化，涂在灶王爷的嘴上。这样，他就不能在玉帝那里讲坏话了。

另外，大年三十的晚上，灶王还要与诸神来人间过年，那天还得有"接灶""接神"的仪式。等到家家户户烧轿马，洒酒三杯，送走灶神以后，便轮到祭拜祖宗。

（十）除夕

除夕是我国民间传统节日。农历十二月三十日晚，家家在打扫一清的屋里，摆上丰盛的菜肴，全家团聚吃"年饭"。此夜大家通宵不眠，或喝酒聊天，或猜谜下棋，嬉戏游乐，谓之"守岁"。零点时，众人争相奔出，在庭前拢火燃烧，并在这"岁之元，月之元，时之元"的"三元"之时抢先放出三个"冲天炮"，以求首先发达，大吉大利。此时，爆竹声、欢叫声响成一片，一派"爆竹声中除旧岁"的景象。

四、经典故事

中国传统节日故事——重阳节

农历九月九日是重阳节。在这个节日里流传下来的风俗是踏青或登高。相传在汉朝，有一位叫费长房的会捕怪的巫师。有一天，费长房告诉他的弟子桓景，农历九月九日人间会发生一场大灾难，他会带他去阻止灾难发生。他拿出一捆茱萸和一小瓶菊花酒，告诉他将这些带给世人。乘上仙鹤，桓景去往人间。他将人们领往高山之巅，每人发了一片茱萸并饮了一口菊花酒。这样怪物就不敢靠近了。怪物来了，它急忙赶往已人去楼空的村子。看到人们都已经聚集在山峰上后，它冲向他们。但菊花酒的气味和茱萸的香味使他却步。桓景用剑杀死了他。从那时起，农历九月九日，人们带上茱萸和菊花酒，登高或是踏青。

五、名篇佳句

1. 爆竹声中一岁除，春风送暖入屠苏。——宋·王安石《元日》

【赏析】此诗描写春节除旧迎新的景象。一片爆竹声送走了旧的一年，饮着醇美的屠苏酒感受到了春天的气息。

2.

生查子·元夕
[宋] 欧阳修

去年元夜时，花市灯如昼。月上柳梢头，人约黄昏后。今年元夜时，月与灯依旧。不见去年人，泪湿春衫袖。

【赏析】这是首相思词，写去年与情人相会的甜蜜与今日不见情人的痛苦，明白如话，饶有韵味。词的上阕写"去年元夜"的事情，花市的灯像白天一样亮，不但是观灯赏月的好时节，也给恋爱的青年男女以良好的时机，在灯火阑珊处秘密相会。下阕写"今年元夜"的情景。"月与灯依旧"，闹市佳节良宵与去年一样，景物依旧。下一句"不见去年人""泪湿春衫袖"，表情极明显，一个"湿"字，将物是人非，旧情难续的感伤表现得淋漓尽致。

3.

望月怀远
[唐] 张九龄

海上生明月，天涯共此时。
情人怨遥夜，竟夕起相思。
灭烛怜光满，披衣觉露滋。
不堪盈手赠，还寝梦佳期。

【赏析】《望月怀远》是一首五言古诗，此诗是望月怀思的名篇。开头紧扣题目，首句写"望月"，次句写"怀远"；三、四句直抒诗人对远方亲人的思念之情；五、六句承接三、四句，具体描绘了彻夜难眠的情境；结尾两句进一步抒写了诗人对远方亲人的一片深情。全诗语言自然浑成而不露痕迹，情意缠绵，感人至深。

六、体验与实践

1. 选取家乡几个比较隆重、热闹的传统节日，分别组建小组，通过实地走访、查阅报刊、上网搜索等形式，广泛收集相关资料，并对资料进行筛选、归纳、总结，探究节日的起源、习俗和文化内涵，制作手抄报，班内展示交流。

2. 班级选定一个当地具有代表性的传统节日，对传统节日的传承现状进行调查，把传统节日传承现状、建议写下来，班内交流。

3. 收集不少于 5 首与传统节日相关的诗词，制作传统节日诗词手抄本，并给诗词配图。

单元二

传统人生礼俗

一、导语

中华文明是人类历史上以礼乐文化为鲜明特色的文明，"礼"是理解中华优秀传统文化的关键。中华民族在悠久的历史发展过程中形成了完整的人生礼俗体系及其价值系统，其中蕴含着丰富而深刻的人文精神。在中华优秀传统文化创造性转化、创新性发展的时代进程中，认清传统人生礼俗的历史底蕴，切实发挥其时代价值，有利于坚定文化自信、促进文化自觉。

二、概述

中华传统人生礼俗，又称中华传统生命礼俗，是指自先秦时期以来形成的贯通个体生命所有重要人生节点的一系列礼仪活动和民俗习惯，是中国古人生命礼仪进程的基本遵循。传统人生礼俗大体涵括诞育礼、成人礼、丧祭礼等。

三、走进传统人生礼俗

一个人从呱呱坠地开始，到最后瞑目而逝，人生的诸多礼俗一直贯穿在生命的过程中。在这个生命过程中，人们会经过诞生礼、成人礼、婚礼、葬礼等几个大环节。在每一个环节中，又包含着丰富多彩的种种习俗。

（一）诞生礼

1. 报喜

十月怀胎，一朝分娩。产妇临盆之际，人们借助"门"之开——不仅仅是建筑物门户，还包括柜子、箱子等有门的器物，将能开的门都打开，表示大门已经敞开，迎接新生命的降临。这是出于一种联想。民间以为，由此造成开启的氛围，能为孕妇开骨缝而助力。

生小孩是家庭的一件大喜事。一旦小孩诞生，第一件礼仪就是报喜，即孩子的爸爸向丈人家报喜。所持喜物主要有红鸡蛋、喜饼等。

2. 洗三

"洗三"，又称"三朝"，是家庭、家族、亲朋好友庆贺添丁进口的仪式。

婴儿出生后第三日，要举行沐浴仪式，汇集亲友为婴儿祝吉，这就是"洗三"，也叫作

"三朝洗儿"。"洗三"的用意，一是洗涤污秽，消灾免难；二是祈祥求福，图个吉利。"洗三"之日，通常只有近亲来贺，多送给产妇一些营养品或者送些小儿用品作为礼品。

3. 满月礼

满月礼，是指婴儿出生后一个月而举办的仪式。满月礼上大多举办酒席宴请亲友，称为"满月酒"。该仪式需要亲朋好友参与见证，为孩子祈祷祝福。

这一仪式充分蕴含着人们对新生命的美好祝愿，体现了家庭、家族、亲族乃至社会对新生命的关怀和重视。

4. 抓周

"抓周"仪式，又称"试儿、试周"。它是小孩周岁时举行的一种预测前途和性情的仪式。抓周礼具有家庭游戏性质。大人会在桌上摆放书、笔、算盘、秤、尺、剪刀、玩具等，令婴孩任其自由抓取桌上的东西，以他所抓着的东西，来预测他未来的一生和前途。如婴孩抓取书、笔，预示将来喜爱读书；抓取算盘、秤，则预示日后善于经商。

（二）成人礼

我国成人礼的起源，早在华夏时期的华夏族就开始了，不过与现代十八岁成人礼不同的是，那个时期男女的成人礼，是指男生二十岁、女生十五岁时，分别举行的冠礼和笄礼。其中，男生的冠礼起源于原始社会，距离今天也已有几千年的历史。而随着时代的演变，在我国汉朝时期的男子冠礼礼仪，是最具我国传统文化韵味的。

女子的成人礼起源于周代时期，贵族女子要在订婚以后出嫁之前进行笄礼，也就是成人礼的礼仪。我国古代女子成人礼，最早十五岁，最晚在未出嫁前的二十岁就要参加。女子成人礼中笄礼中的"笄"字，其实指的是一种发簪。女子笄礼的过程要比男子冠礼的过程简单很多，就是女子将自己的秀发细心梳成秀美的发髻后，由笄礼的主持人将发簪郑重地戴在女子的发髻上。

相比较女子笄礼的简易，男子冠礼的礼仪过程就要烦琐一些。男子冠礼过程中的参加人员，需要有冠者本人、父母两人、为冠者担任加冠仪式的正宾一人、辅助正宾加冠的赞者一位等人员到场。人员到齐后进行的加冠仪式，遵循古制中的周制、汉制、唐制、明制为宜。而在众多男子冠礼古制中，大多数人多以明制为标准范本。

（三）婚礼

婚礼，在中国原为"昏礼"，是人生五礼中的一种，属于汉族传统文化精粹之一，婚聘之礼甚至可以追溯到甲骨文。三千多年前的周朝就已经有一套完整的"婚聘六礼"，婚礼是嘉礼的一种，载于《仪礼·士昏礼》《礼记·昏义》中，并且在《开皇律》《唐律》《宋刑统》《大明律》等历朝法典中得到推广，还通过"吉、凶、宾、军、嘉"五礼的传播影响了朝鲜、日本、越南等国家。

汉族婚姻礼仪有"三书六礼"。"三书"指在"六礼"过程中所用的文书，包括聘书、礼书和迎书。"六礼"是指由求婚至完婚的整个结婚过程。"六礼"指纳采、问名、纳吉、纳征、请期和亲迎。这些礼仪又分成了三个阶段：婚前礼仪、正婚礼仪、婚后礼仪。

1. 婚前礼仪

婚前礼仪，指迎亲之前所需要的礼仪。先秦时，包括纳采、问名、纳吉、纳征、请期五种（加上正婚礼时的亲迎，即所谓的"六礼"），后代又逐渐演变出催妆、送妆、铺房等仪节。在古代封建社会，婚姻取决于"父母之命，媒妁之言"，因此，婚前礼的一切仪节，包括从择偶至筹备正式婚礼的一系列环节，几乎都由父母双方的家长包办，真正婚姻的当事人反而被排除在外。又因为男子的社会地位比女子尊贵，因此，求婚也多以男方为主动。男方家长想为儿子娶亲使，先请媒使向女家提亲（称"下达"），如果女家接受了这门亲事，就开始进行纳采、问名等一系列仪节。

2. 正婚礼仪

正婚礼仪是指新娘被接到男方家以后，所举行的正式结为夫妇的仪式。主要有拜堂、沃盥、对席、合卺等。

● 拜堂，周制昏礼没有夫妇拜堂之礼。宋代交拜之礼已经流行。元代拜堂，于夫妇交拜外，尚有同拜天地之礼，即先拜天地，再拜父母，最后夫妇交拜。这就是如今流传下来的三拜之礼。

● 沃盥指新人入席前的洁手洁面。汉族传统礼仪非常强调洁净的意识。周制的沃盥礼节是用匜和洗配套使用。

● 对席。新婚夫妇交拜礼毕，要相对而坐，谓之对席。对席的位置，男西女东，意以阴阳交会有渐。

● 合卺是指夫妇交换共饮，最初合卺用匏瓜，匏是苦的，用来盛酒必是苦酒。匏既分为二，象征夫妇由婚礼将两人合为一。所以，夫妻共饮合卺酒，不但象征夫妻合二为一，永结同好，而且也含有同甘共苦的深意。合卺礼流传至今，发展成"交杯酒"，已成现代婚礼的重要内容。

3. 婚后礼仪

在《周礼·春官》中就有关于婚姻习俗、婚礼仪式和婚后礼的记载。其中提到："夫婚，必有回门礼，礼成而归，必有进门礼"，反映了婚后礼在古代婚姻习俗中的重要性。回门礼指女子出嫁后首次回娘家探亲，女婿携礼品随新娘拜谒妻子亲属。回门礼有女儿不忘父母养育之恩及祝新婚夫妇恩爱和美等含义。

（四）葬礼

中国的传统葬礼是一种复杂多样的仪式，它源于先秦时代的五礼之一——凶礼，并深受鬼魂崇拜的影响。这一仪式在周代由儒家思想系统化和完整化，不仅体现了对死者的追念和评价，还融入了对死者进入信仰中另一个世界的祝福。

在葬礼中，孝子孝妇会穿特定的服装，如麻衣，并在特定时期卸下这些标志，如在"升龛点主"丧事完结时。报丧过程中，报丧人会携带特定物品，如伞和鸡蛋，并在进入亲友家前将伞倒放，告知来意。入殓时，棺内会填满日常用品，家属会围绕棺椁一周，以示告别。看风水是一种传统的选择墓地位置的做法，它涉及对地形和方向的考量，以确保墓地位置适宜。

中国传统葬礼中还包含着丰富的文化和道德价值，如珍惜生命、敬畏生命、劝慰人节哀顺变、引领人正确面对死亡等。在现代社会，这些传统葬礼礼仪正在逐渐淡出人们的视野，但它们在弘扬传统文化和进行生死教育方面仍具有一定的价值。

四、经典故事

贾宝玉"抓周"

《红楼梦》第二回中，冷子兴向贾雨村谈起宝玉，说宝玉周岁时，他的父亲贾政想知道儿子长大后的志向所在，就在桌上摆了许多小玩意，让宝玉来抓，在父母下人的众目睽睽下，宝玉的小手伸向了女孩子使用的香粉胭脂、金钗银环，并抓起来玩弄。贾政见此很不高兴，说他将来必是酒色之徒，对宝玉的态度也有所改变，不再宠爱有加。这种风俗，在曹雪芹生活的清代叫作"抓周"，周即一周岁，从孩子周岁时所抓取的小东西来判断他将来的志向。

五、名篇佳句

1. 云安公主贵，出嫁五侯家。天母亲调粉，日兄怜赐花。催铺百子帐，待障七香车。借问妆成未，东方欲晓霞。——陆畅《云安公主下降奉诏作催妆诗》

【赏析】此诗描写了云安公主出嫁时的场景，以"百子帐"（祈福多子）、"七香车"（婚车）渲染婚嫁时的盛况，并以"东方欲晓霞"调侃新娘迟迟未妆毕，突出了婚礼的热闹盛大和新娘对婚礼的重视。

2.

桃 夭

[先秦]《诗经·国风·周南》

桃之夭夭，灼灼其华。之子于归，宜其室家。

桃之夭夭，有蕡其实。之子于归，宜其家室。

桃之夭夭，其叶蓁蓁。之子于归，宜其家人。

【赏析】这是一首祝贺年轻姑娘出嫁的诗。全诗三章，每章四句，通篇以桃花起兴，以桃花喻美人，为新娘唱了一首赞歌。全诗语言精练优美，不仅巧妙地将"室家"变化为各种倒文和同义词，而且反复用一"宜"字，揭示了新娘与家人和睦相处的美好品德。

六、实践体验

1. 什么是人生礼俗？主要包括哪些方面？

2. 我国传统婚礼的主要程序是什么？有哪些习俗还保留至今？

3. 收集你们家乡当地的人生礼俗并与同学分享。